高等学校小学教育专业卓越教师培养系

小学教师教学基本功训练

主　编　王靖懿

南京大学出版社

图书在版编目(CIP)数据

小学教师教学基本功训练/王靖懿主编. —— 南京：南京大学出版社，2017.8
高等学校小学教育专业卓越教师培养系列教材
ISBN 978-7-305-13309-1

Ⅰ.①小… Ⅱ.①王… Ⅲ.①小学－教学法－高等学校－教材 Ⅳ.①G622.4

中国版本图书馆 CIP 数据核字(2017)第 155691 号

出版发行	南京大学出版社		
社　　址	南京市汉口路 22 号	邮　编	210093
出版人	金鑫荣		

丛 书 名　高等学校小学教育专业卓越教师培养系列教材
书　　名　小学教师教学基本功训练
主　　编　王靖懿
责任编辑　罗　凡　钱梦菊　　　编辑热线　025-83592146

照　　排　南京南琳图文制作有限公司
印　　刷　常州市武进第三印刷有限公司
开　　本　787×1092　1/16　印张 16.5　字数 360 千
版　　次　2017 年 8 月第 1 版　2017 年 8 月第 1 次印刷
ISBN　978-7-305-13309-1
定　　价　38.00 元

网址：http://www.njupco.com
官方微博：http://weibo.com/njupco
微信服务号：NJUyuexue
销售咨询热线：(025) 83594756

* 版权所有，侵权必究
* 凡购买南大版图书，如有印装质量问题，请与所购
　图书销售部门联系调换

前　言

自古以来,教师就承担着"传道、授业、解惑"的重大使命。时至近代,随着教育的制度化,教育教学工作已成为越来越重要的专门职业,教师的社会作用也愈发显著。现代社会,教育已经成为推动社会政治、经济、文化等持续发展的动力,而教师,不仅是人类文化的继承者和传播者,也是社会物质财富的创造者,是社会发展和变革的重要力量。

小学教师是儿童的启蒙老师,对儿童的成长和人生道路的选择具有重要的影响,这一职业一直受人尊重。随着社会对儿童关注程度的提高,小学教师的待遇和社会地位逐步提升,与此同时,社会对这一群体的高质量要求也在与日俱增。小学教师既要"教书",又要"育人",而要胜任本职工作,就必须具备很多复杂的能力与素养,这其中的基本能力与素养具体到教学层面,则为教学基本功。

小学教师的教学基本功具有很强的专业性和时代性。一方面,教学基本功必须充分体现小学教师的专业特征;另一方面,随着时代的发展,教学内容、教学工具、教学技术以及人们的思想观念都发生着变化,这些都对小学教师的教学能力提出了更高的要求。因而,小学教师所应具备的教学基本功必须与时俱进。有鉴于此,本书的编写目标主要定位为:

首先,覆盖面广,专业性强。本书围绕小学教师教学基本功构成要素的几个基本方面,着重展现普遍适用于小学课堂教学的通用基本功,并兼顾能够胜任小学学科教学的专业基本功,在体现与中学以及大中专院校教师课堂教学相似的普遍共性的同时,重点突显对小学教师教学基本功的特殊要求。例如简笔画和讲故事,这两项技能在教师基本功训练的一些通用教程中极少出现,但于小学课堂教学却是有效的辅助手段,故而本书在第四章"艺术鉴赏与才艺基本功训练"中专辟两节予以强调。因此,本书主要适用于师范院校小学教育专业的学生,以及入职不久、尚待提升从教技能的小学教师。

其次,汇聚已有成果,聚焦时代内容。本书在编写过程中,除了借鉴有关教师技能训练以及小学教师职业素养的已有研究成果之外,更关注近年来各地师范生、在职教师教学基本功大赛或教师招聘考试的具体要求,以此作为小学教师教学基本功构成要素的确立标准,并由此搭建起本书的章节体系。此外,本书借助手机扫描二维码的形式,将一些拓展性阅读材料或视频资料进行链接、补充,在浓缩文字篇幅的同时,更大限度地提升了信息量,实现了电子媒体阅读对纸本阅读、音视频文件对文字材料的有效互动与补充。

最后,突显"训练"特色,强化"实践"技能。本书各章节的编写,虽必然涉及一些概念、理论、原则等内容,但教学基本功"训练"是本书的最终落脚点,故而特别强调对各类教学基本功构成要素的"实践"。这种实践性主要表现为:第一,大量借鉴一线教师课堂教学实践的经验或教训,以教学案例的形式在正文中进行穿插;第二,多数章节在最后一部分单辟"实训"一栏,向读者提出技能提升的具体要求、方法及步骤,以确保读者既循序渐进又切实有效地提升实践技能;第三,通过扫描二维码,借助影像资料,使一些技能训练的视频以直观的形式予以展现。

本书依托江苏师范大学卓越小学教师培养计划项目,是高等学校小学教育专业卓越教师培养系列教材中的一部。在教材编写过程中,江苏师大教育科学学院(教师教育学院)书记贾林祥教授从编写方案的制定,到每一部教材的篇章结构,以至最后的审稿出版,都倾注了大量的心血,在此表达诚挚的谢意!同时,还要对南京大学出版社编辑们的细致工作予以特别感谢!

编　者

2017 年 7 月

目 录

绪　论　小学教师教学基本功…………………………………… 1

第一章　书写基本功训练……………………………………………… 4

　　第一节　规范汉字的相关知识………………………………… 4

　　第二节　楷体字的书写………………………………………… 8

　　第三节　"三笔字"书写技能训练…………………………… 11

第二章　口语表达基本功训练……………………………………… 18

　　第一节　普通话基本知识…………………………………… 18

　　第二节　一般口语表达训练………………………………… 29

　　第三节　小学教师教学口语表达…………………………… 44

第三章　现代教学媒体应用技能训练……………………………… 58

　　第一节　现代教学媒体概述………………………………… 58

　　第二节　微格教学及其技能训练…………………………… 65

　　第三节　多媒体课件的制作与运用………………………… 77

第四章　艺术鉴赏与才艺基本功训练……………………………… 85

　　第一节　小学教师的艺术鉴赏素养………………………… 85

　　第二节　简笔画技能训练…………………………………… 93

　　第三节　讲故事基本技能训练……………………………… 105

第五章　说课基本功训练…………………………………………… 114

　　第一节　说课的本质………………………………………… 114

第二节　说课的主要内容…………………………………………… 118
　　第三节　说课中应注意的问题………………………………………… 131

第六章　教学设计基本功训练
　　第一节　教学设计概述………………………………………………… 135
　　第二节　教学设计的基本内容………………………………………… 139
　　第三节　教学设计优秀案例赏析……………………………………… 148

第七章　课堂教学基本功训练（一）
　　第一节　课堂教学导入与结课技能…………………………………… 164
　　第二节　课堂教学提问技能…………………………………………… 179
　　第三节　课堂教学讲授技能…………………………………………… 194
　　第四节　课堂教学板书技能…………………………………………… 207

第八章　课堂教学基本功训练（二）
　　第一节　课堂教学反馈与强化技能…………………………………… 220
　　第二节　课堂教学组织管理技能……………………………………… 233
　　第三节　课堂教学变化技能…………………………………………… 248

参考文献 ……………………………………………………………………… 257

微信扫一扫

✓课件申请
✓教学资源
教师服务入口

✓基本功大赛实施方案
✓说课、模拟授课与演讲视频
✓加入学习交流圈
学生服务入口

绪 论
小学教师教学基本功

一、小学教师教学基本功的内涵

(一) 教师基本功的内涵

所谓基本功,是指从事某种工作所必须掌握的基本的知识和技能。行业不同,所需基本功的内涵也不尽相同。比如,戏曲表演的基本功可以概括为唱、念、做、打,相声基本功则为说、学、逗、唱,而压腿、压肩、下腰、劈腿等则为舞蹈必须训练的基本功。教师,作为一种职业,自然有其必须具备的基本素养与技能。简言之,教师的基本功就是教师履行岗位职责、胜任教育教学工作、完成教书育人任务所必需的专业知识和职业技能。

教师的职业特点决定了教师的基本功不仅有知识性的、可操作性的内容,还要具有心理、品质等方面的特殊要求。一名合格的教师必须具备三个方面的条件:首先,要有乐于奉献的敬业精神;其次,要有合理完善的知识结构,既包括广博的文化素养、充实的学科专业知识,又要具备扎实的教育学、心理学基础;此外,还应具有合理完善的能力结构,如表达能力、观察能力、组织管理能力、自我控制能力,等等。

(二) 小学教师教学基本功的内涵

教师要胜任本职工作,需要很多复杂的能力与智慧。尤其是小学教师,作为儿童的启蒙老师,对儿童一生的成长发挥着重要的影响,甚至可以说,小学教师职业素养的高低对社会文明的发展进步具有尤其重要的意义。

2010年,中共中央国务院印发《国家中长期教育改革和发展规划纲要(2010—2020年)》,明确提出"完善并严格实施教师准入制度,严把教师入口关。国家制定教师资格标准,提高教师任职学历标准和品行要求。建立教师资格证书定期登记制度"。2012年2月,教育部下发"关于印发《幼儿园教师专业标准(试行)》、《小学教师专业标准(试行)》和《中学教师专业标准(试行)》的通知"。为促进小学教师专业发展,建设高素质的小学教师队伍,根据《中华人民共和国教师法》和《中华人民共和国义务教育法》,特制定《小学教师专业标准(试行)》(简称"标准",请扫描目录部分的二维码)。"标准"从专业理念与师德、专业知识、专业能力三个维度对小学教师的能力与素养提出了基本要求,也为小学教师的专业发展指明了方向。

小学教师所应具备的基本能力与素养具体到教学层面,则为教学基本功。教学基本功是指教师完成教学工作所必须具备的技能和技巧。小学教师为胜任教学工作所需的技能固然很多，但若以"基本"来衡量的话，教学基本功是教师完成教学工作的必要条件，如果小学教师不具备这些条件，教学工作将无法完成或受到影响。

小学教师的教学基本功具有很强的专业性和时代性。一方面，教学基本功必须充分体现小学教师的专业特征。另一方面，随着时代的发展，教学内容、教学工具、教学技术及人们的思想观念都发生着变化，这些都对小学教师的教学能力提出了更高的要求。因而，小学教师所应具备的教学基本功必须与时俱进。

二、小学教师教学基本功的构成要素

小学教师应当具备的教学基本功既包括普遍适用于小学课堂教学的通用基本功，也包括能够胜任学科教学的专业基本功；既存在跟中学及大中专院校教师课堂教学相似的普遍共性，又有其特殊的要求。一般说来，小学教师教学基本功应包含以下内容：

（一）书写基本功

书写基本功包括对规范汉字和楷体字书写相关知识的了解，以及"三笔字"基本功。"三笔字"是指毛笔字、钢笔字和粉笔字。"三笔字"基本功即要求在了解"三笔字"各自书写特点的基础上，掌握正确的书写姿势，恰当使用汉字，做到书写规范，笔顺正确，不写错别字，进而写成一手规范、工整而又美观的楷体汉字。

（二）口语表达基本功

教学语言是教学信息的载体，是教师引导学生完成教学任务的主要工具，也是师生情感交流的重要媒介。教师的口语表达，除了要掌握一般口语表达如朗读、演讲、命题说话等基本技巧外，还应具备一些特殊的能力与技巧：首先要求能讲一口标准的普通话，做到声音洪亮，吐字清晰，发音准确；其次要规范表达，做到用词准确，清晰流畅，过渡自然，逻辑性强，准确使用学科语言；最后还要努力上升到艺术表达，亲切自然，情感丰富，节奏张弛有度，富有幽默感，具有感染力和启发性。

（三）现代教学媒体应用基本功

当代小学教师必须掌握现代教育技术，熟悉现代化教学手段的理论与操作技能，通过利用现代教学媒体与技术对教学过程和教学资源进行设计、开发、利用、评估和管理，在理论和实践两方面实现课堂教学的优化，使多媒体教学用具与课堂教学有机结合，改变教学内容的呈现方式，增强教学的直观性和趣味性，激发学生的积极性和主动性，提高课堂教学效率。

（四）艺术鉴赏与才艺基本功

在小学教学活动中，一方面，教师在具备一定的科学素养和人文素养的同时，还必须具有艺术鉴赏的基本素质与能力，并且要将这些素质和能力较好地运用于教学实践之中。另一方面，教师若能较好地运用简笔画、讲故事等基本实践技能，将会有效地吸引学生的注意力，提升课堂的趣味性、生动性，为课堂教学"锦上添花"。才艺是小学教师在教育工作中拥有的一种强有力的"武器"。有意识地、合理地利用这种"武器",会令教师在教育教学工作中如鱼得水,收到事半功倍的效果。

(五)说课基本功

说课是以教育科学理论和教材为依据,针对每一节课的具体特点,口头表达该课题的具体教学设想及其理论依据的一种教研活动。良好的说课能把理论与实践有机地结合起来,对于了解、研究和评价一节课,推动教研活动向深层次发展,有效促进教师素质的提高,都具有重要的意义。

(六)教学设计基本功

随着教学的发展,尤其是新课标的实施对教学提出的新要求,对课堂教学设计的研究为提升课堂教学效果发挥了越来越显著的作用。通过教学设计,一方面,教师可以对教学活动的基本过程有个整体的把握,可以根据教学情境的需要和教育对象的特点确定合理的教学目标,选择适当的教学方法、教学策略,采用有效的教学手段,创设良好的教学环境,实施可行的评价方案,从而保证教学活动的顺利进行。另一方面,教师还可以有效地掌握学生学习的初始状态和学习后的状态,从而及时调整教学策略、方法,采取必要的教学措施,为下一阶段的教学奠定良好基础。好的教学设计可以为教学活动提供科学的行动纲领,使教师在教学工作中事半功倍,取得良好的教学效果。

(七)课堂教学基本功

课堂教学是教育教学中普遍使用的一种手段,是在课堂这一特定情境中的一种目标明确、按计划、有组织、有步骤地将教师的教与学生的学相结合的双边活动过程。课堂教学基本功主要是指在课堂教学实施过程中教师应具备的基本技能,主要包括课堂导入与结课技能、课堂提问技能、课堂讲授技能、教学板书技能、课堂反馈与强化技能、教学组织管理技能、课堂教学变化技能,等等。课堂教学是一项复杂的工作,小学教师只拥有扎实的学科知识和高尚的道德修养显然是不够的,他还必须是教学过程的设计者、新知识的传播者、学生智慧的启迪者、学习路径的引导者、学生纪律的管理者和学习资源的开发者。教师只有熟练掌握了课堂教学的基本技能,才能在教学过程中高效地组织课堂教学,有效地吸引和打动学生,变抽象为具体,化深奥为浅显,转平淡为神奇,从而更好地提升课堂教学效果。

第一章
书写基本功训练

笔顺易错汉字
拓展阅读

本章重点

1. 了解规范汉字的相关知识,正确使用规范汉字。
2. 了解楷体字的特点,提升楷体字书写技能。
3. 把握毛笔字、钢笔字、粉笔字的书写姿势和书写技法,掌握临帖的主要方法。

第一节 规范汉字的相关知识

规范汉字是指经过整理简化并由国家以《简化字总表》与《通用规范汉字表》的形式,正式公布的简化字与传承字。2000年10月31日,全国人大常委会通过《中华人民共和国国家通用语言文字法》(自2001年1月1日起实施),明确了规范汉字的法定地位。2013年6月5日,国务院发出关于公布《通用规范汉字表》的通知,明确了规范汉字的标准。

一、汉字的特点及其简化与规范

(一)汉字的特点

汉字是表意文字。从汉字的结构上看,汉字可以分为两种,一种是纯粹表意的,另一种是既有表音成分又有表意成分的文字,就是"形声字"。其实,形声字的表音部分(声旁)本身也是一个表意字,只是被借用来表示一些字的读音,并非纯粹的表音符号,仍然没有脱离表意系统。

汉字是音、形、义的统一体,因此,音、形、义被称为汉字三要素。只有弄清了一个字的音、形、义三者的关系,才算认识这个汉字。

汉字的造字方法,古代有"六书"之说,指的是象形、指事、会意、形声、假借和转注。其中前四种造字法是最常用的,而形声造字法用得最多。

(二) 汉字的简化

汉字字形从甲骨文开始就不断演化。汉字的发展演变,就其形体来说,一般认为有两种基本的趋势:繁化与简化。在汉字发展史上,汉字的简化是总趋势。汉字简化是通过减省笔画,把简笔字和俗体字作规范文字使用的汉字改革方式。

1915年,新文化运动拉开序幕,随着白话文逐渐取代文言文,改革汉字的呼声逐渐高涨。1935年,"中华民国"教育部正式公布《第一批简体字表》,这是第一次由政府大规模推行简化汉字。1956年,《汉字简化方案》由中华人民共和国国务院正式公布,法定的简化字在中国大陆地区取得了"规范汉字"的地位。1964年,中国文字改革委员会出版了《简化字总表》。1986年,重新发表《简化字总表》,此表在中国大陆使用至2013年。

(三) 汉字的规范

2013年6月,国务院发出关于公布《通用规范汉字表》的通知。《通用规范汉字表》成为社会一般应用领域的汉字规范,原有相关字表停止使用。

《通用规范汉字表》共收字8 105个,分为三级:一级字表为常用字集,收字3 500个,主要满足基础教育和文化普及的基本用字需要。二级字表收字3 000个,使用度仅次于一级字。一、二级字表合计6 500字,主要满足出版印刷、辞书编纂和信息处理等方面的一般用字需要。三级字表收字1 605个,是姓氏人名、地名、科学技术术语和中小学语文教材文言文用字中未进入一、二级字表的较通用的字,主要满足信息化时代与大众生活密切相关的专门领域的用字需要。

二、正确使用规范汉字

汉字是记录汉民族共同语言的书写符号,为适应社会交际的需要,它一方面在不断变化,另一方面又要保持相对的稳定性。对于小学生而言,正确使用规范汉字既是他们今后步入社会进行人际交流的必要手段,又是延续传统文化、保持汉字稳定性的有力保障。因此,小学教师在汉字规范化方面的言传身教就显得尤为重要。

规范汉字是指经过整理简化并由国家以《简化字总表》与《通用规范汉字表》的形式,正式公布的简化字与传承字。

目前社会用字不规范的现象主要有以下几种表现:

1. 错字

即在字的笔画、笔形或结构上写错了,似字而非字。如:将"猴"字的右侧写成了"候",在"纸"字的右下方加上"、",将"尴尬"二字左侧偏旁"尢"写成了"九",将"茂"字下方的"戊"写成了"戍","肺"字右侧写成了"市"。

2. 别字

当写某字,而写成另外一个音近或形似的字,这个字就称为别字。如:"针砭"写成了"针贬","自暴自弃"写成了"自抱自弃","食不果腹"写成了"食不裹腹","草菅人命"

写成了"草管人命","呕心沥血"写成了"沤心沥血","再接再厉"写成了"再接再励","趋之若鹜"写成了"趋之若骛","寒暄"写成了"寒喧"。

3. 不规范的简化字

即"二简字"或滥造简体字。1975年,中国文字改革委员会提出《第二次汉字简化方案(草案)》,民间俗称"二简字"。但二简字的简化并不成功,国务院已于1986年废止了这一方案。然而,由于诸多原因,部分二简字仍残留在社会上。如:将"停"字右侧写作"丁",将"酒"字右侧写作"九"。另如图1-1所示:

规范简化字	二简字	规范简化字	二简字
原	厵	雪	⺕
菜	芽	贰	弍

图1-1 不规范的简化字

4. 繁体字

已经简化了的字仍写成繁体字,这也是用字不规范的表现。

5. 已被淘汰的异体字

字音字义相同而字形不同的一组字,正体之外的写法即异体字。如:"涙"、"覩"、"徧"分别是"泪"、"睹"、"遍"的异体字。

《中华人民共和国国家通用语言文字法》第十七条对允许繁体字、异体字保留或使用的情形做出了规定:(一)文物古迹;(二)姓氏中的异体字;(三)书法、篆刻等艺术作品;(四)题词和招牌的手书字;(五)出版、教学、研究中需要使用的;(六)经国务院有关部门批准的特殊情况。除上述情形之外,均应使用规范汉字。

三、汉字的笔画与笔顺

(一)汉字的笔画

笔画是指汉字书写时不间断地一次连续写成的一个线条,它是汉字字形的最小构成单位。汉字基本笔画名称及写法如图1-2所示:

(二)汉字的笔顺

笔顺,即汉字笔画的书写顺序。笔顺正确与否,一定程度上关系到书写的速度和字形的好坏。通常情况下,汉字笔顺可依据国家语委标准化工作委员会编写的《现代汉语通用字笔顺规范》。

汉字书写过程中,一些字容易出现笔顺错误的情况(笔顺易错汉字可参见本章二维码),如:

"忄"应先写点和点,最后写竖。

汉字基本笔画书写

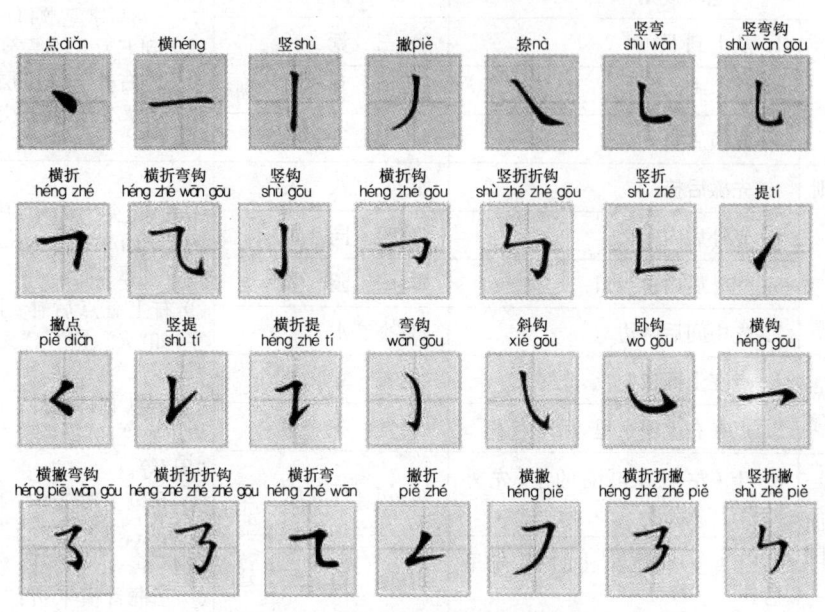

图 1-2　汉字基本笔画名称及写法

"匕"先写撇,后写竖弯钩。

"万"先写横,再写横折钩,后写撇。

"母"字的最后三笔是点、横、点。

"及"先写撇,再写横折折撇,后写捺。

"乃"先写横折折折钩,再写撇。这个字和"及"字形相近,但笔顺完全不同。

"火"先写上面两笔,即点和撇,再写"人"字。

"爽"先写横,再从左到右写四个"×",最后写"人"。

"出"先写竖折,然后写短竖,再写中间从上到下的长竖,最后是竖折和短竖。

"贯"上边是先写竖折,再写横折,第三笔写里面的竖,最后写长横。

"重"上面的撇和横先写,紧接着写日,再写竖,最后写下面两横(上短下长)。

"脊"字上边的笔顺是先写左边的点和提,再写右边的撇和点,最后写中间的人。

"敝"的左边先写上部的点、撇,接着写左下角的竖、横折钩,然后写中间的长竖,最后写里面的撇、点。

汉字笔顺有一定的书写规则,如表 1-1 所示:

表1-1 汉字书写笔顺规则表

笔顺规则		例字	写字笔顺口诀
一般规则	1. 从上到下	如：三 竟 音	从上到下为主，从左到右为辅；上下左右俱全，根据层次分组；横竖交叉先横，撇捺交叉先撇。
	2. 从左到右	如：理 利 明 湖	
	3. 先横后竖	如：十 王 干	
	4. 先撇后捺	如：人 八 入	① 中间突出先中：中间突出的字，如"山"、"小"、"办"、"水"、"承"等。
	5. 先外后内	如：问 同 司	
	6. 先外后内再封口	如：国 园 圆	
	7. 先中间后两边	如：小 水	② 右上有点后补：上有点的字，如"犬"、"尤"、"戈"、"龙"、"成"等。
补充规则	带点的字	1. 点在上部或左上，先写点。	如：衣 立 为
		2. 点在右上或字里，后写点。	如：发 我 瓦	③ 上包下时先外：上包下的字，如"冈"、"同"、"网"、"周"等。
	两面包围	3. 上（左、右）包围的字，先外后里。	如：句 厅 座 屋
		4. 下（左）包围结构的字，先里后外。	如：远 边 建 廷	④ 下包上时先内：下包上的字，如"凶"、"画"、"函"、"幽"等。
	三面包围	5. 缺口朝上的字，先里后外。	如：凶 画 击	⑤ 三框首横末折："三框"也叫"匠字框"，如"区"、"匹"、"巨"等。
		6. 缺口朝下的字，先外后里。	如：同 用 风
		7. 缺口朝右的字，先上后里再左下。	如：巨 匠 区	⑥ 大口最后封底："大口"即大口框，如"四"、"回"、"园"、"国"等。
	四面包围	8. 全包围结构的字，先外后里再封口。	如：园 国	⑦ 分歧遵照《规范》，做到流畅美观。

小学生尚处于习字的起步阶段，掌握汉字的正确笔顺是非常必要的。教师可帮助学生在掌握汉字书写笔顺规则的基础上，识记一些笔顺易错的常用字。当然，教师自身良好的笔顺书写习惯及其示范作用则是不容忽视的。

第二节 楷体字的书写

《义务教育语文课程标准（2011年版）》对第二学段（3～4年级）的写字目标提出了具体要求："能使用硬笔熟练地书写正楷字，做到规范、端正、整洁。用毛笔临摹正楷字帖。"第三学段（5～6年级）则要求："硬笔书写楷书，行款整齐，力求美观，有一定速度"，"能用毛笔书写楷书，在书写中体会汉字的优美"。可见，能熟练地运用硬笔、软笔书写楷体字，这是对小学生的基本要求，而小学教师能够写出一手规范、美观的楷书，则应当是其不可或缺的教学基本功。

一、楷体字基本常识

汉字经过了6000多年的变化,其演变过程是:甲骨文、金文、大篆、小篆、隶书、楷书、草书、行书。

楷书也叫正楷、真书、正书,是现在通行的汉字手写正体字。它由隶书逐渐演变而来,更趋简化,横平竖直。《辞海》解释其"形体方正,笔画平直,可作楷模",故名楷书。

楷体书法最为著名的四大家是欧阳询(欧体)、颜真卿(颜体)、柳公权(柳体)和赵孟頫(赵体)。"赵体"严格来讲应该属于行楷,不再是规规矩矩的楷书了,所以初学者一般从"欧颜柳"三体择一入手(如图1-3至图1-5所示),这也被公认为学书之正路。

图1-3 唐·欧阳询《皇甫诞碑》　　**图1-4 唐·柳公权《玄秘塔碑》**

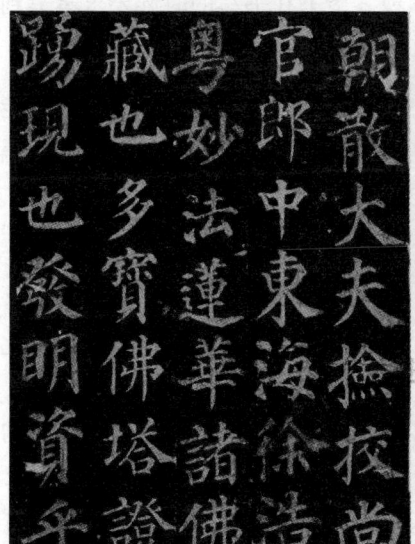

图1-5 唐·颜真卿《多宝塔碑》

汉字传统的书写工具主要是毛笔,因而传统意义上的楷书主要是就毛笔书法而言的。随着书写工具的演变,硬笔(包括钢笔、铅笔、圆珠笔、粉笔、签字笔等)以其携带方便、书写快捷、使用广泛等特点,已成为当今汉字书写的主要工具。它与毛笔的区别在于变软笔的粗壮点画为纤细的点画,去其肉筋,存其骨质。如图1-6所示:

图1-6 硬笔书法

二、楷书的特点

(一)讲究用笔

楷书的笔画有提顿、藏露、方圆、快慢等用笔方法。不同的笔法产生不同的形态、质感的线条,不同的线条需要不同的笔法去体现。楷书在书写的时候要求笔笔到位。

(二)笔画分明

楷书的每一个笔画的起笔和收笔都要交代清楚,工整规范,干净利落,不能潦草、粘连。但是笔画与笔画之间又要有内在的呼应关系,使笔画达到:既起收有序、笔笔分明、坚实有力,又停而不断、直而不僵、弯而不弱、流畅自然。

(三)结构方整

楷书在结构上强调笔画和部首均衡分布、重心平稳、比例适当、字形端正、合乎规范。字与字排列在一起时要大小匀称、行款整齐。虽然也有形态上的参差变化,但从总体上看仍是整齐工整的。

正是由于楷书具有以上特点,历代许多书家都主张把楷书作为学习书法的第一步。实践证明,只有经过系统的楷书练习,才能了解汉字笔画与结构的特点和要求,才能掌握汉字的组合规律,为学写行楷奠定书写基础,进而练就一手合乎法度、流畅自然的行书或草书。

第三节 "三笔字"书写技能训练

"三笔字"是指毛笔字、钢笔字和粉笔字。写好三笔字是师范生必备的基本职业技能之一。作为教师,三笔字这项技能具有非同小可的重要意义,是教师传授知识信息、传播审美观念、传承民族文化、塑造自身形象的重要载体。

一、毛笔字书写

(一) 认识毛笔

毛笔是源于中国的传统书写工具和绘画工具。毛笔作为一种书写工具,其历史非常久远,早在新石器时代的彩陶上就留有毛笔描绘的痕迹。相传秦将蒙恬曾取羊毫制笔,在当地被人们奉为笔祖。

毛笔的分类,按笔头原料质地可分为硬毫笔(常见的有兔毫、狼毫、猪鬃等,弹性较大)、软毫笔(常见的有羊毫、鸡毫、胎毫等,弹性较小)、兼毫笔(以硬毫为笔芯主毫,周边裹以软毫,笔性介于硬毫与软毫之间);按笔头的粗细可分为小楷笔、中楷笔、大楷笔等;按笔锋的长短可分为长锋笔、中锋笔和短锋笔;按历史与产地则可分为湖笔(浙江湖州)、宣笔(安徽宣城)、侯笔(河北衡水)等。

选择毛笔,主要考虑字的大小和风格,一般写大字选用大楷笔;字欲棱角明确,宜用硬毫;字欲丰满圆润,宜用软毫;字欲挺劲有力,宜用短毫;写流畅的行草,宜用长锋羊毫;字欲粗犷浑厚,宜用软毫大笔;书写精整工细的小字,宜用硬毫或兼毫小笔。对于初学者来说,可以选择"兼毫"毛笔,笔芯硬,易于掌握。

(二) 毛笔的执笔方法

执笔是毛笔习字的基础。

写毛笔字的常用执笔方法是"五指执笔法",即以拇指与食指的指肚捏住笔杆,保证笔杆不脱落;中指在食指下面搭在笔的外侧,既加强食指捏笔的力量,又发挥把笔往里钩的作用;无名指的甲肉之际抵在笔杆内侧,起着把笔往外推的作用;小指附在无名指的指肚下部,辅助无名指把笔往外推。"五指执笔法"又称"五字执笔法"(如图1-7所示),即以擫、押、钩、格、抵五字依次代表五指的作用或动作。

执笔时应做到四个要点:手指实,手心虚,手背圆,手掌竖。这样才能均匀用力,同时又灵活自如,便于运笔。借用

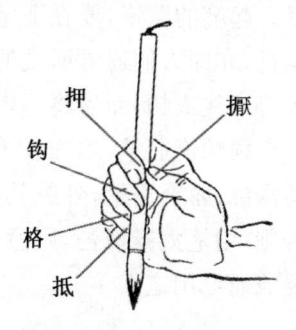

图1-7 五指执笔法

一则口诀可以帮助我们掌握毛笔执笔的基本要领：

  拇指食指对着捏，中指向内钩笔管。
  无名指头向外顶，小指帮忙不要歇。
  指实掌虚虎口开，腕平掌竖笔直立。

  毛笔执笔不但要注意五指的动作，还须讲究腕与肘的配合。根据书写时腕或肘相对于桌面的位置，主要有枕腕、悬腕、悬肘三种方式。枕腕是执笔的手腕枕靠在桌面上或枕靠在左手背上书写的方法。因为活动范围小，一般适合书写小字，也有使用"臂搁"（多以竹、木制）等物代替左手垫于腕下的。悬腕是执笔的手腕悬起，离开桌面，肘臂仍靠在桌上的书写方法。这种方法，手腕活动范围比枕腕法大一些，臂和肘关节还是靠在桌上，仍然比较平稳。悬肘是执笔的手臂全部悬空来书写毛笔字的方法。这种方法因手臂不靠在桌上，没有一点妨碍，可以任意挥洒。

  执笔位置的高低和腕法是由所书字的大小和驾驭毛笔的能力决定的。一般地说，小字低执，枕腕；大字高执，悬腕；再大则往往高执，悬肘。

（三）毛笔字的书写姿势

  写字的姿势，又称身法。书写毛笔字可坐可立，初学者一般采用坐势。坐势书写应做到八个字，即：头正，身直，臂开，足安。头正，就是头部端正，微向前倾，眼睛距离纸面一尺左右；身直，是指上身挺直，两肩齐平，不能趴在桌上，胸部要离桌沿一拳左右；臂开，是指两臂自然撑开，右手执笔，左手按纸，成均衡之势，笔距前胸一尺左右；足安，就是两脚自然放平稳，不要交叉、踮脚尖，也不能蜷腿。

  在坐势的基础上，还可以采用立势书写。立势俯写的要领是：头俯、身躬、臂悬、足开。

（四）毛笔字常用笔法

  毛笔字常用笔法包括中锋与侧锋、提笔与按笔、藏锋与露锋、方笔与圆笔等。其中，藏锋作为一种用笔技法，最为历代书家所重视。

  所谓露锋和藏锋，是指行笔的起止如何处理笔的锋芒。起笔和收笔时，有意顺势将笔的锋芒显露在点画之外，叫作露锋；设法将笔的锋芒隐藏在点画之中，叫作藏锋。起笔的藏锋，要在下笔之时使笔的尖锋在点画之内逆向轻轻用力，然后再返回运行，亦即人们通常所说的欲右先左，欲下先上；收笔的藏锋，是在点画即将收结时，顺势或驻或顿，而后将笔提起，也可以向运行的相反方向稍稍回笔再抽笔。简言之，露锋须顺锋起笔，顺锋收笔，藏锋则须逆锋起笔，逆锋收笔。藏锋用笔，内包其气，含蓄深沉；露锋用笔，外纵其神，意气飞扬。两种用笔各具不同的艺术效果，不宜偏废，否则"用笔太露锋芒，则意不持重；深藏圭角，则体不精神"。初学者宜根据字体的需要兼而习用之。

(五)毛笔楷书基本笔画的书写

关于汉字基本笔画的写法,古代有"永字八法"之说,即:侧、勒、弩、趯、策、掠、啄、磔(如图1-8所示)。此亦为书写楷书的基本法则。按照诸宗元《中国书学浅说》一书中的解释,点为侧,如鸟之翻然侧下;横为勒,如勒马之用缰;竖为弩,用力也;钩为趯(tì),跳貌,与跃同;提为策,如策马之用鞭;撇为掠,如用篦之掠发;短撇为啄,如鸟之啄物;捺为磔(zhé),裂牲为磔,笔锋开张也。

毛笔楷书基本笔画的写法,具体如图1-9所示:

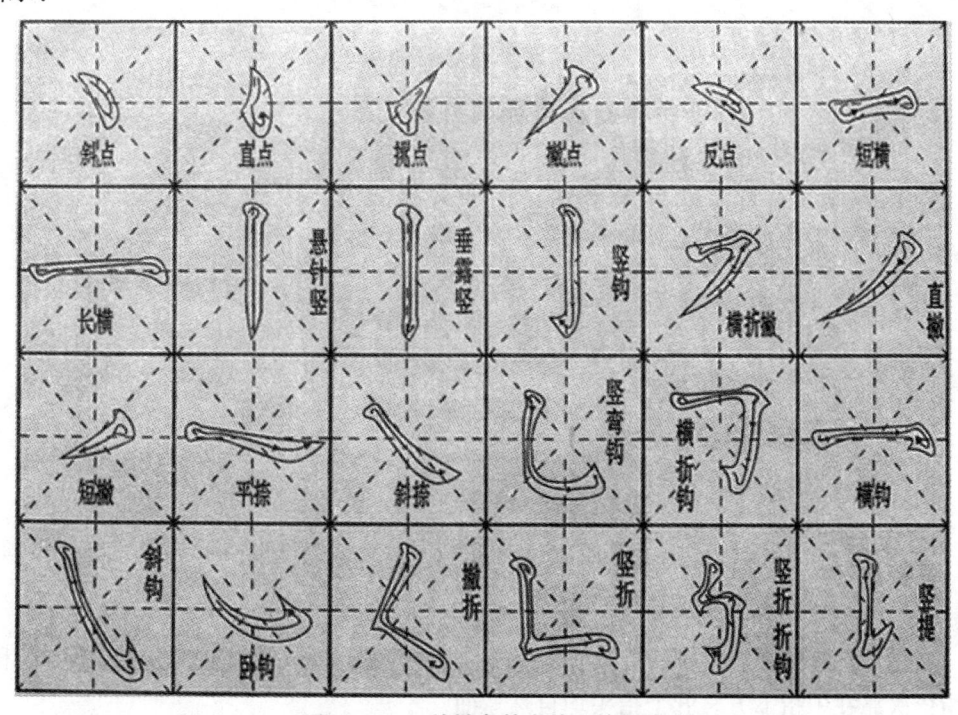

图1-8 永字八法

图1-9 毛笔楷书基本笔画的写法

二、钢笔字书写

(一)认识钢笔

钢笔是人们普遍使用的书写工具,发明于19世纪初。

相较于毛笔,钢笔具有便携、实用、书写流畅、字迹匀称、易于上手等特点。然而,从艺术性角度来讲,毛笔书写,可以根据握笔的位置、力度的变化写出粗细长短的线条,变化空间更大,于提顿行止间,尽显神韵,写出的字也更具艺术感染力。而钢笔由于笔尖的原因,线条粗细变化不大,更适合小字的书写。因此,钢笔虽具有毛笔所无法媲美的优点,却也不能完全取代毛笔。

而圆珠笔或中性笔较之钢笔,携带更加方便,书写更为润滑流畅,适用范围更广,价格也更趋低廉。但是,在练习硬笔书法时,钢笔仍是首选。钢笔讲究表现力,可以通过用力大小来控制笔画粗细,练字时可以写出笔锋。而圆珠笔或中性笔因为采用圆珠笔头,写出的字粗细均匀,缺少变化,且笔头与纸面的摩擦力较小,写起字来很滑,对处于习字期的小学生而言很难驾驭,不利于练字。

(二)正确的坐姿与握笔姿势

小学生刚刚开始学写字,养成良好的坐姿与握笔习惯很重要。概括地说,写字要做到三个一:一寸一尺和一拳,即手到笔尖一寸(一般3厘米左右即可),眼睛离笔尖一尺(大约一胳膊肘),身体离桌沿一拳。同时还要做到头正、身直、肩平、足安,如图1-10所示:

图1-10 钢笔字书写姿势

正确的握笔姿势可归纳为以下几点:

(1)大拇指和食指用第一指节前端捏笔,中指用第一指节侧上部顶住笔,无名指和小指依次靠在中指下方。五个指头均自然弯曲。

(2)大拇指在笔杆左下侧,食指在笔杆右上侧,中指在笔杆下方。食指稍前,大拇指稍后。

(3)笔杆上端斜靠在食指指根处,笔杆跟纸面成50度左右。

(4)捏笔处离笔尖一寸左右。

(5)执笔要做到"指实掌虚",即手指握笔要实,掌心要空,小指不能碰手心。

(6)手腕伸直,不能勾手腕或向上翻手腕。

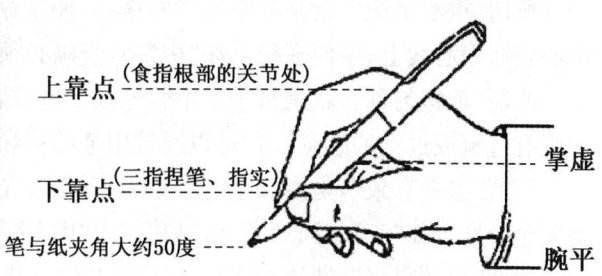

图 1-11　钢笔字书写握笔姿势(1)　　　　图 1-12　钢笔字书写握笔姿势(2)

下面这首儿歌可以帮助小学生快速掌握握笔要领：

拇指食指捏笔杆，其他三指垫下面。

指尖笔尖一寸远，笔杆斜靠指根边。

（三）钢笔字练习技法

要想练好钢笔字，除了要掌握正确的坐姿和握笔姿势，还须领会一些基本的技巧与方法。

1. 应从楷书入手，以基本笔画起步

楷书体现了汉字的结构和运笔的基本规律，只有掌握了楷书的书写技能，才能由慢到快，由熟生巧，再练行、草就相对容易了。而练楷书，则须先练基本笔画，再练偏旁部首，三练字形结构，四练分行布局。

2. 要注意钢笔字的笔法

钢笔字的笔法应立足于毛笔书法。毛笔书法的运笔包括"起笔、行笔和收笔"三个步骤，要求"逆锋起笔、中锋行笔、回锋收笔"。由于钢笔尖没有锋颖，笔画粗细均匀，书写钢笔字时用笔可以吸取毛笔字用笔的一些方法，但要有选择并加以改造。起笔，不必逆锋，可以改为向右下顿收，也不必回锋。钢笔书法的运笔虽然简单，但要使粗细基本一致的线条显出健与美来，写时还得掌握一定的规律。要体现出轻重、缓急、虚实和刚柔的变化，在一字之中，学会轻重并用、刚柔相济。点画之间，不是简单的细铁丝一样的均匀线条的组合，而是有节奏、有韵味、有动感。

3. 选择一本适合的字帖

字帖的选择，可以从三个角度加以衡量：一是自己所喜爱的，这样学起来才能有兴趣，才能感觉亲切，收效自然更好；二是适合自己书写特点的，这样练起来才能得心应手，收到事半功倍的效果；三是要选择行家公认的优秀范本。目前社会上确有一些质量低劣的字帖流行，这是商品社会的必然现象。如果初学者随便乱选，不仅浪费了时间和精力，而且练字效果可能适得其反。

4. 仔细揣摩字的间架结构

字的结构是指字的笔画的长短比例及笔画间的穿插避让关系。要把握好字的间架结构,就是要正确、巧妙地组织笔画,使每个汉字的所有笔画按规律合理布局,达到美观的要求。在处理汉字间架结构上,要遵循四点原则:重心平稳、疏密匀称、参差有致、比例得当。

所谓"重心平稳",就是要掌握字的重心,使字站得稳。不管是什么样的字,只要把重心安在中心线上,字便平稳。如"中"字,竖画必须占据中心线。

所谓"疏密匀称",就是每个字不管笔画多少、结构繁简,容纳在同一方块中后,看上去没有过疏或过密的感觉。这可以通过用笔的粗和细、收缩和扩散来加以调节。

所谓"参差有致",是指汉字有大有小,形状各异,不论用毛笔或钢笔,写出的大小不能完全一样。如"工"字同"骞"字、"口"字同"国"字等。

所谓"比例得当",即注意字的上下左右的安排,各部分的大小比例不一定是均衡的,而要根据字的特点适当布局。如"博"字,左边相对较小;"红"字,左边相对较大;"管"字,上部较小;"势"字,上部较大。

5. 注意书写的章法

如果说间架结构是汉字点画之间关系的合理处置的话,那么,字与字之间的关系处置,则可称为章法。它着重字与字、行与行之间的协调、呼应、连贯、疏密与辉映,利用黑白的分布、字形的大小、字距的远近、字态的正奇等手段,使千姿百态的单字在合理而巧妙的布局下,形成一篇既和谐美观又辉映成趣的艺术作品。

三、粉笔字书写

(一)粉笔字的执笔方法

粉笔形体短小,质地松,容易断。由于这个特点,再加上黑板摆放的特殊性,粉笔字执笔法与毛笔字、钢笔字都不相同。通常采用"三指法",即拇指、食指、中指三者齐力握笔,其中拇指、中指对应相抵,食指在前控制行笔方向,其余二指(无名指和小指)自然弯曲相依即可(如图1-13所示)。在前的食指距离粉笔头约1.5厘米,这样书写起来既着力又灵活,如果离粉笔头太近,执笔的手指某部位会靠在黑板上来回摩擦,影响书写的流利;如果离笔头太远,无力控制行笔,写出的笔画会太轻而不清晰,且容易将粉笔折断。

图1-13 毛笔字执笔方法

(二)粉笔字的书写姿势

黑板是竖立固定在墙上的,因此,书写粉笔字时,一般是站在黑板前,采用"站立悬臂"的姿势。书写时要注意做到:头平、身正、臂曲、足稳。

头平,是为了保证视线的平正,使写出的字行列整齐。随着书写高度的变化,可略有仰俯,但要保持头部平正不歪斜。身正,是指身体端正不偏斜,且尽量做到侧身书写,即身体与黑板呈30度左右夹角,以方便教学内容的展示。臂曲,是指执笔的右手臂曲成直角,举到眼的高度最便于书写。随着书写位置的上下、高低变动,手臂弯曲程度也要做相应的变化。足稳,是指两脚分开站立,以保持身体的平衡、稳定。随着书写高度的变化,可以踮脚或屈膝,随机应变。

(三) 粉笔字的运笔方法

粉笔字与钢笔字同属硬笔,运笔方法与技巧也基本相同。学好了毛笔字和钢笔字的运笔方法,也就为学好粉笔字运笔方法打下了基础。

首先,要调整好用力的大小,控制好上下的起落运动,微妙地提按粉笔,不能平均用力,从而写出有强有弱、有实有虚、有粗有细的笔画。

其次,要控制好运笔的缓急,行笔要有快慢之别,不能匀速运笔,从而写出流畅、稳健、有刚有柔的笔画。

再次,要靠臂肘腕的灵活转动和紧密配合,巧妙地进行多方向的提按摆动,从而写出有俯有仰、有曲有直、有长有短的笔画。

最后,要学会捻转粉笔体,调整笔头,善于使用粉笔头的斜面和棱角,从而写出刚健清新、有骨有肉、或方或圆、或粗或细的笔画。

(四) 课堂教学中粉笔字书写的基本原则

1. 示范性

教师在课堂上写板书,也是粉笔字书写的表演。学生不但要模仿教师的字,也要模仿教师写字的姿势。因此,教师不但要能写一手好字,还应注意自己的书写姿势应大方得体,处处为人师表。绝不可以随随便便,胡写乱画。

2. 灵活性

为增强教学的直观性,教师有时让学生直接观看书写过程,这时,要求身不挡字。写字姿势要灵活调整,并保持身态的大方。

3. 变动性

黑板版面大,书写范围广,需要及时移动身体,变换姿势。

4. 间歇性

即边讲边写,而不是一气呵成。

思考问题

1. 目前社会用字不规范的现象主要有哪些?你在汉字书写过程中是否也存在某些不规范的情况?

2. 请按照你的笔顺习惯书写下列汉字,再对照《现代汉语通用字笔顺规范》,检查你的书写是否规范。

必 插 出 丑 垂 乃 爨 兜 燕 卵 叟 为 车 轮 再 九 比 敝

3. 毛笔、钢笔、粉笔的执笔方法各是怎样的?

4. 与毛笔楷书相比,钢笔楷书有哪些特点?

第二章
口语表达基本功训练

《雷雨》朗读
优秀演讲视频
教学技能竞赛实施方案

本章重点

1. 了解普通话基础知识与训练要点,提升自身普通话水平。
2. 了解一般口语表达的特点与基本要求,掌握朗读、演讲和命题说话的基本技巧,提升自身口语表达能力。
3. 了解小学教师教学口语的内涵与特点,掌握主要教学环节口语表达的技巧,恰当运用教学态势语,提升教学口语表达技能。

第一节 普通话基本知识

普通话是以北京语音为标准音,以北方话为基础方言,以典范的现代白话文著作为语法规范的现代汉民族共同语。

中华人民共和国教育部在《〈教师资格条例〉实施办法》中,针对申请认定教师资格者的教育教学能力提出了具体要求:"普通话水平应当达到国家语言文字工作委员会颁布的《普通话水平测试等级标准》二级乙等以上标准。"其中语文教师须不低于二级甲等。可见,能够说一口流利标准的普通话亦是小学教师必须具备的教学基本功。

一、语音基本概念

(一)语音

语音,即语言的物质外壳,是语言符号系统的载体,是指人类通过发音器官发出来的、表示一定意义的声音。

语音首先具有物理属性,它跟自然界的一切声音一样,是一种物理现象;其次具有生理属性,它是人的生理发音器官发出来的;再次具有社会属性,语音具有表意功能,这种功能是社会赋予的。

（二）语音四要素

语音的物理基础主要有音高、音强、音长、音色,这也是构成语音的四要素。

1. 音高

音高指声音的高低,它取决于音波的频率,即发音体在每秒钟内振动的次数。振动的次数多,频率大,声音就高,反之就低。

2. 音强(音量、音势、音重)

音强指声音的强弱,它取决于发音体振动的幅度大小。幅度越大则声音越强,反之则越弱。

3. 音长

音长指声音的长短,它由发音时物体振动持续时间的长短所决定,发音体振动时间长,则音长越长,否则就越短。

4. 音色(音质、音品)

音色指声音的本质特征,是一个音与其他音进行区别的最根本的特征。它取决于发音时的音波形式,音波不同,音质就不同。

（三）语音的基本单位

音节是听觉可以区分清楚的语音的基本单位,汉语中一个汉字一般是一个音,每个音节由声母、韵母两个部分组成。汉语普通话中的无调音节(不做音调区分)约有400个。

（四）记音符号

记录语音的符号国际上通用的是国际音标,普通话的记音符号是《汉语拼音方案》。《汉语拼音方案》包括字母表、声母表、韵母表、声调符号、隔音符号五个方面的内容。

（五）普通话语音特点

与印欧语系相比,普通话语音有着鲜明的特点:

其一,音节结构简单,声音响亮。普通话中,一个音节最多只有四个音素,其中,发音响亮的元音占优势,是一般音节中不可缺少的成分。一个音节内可以连续出现几个元音(最多三个),如"坏(huài)",且普通话音节中没有复辅音。

其二,音节界限分明,节律感强。汉语的音节一般都是由声母、韵母、声调三部分组成,声母在前,韵母紧随其后,再带一个贯穿整个音节的声调,便有了鲜明的音节界限。

其三,声调抑扬顿挫,富有表达性。普通话声调变化高低分明,高、扬、转、降区分明显,能够较强地表达说话人的情感。

二、声母、韵母、声调

（一）声母

声母,是使用在韵母前面的辅音,跟韵母一起构成一个完整的音节。普通话有21

个辅音声母,即 b、p、m、f、d、t、n、l、g、k、h、j、q、x、zh、ch、sh、r、z、c、s,再加上比较特殊的零声母,普通话声母共有 22 个。

1. 声母的发音部位

发音时,气流受到阻碍的位置叫作发音部位。根据发音部位的不同,声母可以分为七类:

(1) 双唇音:b、p、m(3 个)　　　　　(2) 唇齿音:f(1 个)

(3) 舌尖前音:z、c、s(3 个)　　　　(4) 舌尖中音:d、t、n、l(4 个)

(5) 舌尖后音:zh、ch、sh、r(4 个)　　(6) 舌面音:j、q、x(3 个)

(7) 舌根音:g、k、h(3 个)

2. 声母的发音方法

发音方法,是指发音时构成阻碍气流的方式和克服这种阻碍的方式。各种发音方法,都依成阻→持阻→除阻这三步情况的不同而定。

根据构成阻碍和消除阻碍的方式的不同,普通话声母可以分成五种:

(1) 塞音:b、p、d、t、g、k(6 个)　　　(2) 塞擦音:z、c、zh、ch、j、q(6 个)

(3) 擦音:f、h、s、sh、r、x(6 个)　　　(4) 鼻音:m、n(2 个)

(5) 边音:l(1 个)

根据发音时呼出气流的强弱,可以把塞音、塞擦音分为送气音和不送气音两类:

(1) 送气音:p、t、k、c、ch、q(6 个)

(2) 不送气音:b、d、g、z、zh、j(6 个)

根据发音时声带是否颤动,可以把声母分为清音和浊音两类:

(1) 清音(不颤动):b、p、f、d、t、g、k、h、j、q、x、zh、ch、sh、z、c、s(17 个)

(2) 浊音(颤动):m、n、l、r(4 个)

普通话声母的发音部位和发音方法参见表 2-1:

表 2-1　普通话辅音声母总表

发音方法		发音部位	唇音		舌尖前音	舌尖中音	舌尖后音	舌面音	舌根音
			双唇音	唇齿音					
			上唇 下唇	上齿 下齿	舌尖 齿背	舌尖 上齿龈	舌尖 硬腭前	舌面前 硬腭前	舌根 软腭
塞音	清音	不送气音	b[p]			d[t]			g[k]
		送气音	p[p‘]			t[t‘]			k[k‘]
塞擦音	清音	不送气音			z[ts]		zh[tʂ]	j[tɕ]	
		送气音			c[ts‘]		ch[tʂ‘]	q[tɕ‘]	
擦音		清音		f[f]	s[s]		sh[ʂ]	x[ɕ]	h[X]
		浊音					r[ʐ]		
鼻音		浊音	m[m]			n[n]			
边音		浊音				l[l]			

3. 声母辨正训练

(1) 平、翘舌音辨正训练

普通话里,平舌音和翘舌音是分得很清楚的,如"诗"读 shī,"丝"读 sī;"睡"读 shuì,"岁"读 suì;"商"读 shāng,"桑"读 sāng;"主"读 zhǔ,"组"读 zǔ 等。但有些方言区,如吴方言、闽方言、客家方言、粤方言,以及属北方方言的武汉话,却没有翘舌音;北方方言区还有些地方,如天津、银川、西安等地,常把普通话里属翘舌音的一部分字念成了平舌音。

平翘舌音组词练习:

z—zh	在职	杂志	栽种	增长	自重	宗旨
zh—z	渣滓	张嘴	种族	长子	沼泽	振作
c—ch	财产	草场	猜出	采茶	彩绸	餐车
ch—c	车次	场次	蠢材	纯粹	差错	陈词
s—sh	三十	丧生	扫射	私塾	四十	四声
sh—s	哨所	山色	深思	神速	上诉	深邃

平翘舌音绕口令训练:

石狮寺前有四十四只石狮子,
寺前树上结了四十四个涩柿子,
四十四只石狮子,不吃四十四个涩柿子,
四十四个涩柿子,更不吃四十四个石狮子。

四是四,十是十,十四是十四,四十是四十,
谁把四十说十四,谁的舌头伸不直。
谁把十四说四十,照着屁股打十四。

(2) 鼻音与边音辨正训练

普通话里,鼻音 n 和边音 l 分得很清楚,如"男"读 nán,"蓝"读 lán;"内"读 nèi,"类"读 lèi;"泥"读 ní,"梨"读 lí。但在许多方言里,n 和 l 是不分的,如四川、湖北、湖南、江西、安徽、厦门等地。有的只会念其中一个,有的两个不加区别,随意使用。像南京方言,就只有 l,没有 n。

鼻音与边音组词练习:

| n—l | 农林 | 年轮 | 耐劳 | 脑力 | 努力 | 纳凉 | 鸟类 | 奶酪 | 内涝 | 暖流 |
| l—n | 岭南 | 辽宁 | 冷暖 | 留念 | 烂泥 | 连年 | 老娘 | 落难 | 遛鸟 | 利尿 |

鼻音与边音对比练习:

千年—牵连 恼怒—老路 允诺—陨落 难住—拦住
门内—门类 南部—蓝布 蜗牛—涡流 无奈—无赖

鼻音与边音绕口令练习：

　　　　牛牛要吃河边柳，妞妞赶牛牛不走。
　　　　妞妞护柳扭牛头，牛牛扭头瞅妞妞。
　　　　妞妞扭牛牛更牛，牛牛要顶小妞妞。
　　　　妞妞捡起小石头，吓得牛牛扭头溜。

　　　　念一念，练一练，n、l 发音要分辨。
　　　　l 是边音软腭升，n 是鼻音舌靠前。
　　　　你来练，我来念。不怕累，不怕难。
　　　　齐努力，攻难关。

（3）唇齿音 f 与舌根音 h 辨正训练

普通话里，唇齿音 f 和舌根音 h 分得很清楚，如"发"读 fā，"花"读 huā；"费"读 fèi，"会"读 huì。但有些方言却有 f、h 相混的情况，例如，闽方言多数把 f 读成 b、p 或 h；粤方言则是读 f 的字较多；四川、山西等省的某些地区，也有 f、h 不分的现象。

唇齿音 f 与舌根音 h 组词练习：

　　　　f—h　防护　丰厚　孵化　负荷　奉还　风化　凤凰　返还　发话　返回
　　　　h—f　划分　化肥　花房　豪放　洪福　恢复　挥发　哈佛　回访　寒风

唇齿音 f 与舌根音 h 绕口令练习：

　　　　粉红墙上画凤凰，凤凰画在粉红墙。
　　　　红凤凰，黄凤凰，红粉凤凰，花凤凰。

　　　　风吹灰飞，灰飞花上花堆灰。
　　　　风吹花灰灰飞去，灰在风里飞又飞。

（二）韵母

韵母是指汉语字音中声母、字调以外的部分。韵母由韵头（介音）、韵腹（主要元音）和韵尾三部分组成，如 guan 这个音节中，uan 是韵母，其中 a 是韵腹，u 是韵头，n 是韵尾。

1. 韵母的分类

普通话韵母共有 39 个。按结构可以分为单韵母、复韵母、鼻韵母；按开头元音发音口形可分为开口呼、齐齿呼、合口呼、撮口呼，简称"四呼"。

（1）按照结构特点分类

由一个元音构成的韵母叫单韵母，又叫单元音韵母。单元音韵母发音的特点是自始至终口形不变，舌位不移动。普通话中单元音韵母共有 10 个：a、o、e、ê、i、u、ü、-i（前）、-i（后）、er。

由两个或三个元音结合而成的韵母叫复韵母。普通话共有 13 个复韵母：ai、ei、

ao、ou、ia、ie、ua、uo、üe、iao、iou、uai、uei。根据主要元音所处的位置,复韵母可分为前响复韵母、中响复韵母和后响复韵母。

由一个或两个元音后面带上鼻辅音构成的韵母叫鼻韵母。鼻韵母共有 16 个:an、ian、uan、üan、en、in、uen、ün、ang、iang、uang、eng、ing、ueng、ong、iong。

(2) 按照开头元音发音口型分类

开口呼,韵母为 a、o、e、ê、er、i(前)、i(后)或 a、o、e 开头的韵母。

齐齿呼,韵母为 i 或 i 开头的韵母,如:iou、iao、ie、ia。

合口呼,韵母为 u 或 u 开头的韵母,如:ua、uo、uai、uei。

撮口呼,韵母为 ü 或以 ü 开头的韵母,如:üe、ün、üan。

2. 韵母辨正训练

(1) i 与 ü 辨正训练

普通话的 i 和 ü 分得很清楚,而有些方言,如闽方言、客家方言和属北方话区的西南一些地区,却没有单韵母 ü 和以 ü 起头的韵母。这些地区的人往往把 ü 念成 i,或 i 韵头。ü 是和 i 相对的圆唇元音,它们的舌位相同,区别在于一个不圆唇,一个圆唇。

i 与 ü 对比练习:

  里程—旅程 移民—渔民 饥民—居民 拟人—女人

  书籍—书局 气味—趣味 戏曲—序曲 容易—荣誉

i 与 ü 组合练习:

  机率 拘礼 依据 移居 躯体 履历 举例 聚集 具体

  急剧 吸取 取缔 屈膝 虚拟 积蓄 蓄意 狙击 曲艺

绕口令练习:

  王七上街去买席,骑着毛驴跑得急,
  捎带卖蛋又贩梨。一跑跑到小桥边,
  毛驴一下失了蹄,打了蛋、撒了梨、跑了驴。
  急得王七眼泪滴,又哭鸡蛋又骂驴。

(2) 前鼻音与后鼻音辨正训练

普通话里鼻音韵尾 n 和 ng 分得很清楚,如 an 和 ang,en 和 eng,in 和 ing,uan 和 uang,uen 和 ueng,而有些方言却不能分辨。例如,闽北方言就只有-ng,没有-n;吴方言和西南话大都能分别 an 和 ang,但不能分别 in 和 ing、en 和 eng。

前鼻音与后鼻音对比练习:

  产地—场地 天坛—天堂 反问—访问 瓜分—刮风 长针—长征

  深水—生水 申明—声明 红心—红星 人民—人名 金银—经营

前鼻音与后鼻音组合练习:

反抗	漫长	南方	赞赏	防范	伤感	当然	人生	神圣	真诚	城镇
成分	风尘	缝纫	民兵	心灵	尽情	引擎	灵敏	轻信	精心	病因

绕口令练习：

扁担长，板凳宽，
扁担没有板凳宽，
板凳没有扁担长，
扁担绑在板凳上，
板凳不让扁担绑在板凳上，
扁担偏要绑在板凳上。

(3) ai 与 ei 辨正训练

普通话里，这两个韵母分得很清楚，然而在有些方言中，存在 ai 与 ei 不分的现象，比如把 bái cài（白菜）读成 béi cài。要避免这种情况，主要是注意 ai 和 ei 开始发音时开口度的大小。

ai 与 ei 对比练习：

分派—分配　耐心—内心　卖力—魅力　百强—北墙　白鸽—悲歌
外部—胃部　牌价—陪嫁　排版—陪伴　小麦—小妹　耐寒—内涵

ai 与 ei 组合练习：

排位　太累　宅配　暧昧　背带　飞来　内在　备胎　佩戴　媚态

绕口令练习：

大妹和小妹，一起去收麦。
大妹割大麦，小妹割小麦。
大妹帮小妹挑小麦，小妹帮大妹挑大麦。
大妹小妹收完麦，噼噼啪啪齐打麦。

（三）声调

声调又叫字调，是音节的高低升降形式，它主要由音高决定。声调具有区别意义的作用，例如 shān xī（山西）和 shǎn xī（陕西）。

1. 调值和调类

声调包括调值和调类两个方面。

调值，又称调形，指声调高低、升降、曲直的变化形式。调值的语音特点有二：第一，调值主要由音高构成，音的高低取决于频率的高低。第二，构成调值的相对音高在读音上是连续的、渐变的，中间没有停顿，没有跳跃。汉语的调值通常用"五度标记法"来表示。

调类，指声调的类别，就是把调值相同的音归纳在一起建立起来的声调的类别。古代汉语的声调有四个调类,古人叫作平声、上声、去声、入声,合起来叫作"四声"。现代汉语普通话和各方言的调类都是从古代的四声演变来的。按照调值归纳,普通话里有四种基本的调类,即阴平(ˉ)、阳平(ˊ)、上声(ˇ)、去声(ˋ)。用"五度标记法"表示,它们的调值分别为55、35、214、51。普通话的四种基本声调的调型可以简单归结为一平、二升、三曲、四降。

2. 声调辨正训练

普通话声调虽然只有"四声",但由于各方言声调与普通话声调间有许多差别,并对其有所干扰,要念准普通话的"四声"还是有一定难度的。

(1) 方言声调和普通话声调的差异

一是声调种类的多少不同。方言中声调少的只有三类,如河北滦县话,多的有十类,如广西玉林话;此外还有五类(上海)、六类(湘、赣、客家)、七类(苏州、厦门)、八类(绍兴)、九类(广州)的。

二是声调的读音不同。西安话跟普通话同样是四类,但读音有差别。如普通话的阴平是高平调(55),西安话的阴平为中降调(31)。

(2) 声调误读的几种情况

第一,阴平调不高或不平。普通话里的阴平调值是55,方言里有念成44的,调值明显偏低。或者是起调是5度,而收调是4度,念成了54,调势存在下滑的趋势。

第二,阳平调上升不够,或在上升过程中拐弯。普通话的阳平调值是35,方言有念成近似于24的,这是由于起点音高低于标准音高,上扬就扬不上去,并且与上声调调值相混,存在着拐弯的情况。

第三,上声调降不到位或收不到位。普通话的上声调值214,有一个降升的过程,因此较之其余"三声"音长最长,音高最低。方言里有降不到位的,这是由于发音起点高于2度,随后降不到1度,并且曲折较短促,上升又升不到4度,形成的调值近似于323、213或212。

第四,念去声起音高于5度,或降不到位。普通话去声调值是51。在念读过程中,念到去声时往往忽然高出5度,或者念得非常短促,未降到底就收住字尾,调值为53或52,总是降不到1度。

(3) 声调对比练习

更改—梗概　题材—体裁　春节—纯洁　肥料—废料　保卫—包围

香蕉—橡胶　禁区—进取　欢迎—幻影　练习—联系　大量—打量

长短—唱段　语流—预留　城市—诚实—成事　承包—城堡—呈报

地址—地质—抵制　公式—工时—共识　语言—寓言—预演

编制—编织—变质　繁殖—泛指—反之　防止—纺织—防治

(4) 四声练习

花红柳绿　三皇五帝　深谋远虑　兵强马壮　风调雨顺　高朋满座

光明磊落　眉飞色舞　言简意赅　明目张胆　感同身受　眼花缭乱
语重心长　耳聪目明　举足轻重　老气横秋　落花流水　画龙点睛
卧薪尝胆　万紫千红　刻骨铭心

三、语流音变

人们说话，往往是一连串的音节，这就形成了语流。在语流中，由于前后音节的相互影响，有的音节中的声母、韵母或声调在读音上发生变化，我们称之为语流音变。普通话的语流音变主要有轻声、儿化、变调和变读。

（一）轻声

1. 轻声的性质

普通话只存在阴平、阳平、上声和去声四个声调，但在连续的语流里，有的音节常常失去原有的声调，而读成一个又轻又短的调子，这样的音节叫轻声。

轻声不是四声之外的第五种声调，而是四声的一种特殊音变，在物理上表现为音长变短，音强变弱。轻声没有固定的调值，一般要根据前一个字的声调来确定，所以不标声调。

2. 轻声的作用

轻声具有区别词性、词义的作用。例如：

地道 dì dào（名词）指地下通道。
地道 dì dao（形容词）指真正的、纯粹的。
运气 yùn qì（动宾短语）指武术、气功的一种炼身方法。
运气 yùn qi（名词）指幸运。
兄弟 xiōng dì（名词）指哥哥和弟弟。
兄弟 xiōng di（名词）指弟弟。
私房 sī fáng（偏正短语）指私人的房子。
私房 sī fang（名词）指家庭成员个人积蓄的财物；（形容词）不愿让外人知道的。

此外，轻声还能增强普通话的音乐性，使普通话的声调更加抑扬顿挫，变化丰富，轻重缓急，错落有致。

3. 读轻声的几种常见情况

普通话多数轻声同词汇、语法有密切联系，常见的有以下几种：

（1）叠音词和动词的重叠形式的第二个字。但当重叠动词中嵌入"一"、"不"时，"一"、"不"轻读，重叠的音节仍念原调。如：

爸爸、娃娃、蝈蝈、星星、说说、尝尝、修理修理、想一想、听不听

（2）名词、代词的后缀"子、头、儿、们"。如：

村子、孩子、脑子、桌子、木头、念头、拳头、这儿、咱们、女生们、同学们

(3) 结构助词"的、地、得",动态助词"着、了、过",语气词"啊、吧、呢、啦"等。如：

吃的、努力地学习、干得漂亮、听着、好了、去过、对啊、走吧、还有呢

(4) 名词、代词后面的方位词"上、下、里"等。如：

天上、墙上、路上、课堂上、地下、乡下、心里、这里、夜里、暗地里

(5) 动词、形容词后面的趋向动词"来、去、过去、过来、起来"等。如：

过来、出来、进去、出去、走过去、跑过来、好起来

(6) 合成方位词中,后边的"边、面、头"等。如：

前边、东边、上边、后面、西面、外面、上头、里头、前头

(7) 部分双音节词的第二个音节(习惯性轻声,没什么规律可循)。如：

葡萄、西瓜、窗户、动静、事情、福气、哆嗦、合同、和尚
规矩、先生、耳朵、姑娘、玻璃、葫芦、灯笼、闺女、罐头

(二) 儿化

1. 儿化的性质

卷舌元音 er 跟其他韵母结合成一个音节,并使这个韵母成为卷舌韵母,这种现象就叫儿化。儿化了的韵母就叫"儿化韵",其标志是在韵母后面加上 r。

儿化的基本性质是在韵母发音的同时带上卷舌动作。"儿化韵"的汉字书写形式中的"儿"字不代表一个单独的音节,而是表示前一个字(音节)附加的卷舌动作。例如,"哪儿"就是在发韵母 a 的同时加上一个卷舌动作。用汉语拼音字母拼写"儿化韵",原韵母不变,只在后边加一个表示卷舌动作的 r,如"猫儿"的拼写形式是 māor。

2. 儿化韵的音变规则

儿化韵的发音有两种情况,一种是韵母的发音同卷舌动作没有冲突,儿化时原韵母不变,只加卷舌动作。韵母或韵尾是 a、o、e、ê、u 的音节属于这种情况。例如：

花儿 huār　鸟儿 niǎor　山坡儿 shān pōr
台阶儿 tái jiēr　水珠儿 shuǐ zhūr

另一种是韵母的发音同卷舌动作有冲突,儿化时要在卷舌的同时变更原来韵母的结构和音色。韵母或韵尾是 i、ü、-i、n、ng 的音节属于这种情况。由于变化情况较复杂,需分别加以说明：

(1) 韵母是 i、ü 的,加 er。例如：小米儿(xiǎo mǐer)、毛驴儿(máo lǘer)。

(2) 韵尾是 i、n 的,去掉韵尾后,主要元音卷舌。例如：糖块儿(táng kuàr)、同伴儿(tóng bàr)。但韵母是 in、ün 的,去掉韵尾 n,再按韵母是 i、ü 的音节儿化,即加 er。例如：皮筋儿(pí jīer)、短裙儿(duǎn qúer)。

(3) 韵母是-i(前、后)的,将其换成 er。例如：棋子儿(qí zěr)、树枝儿(shù zhēr)。

(4) 韵尾是 ng 的,去掉 ng,主要元音鼻化并卷舌。例如:鞋帮儿(xié bār)、山洞儿(shān dõr)、眼镜儿(yǎn jiẽr)。字母上的"~"表示元音鼻化。

3. 儿化的作用

吸收到普通话里的儿化词,大部分具有区别词义、区分词性或表示一定感情色彩的作用。

(1) 区别词义。例如:

　　眼(眼睛)—眼儿(小孔)　头(脑袋)—头儿(领头的人)

(2) 区分词性。例如:

　　画(动词)—画儿(名词)　尖(形容词)—尖儿(名词)

(3) 表示细小、轻微。例如:

　　水珠儿(表示轻微)、头发丝儿(表示细小)

(4) 带有亲切、喜爱等感情色彩。例如:

　　宝贝儿、脸蛋儿、小鸟儿、小赵儿

(三) 变调

在语流中,有些音节的声调起了一定的变化,与单读时的调值不同,这种变化叫作变调。

1. 上声的变调

上声调音节在单独念或在词语、句子末尾的时候,不发生调值变化。除此之外,变调情况如下:

(1) 上声在非上声前,调值由 214 变为 21(半上声)。例如:

　　统一(214/55→21/55)　语言(214/35→21/35)　解放(214/51→21/51)

(2) 两个上声相连,前一个变成类似阳平(34)的调值。例如:

　　理想(214/214→34/214)　领导(214/214→34/214)

三个上声相连,第三个上声不变,第二个上声变成 34,那么第一个上声则变成 21。快读时,也可只保留最后一个字音读上声,前面一律变阳平。例如:

　　小老虎(214/214/214→21/34/214 或 35/35/214)

如果连念的上声字不止三个,则可以根据词义适当分类,再按上述方法变调。

2. "一"、"不"的变调

(1) 单念或用在词句末尾,读原调。例如:

　　一、二、三　三七二十一　万一　第一　不　就不

（2）在去声前，一律变成阳平。例如：

　　一定　一向　一律　不去　不怕　不够

（3）在非去声前，都读去声。例如：

　　一边　一把　一台　一走了之　不管　不同　不吃

（4）在相同的动词的中间，读轻声。例如：

　　想一想　笑一笑　好不好　说不说

（四）语气词"啊"的音变

语气词"啊"发音时，往往受前字读音的影响而发生音变。其变化情况如下：

（1）前一个音节末尾音素是 a、o、e、ê、i、ü 时，"啊"念 ia。例如：

　　他啊　多啊　鸡啊　鱼啊　鹅啊　写啊

（2）在 u（包括 ao、iao）后念 ua。例如：

　　苦啊　好啊　看书啊

（3）在 n 后念 na。例如：

　　难啊　看啊　新啊

（4）在 ng 后念 nga。例如：

　　娘啊　香啊　唱啊　行啊

（5）在 -i（后）后念 ra，在 -i（前）念 za。例如：

　　是啊　吃啊　死啊　写字啊

第二节　一般口语表达训练

口语是与书面语言相对应的一种语言表达方式，往往通过口说耳听，借助于声音和各种辅助手段来表达自己的思想、情感，以达到与人交流的目的。口头语言比书面语言起着更直接、更广泛的交际作用。现代社会的发展，对人的口头表达能力提出了越来越高的要求。

一、口语表达的特点与基本要求

(一) 口语表达的特点

口语表达的特点是相对于书面语表达而言的。

1. 更具针对性、现场性

口语表达所处的时间和空间是特定的,表达的对象是特定的,现场的氛围也是相对特定的,因而,说话的针对性比较强。这就要求表达者要边讲述,边观察,边判断,有时还要听取意见,综合分析,十分敏捷地做出相应的回答。这与把自己要说的话写成文章,让读者去阅读是不同的。

2. 更富于感染力

口语表达富有激动性,可以借助声音和表情等手段表达复杂的情感。表达者不仅可以用声调和节奏强调最有意义的词,而且可以借助表情、手势、姿态或动作表情达意。口语表达借助这些辅助手段所构成的生动形象的情景和它所收到的效果,往往是书面语言无法达到的。

3. 对思维敏捷性的要求更高

口语表达过程中,外部的语言与内部的思维是同步进行的,语言是思维的外化形式,从构思、选词到转化为语言的过程很短促。这一特点决定了说话人必须思维敏捷,反应迅速,判断准确,要善于调动全部的语言资源,马上找到恰当的词,立刻脱口而出。而书面语表达往往有充分的时间深思熟虑、反复推敲,并可做出多次修改。

4. 使用的范围广、频率高

在日常生活中,口语表达是人们交流思想的重要方式。作为一个正常人,一生中可以不写、不读,但不能不说、不听。因此,口语表达相较于书面语而言,具有更大的广泛性和群众性。

5. 需要更为全面的表达技巧

口语表达不仅要具备一般语言表达所需要的思想道德、知识水平、思维能力、语言组织能力等方面的能力和技巧,而且也需掌握特定的听说技巧,同时还应具备待人处事、言谈举止、临场应变、传情达意等方面的能力和素养,是一个人综合素质的反映。

(二) 口语表达的基本要求

口语表达要用普通话,力求发音准确,吐字清晰,运用恰当的语调,注意句子停顿,控制说话速度。同时,还要讲得生动、形象、活泼。要在言之有物、言之有理的基础上,力争做到言之有情、言之有序、言之有文。概括起来,主要有以下几点要求:

一是完整流畅。表达应有头有尾,运用普通话,声音洪亮,口齿清楚,发音吐字正确,语气连贯,意思表述流畅、完整。

二是中心明确。应主旨鲜明,重点突出,围绕中心组织话语。善于抓住关键性概念,有的放矢地展开话题。

三是层次分明。要注意论述的层次性,做到思路明晰,条理清楚,合乎逻辑。

四是感情真挚。要面带表情,处理好语调的高低、节奏的快慢,以及语气的轻重,或激昂,或委婉,或深沉,或风趣,力争以情感人。

五是自信大方。表达时应自信、冷静,配合恰当的姿态,做到自然、大方、礼貌、得体。

二、朗读技巧训练

朗读,就是用清晰、响亮的声音把书面材料读出来,是一种把诉诸视觉的文字转化为诉诸听觉的有声语言的创造性活动。

所谓朗读的技巧,是指朗读者为了准确地理解和传达作品的思想内容和感情而对有声语言所进行的设计和处理,是一种具有创造性的语言活动。这些设计和处理是从作品内容出发的,通过合理安排语言的轻和重(重音)、断和连(停顿)、扬和抑(语调)、快和慢(语速),不仅使语言生动、形象,还使语言具有表现力和音乐性。

(一) 重音

文学作品中的语句是由若干的词或词组组成的,但一句话中它们之间的关系总有重要和次要的区别。在朗读时,对那些重要的词或词组,要运用轻重对比的手段加以强调,给予突出。这些被强调、突出的词或词组就是重音。

1. 重音的分类

语句重音可分为语法重音和逻辑重音两类。

(1) 语法重音。语法重音是指在不表示什么特殊的思想和感情的情况下,根据语法结构的特点而把句子的某些部分重读的现象。它的位置比较固定,是自然加重性质的,没有特别强调色彩。

在一个句子里,除了人称代词之外,所有的实词都可读语法重音。虚词除了一部分副词和象声词之外,都不读重音。一般情况下,实词应比虚词重,谓语应比主语重,修饰词应比中心词重,此外,疑问代词、指示代词往往也要重读。例如:

  太阳出来了。(谓语)
  井冈山的竹子,是革命的竹子。(定语)
  他兴冲冲地跑出去了。(状语)
  他简直坏透了。(补语)
  谁把杯子打碎了?(疑问代词)
  这不关你的事。(指示代词)

(2) 逻辑重音。逻辑重音是指为了表示特殊的思想和感情而把句子的某些地方读得特别重的现象。其强度比语法重音更强些,位置并不固定,即使是同一个句子,如果重音位置不同,所传达出的语义的着重点也会有所不同。例如:

  我看见太阳出来了。(是我而不是别人)

我看见太阳出来了。（不是听说的）

我看见太阳出来了。（出来的是太阳而不是月亮）

我看见太阳出来了。（不是落下去了）

2. 重音的表达方式

重音绝不仅仅是加重声音。表达重音的方式是多种多样的。

（1）加强音量。朗读时，把要突出强调的字词读得重一些、响一些。这是最常用的方法。例如：

让暴风雨来得更猛烈些吧！

（2）拖长字音。即通过有意延长重音音节的方式以达到强调的目的。例如：

他们明天就要永远离开这个地方了。

（3）重音轻读。即用减轻音量的方法在对比中突出重音，以轻显"重"。常常用来表示深沉、含蓄、细腻的思想感情和轻巧的动作、轻微的声音、幽静的环境等。例如：

它们纷纷排列在你的面前，向你微笑，向你絮絮低语。

（4）一字一顿。即在要强调的音节前后做适当的停顿来表示重音。例如：

第二天清晨，这个小女孩坐在墙角里，两腮通红，嘴上带着微笑。她/死/了，在旧年的大年夜/冻/死/了。

（5）提高音高。即把要强调的音节的调值增强，从而起到引人注意、渲染气氛的效果。例如：

这是胜利的预言家在叫喊：——让暴风雨来得更猛烈些吧！

上述方法在朗读时经常会配合使用。

（二）停顿

停顿是指词语之间、句子之间、段落或层次之间声音上的间歇。停顿首先是生理的需要，其次是表达的需要。如果停顿不当，语言就可能会产生歧义。例如，"救过老张的孩子。"在这句话中，被救的到底是"老张"还是"老张的孩子"呢？

救过/老张的孩子。（被救的是老张的孩子）

救过老张的/孩子。（这孩子救过老张）

再来看"下雨天留客天留我不留。"你能运用不同的停顿方式，读出这句话所能表达的多种意思吗？

1. 停顿的类型

（1）结构停顿。结构停顿是指为反映句子、句群等结构关系而做的停顿。它具有表现语法结构的能力，其客观基础是句子结构的层次性。

结构停顿的长短大致与标点符号相对应。一般说来,停顿的时间以顿号为最短,逗号稍长,分号和冒号再长一些,句号、问号、叹号更长一些。破折号和省略号则根据表意的需要可长可短。

(2) 强调停顿。强调停顿是指在没有标点的地方,为了强调语义、观点或表达某种感情所做的停顿,或者在有标点的地方,不受语法规则的制约,而做出比原来较长或较短的停顿。

强调停顿没有固定的位置,因文而异,因人而异,由朗读者的意图而定。但要自然、合理、恰当,不能破坏意群的完整。例如:

君不见//黄河之水/天上来,///奔流到海/不复回。

她/死/了,//在旧年的大年夜/冻/死/了。

2. 停顿的一般规律

(1) 标点符号是参考,语法关系是基础,情感表达是根本。

(2) 文学作品的标点符号是朗读者进行停连安排的重要参考,但不能因此而捆住手脚,而应突破标点符号的束缚,让有形的标点符号与有声语言的标点——停顿,相互配合,从而更准确地表达文意和内在的情感。

(3) 一般说来,句子越长、内容越丰富,停顿就越多;相反,句子越短、内容越浅显,停顿就越少。感情凝重深沉时,停顿较多;感情欢快急切时,连接较紧。

(4) 只要有两个或两个以上的词相组合,就有停连问题。在组合中,停顿时间长,表示组合关系松动,或统领其后,其余味较浓;停顿时间短,则表示前后关系较紧密,或受制于前。停顿不是思想感情的空白或中断,恰当的停顿可以补足有声语言未尽之意。

(5) 停顿不是孤立存在的,也不会单独起作用。它必须与重音、语调、语速一同完成朗读的音声化再创造。

(三) 语调

语调,即说话的腔调,就是一句话里声调高低、抑扬、轻重的配合和变化。一句话除了词汇意义,还有语调意义。语调意义就是说话人用语调所表示的语气和情感态度。据此,语调可分为四种:平调、升调、降调和曲调。

1. 平调

即平直舒缓的调子,没有明显的高低升降的变化,用于不带特殊感情的陈述和说明,还可表示庄严、悲痛、冷淡等感情。如:

我家的后面有一个很大的花园,相传叫百草园。(叙述、说明)

寻寻觅觅,冷冷清清,凄凄惨惨戚戚。(悲痛)

2. 升调

前低后高,语势上升。一般用来表示疑问、反问、惊异、号召等语气。如:

你说什么?(疑问)

什么?做这事的人竟然是你!(惊异)

3. 降调

前高后低,语势渐降。一般用于陈述句、感叹句、祈使句,表示肯定、坚决、命令、赞美、祝福等感情。如:

好,就照你的意思办!(肯定)

愿有情人终成眷属!(祝福)

4. 曲调

全句语调弯曲,或先升后降,或先降后升,往往把句中需要突出的词语拖长着念,这种句调常用来表示讽刺、厌恶、怀疑、含蓄、意在言外等语气。如:

你?你能行吗?(怀疑)

你以为你是观音菩萨呀!(讽刺)

朗读不可能自始至终只是一个语调,可以根据具体情况交叉使用上述四种语调,做到自然、和谐,切忌忽高忽低。

(四)语速

语速是指说话或朗读时每个音节的长短及音节之间连接的紧松。说话的速度是由说话人的感情决定的,朗读的速度则与文章的思想内容相联系。一般说来,热烈、欢快、兴奋、紧张的内容速度快一些;平静、庄重、悲伤、沉重、追忆的内容速度慢一些。而一般的叙述、说明、议论则用中速。

语速是构成语言节奏的要素之一,它与轻重音、升降调、停顿等配合运用,能达到抑扬顿挫的效果,极大地提升口语表达的感染力。

朗诵实训

1. 尝试朗读《雷雨》中周朴园和鲁侍萍之间的这段对话,感受语速的快慢、语调的变化对作品人物情感表达的作用(视频资源请扫描本章二维码)。

周:梅家的一个年轻小姐,很贤慧,也很规矩。有一天夜里,忽然地投水死了。后来,后来,——你知道么?(慢速。周朴园故作与鲁侍萍闲谈状,以便探听一些情况)

……

鲁:可是她不是小姐,她也不贤慧,并且听说是不大规矩的。(慢速)

周:也许,也许你弄错了,不过你不妨说说看。(由慢转快。故作镇静,但心情急切)

鲁:这个梅姑娘倒是有一天晚上跳的河,可是不是一个,她手里抱着一个刚生下三天的男孩。听人说她生前是不规矩的。(慢速。回忆痛苦的往事,又

想极力克制怨愤,以免周朴园认出)

……

周:你知道她现在在哪儿?(快速。急切地想知道答案)

鲁:我前几天还见着她!(中速)

周:什么?她就在这儿?此地?(快速。吃惊、紧张)

鲁:嗯,就在此地。(中速)

周:哦!(惊讶、慌乱伴随着思考)

鲁:老爷,你想见一见她么?(慢速。故意试探)

周:不,不,谢谢你。(快速。表现周朴园的慌乱与心虚)

……

周:我看过去的事不必再提了吧。(中速)

鲁:我要提,我要提,我闷了三十年了!(快速,极度的悲愤以至几乎喊叫)

2. 朗读高尔基的散文诗《海燕》,注意重音、停顿、语调、语速等技巧的运用。

在苍茫的大海上,狂风卷集着乌云。在乌云和大海之间,海燕像黑色的闪电,在高傲地飞翔。

一会儿翅膀碰着波浪,一会儿箭一般地直冲向乌云,它叫喊着,——就在这鸟儿勇敢的叫喊声里,乌云听出了欢乐。

在这叫喊声里——充满着对暴风雨的渴望!在这叫喊声里,乌云听出了愤怒的力量、热情的火焰和胜利的信心。

海鸥在暴风雨来临之前呻吟着,——呻吟着,它们在大海上飞窜,想把自己对暴风雨的恐惧,掩藏到大海深处。

海鸭也在呻吟着,——它们这些海鸭啊,享受不了生活的战斗的欢乐:轰隆隆的雷声就把它们吓坏了。

蠢笨的企鹅,胆怯地把肥胖的身体躲藏到悬崖底下……只有那高傲的海燕,勇敢地,自由自在地,在泛起白沫的大海上飞翔!

乌云越来越暗,越来越低,向海面直压下来,而波浪一边歌唱,一边冲向高空,去迎接那雷声。

雷声轰响。波浪在愤怒的飞沫中呼叫,跟狂风争鸣。看吧,狂风紧紧抱起一层层巨浪,恶狠狠地把它们甩到悬崖上,把这些大块的翡翠摔成尘雾和碎末。

海燕叫喊着,飞翔着,像黑色的闪电,箭一般地穿过乌云,翅膀掠起波浪的飞沫。

看吧,它飞舞着,像个精灵,——高傲的、黑色的暴风雨的精灵,——它在大笑,它又在号叫……它笑那些乌云,它因为欢乐而号叫!

这个敏感的精灵,——它从雷声的震怒里,早就听出了困乏,它深信,乌云遮不住太阳,——是的,遮不住的!

　　狂风吼叫……雷声轰响……

　　一堆堆乌云,像黑色的火焰,在无底的大海上燃烧。大海抓住闪电的箭光,把它们熄灭在自己的深渊里。这些闪电的影子,活像一条条火蛇,在大海里蜿蜒游动,一晃就消失了。

　　——暴风雨!暴风雨就要来啦!

　　这是勇敢的海燕,在怒吼的大海上,在闪电中间,高傲地飞翔;这是胜利的预言家在叫喊:

　　——让暴风雨来得更猛烈些吧!

三、演讲技能训练

演讲又叫讲演或演说,是指在公众场所,以有声语言为主要手段,以体态语言为辅助手段,针对某个具体问题,鲜明、完整地发表自己的见解和主张,阐明事理或抒发情感,进行宣传发动的一种语言交际活动。

(一) 演讲的本质

演讲=讲+演,即有声语言和态势语言的综合。

有声语言(讲):是演讲活动最主要的物质手段,是信息传达的主要载体。它以流动的声音运载着思想感情,直接诉诸听众的听觉器官,产生效应。

态势语言(演):指能够表情达意的人体姿态、动作、手势、表情等。它是无声语言最主要的成分。

此外,主体形象实际也是一种无声语言,包括形体、容貌、衣着、发型、举止神态等。

(二) 演讲的分类

1. 命题演讲

命题演讲是根据指定的题目或限定的主题,事先做了充分准备的演讲,是凭借文字材料进行口语表达训练的重要方法。

命题演讲是做了充分准备的演讲,因而更严谨、更稳定,且针对性较强。

2. 即兴演讲

即兴演讲就是在特定的情境和主体的诱发下,自发或被要求立即进行的当众说话,是一种不凭借文稿来表情达意的口语交际活动。

演讲者事先并没有做任何准备,而是随想随说,有感而发,因而现场感更强,对现场表达技巧和应变能力有更高的要求。

3. 论辩演讲

论辩演讲是指论辩双方或多方就同一个论题,站在不同的立场,或持不同的观点,运用辩论形式所进行的演讲。

论辩演讲最本质的特点是对不同观点的辩驳,表现强烈的针锋相对和直接抗衡,因而更具对立性、即兴性和竞争性,需要更强的思辨能力和应变技巧。

(三) 演讲稿写作技巧

1. 要了解对象和环境

演讲是讲给别人听的,因此写演讲稿首先要了解听众,不能无的放矢。成功的演讲应该是把演讲者融入听众之中,尽量缩短距离,消除隔阂,使双方在平等而亲切的心态下交流思想感情,这样才可能"讲"得有劲,"听"得有味。要做到这一点,就必须事先了解清楚听众的年龄结构、职业状况、文化层次、思想状态等,并在演讲过程中不断修正已写好的演讲稿,提高演讲效果。其次,演讲稿的撰写还要注意场合、时间、条件的影响。环境不同,演讲的目的和意义也就大不相同。

2. 要根据演讲的时间限制确定演讲稿的长度和内容

任何演讲都有特定的目的和内容,对时限的要求也就不尽相同。特别是一些竞赛性演讲或是应聘面试环节的演讲,往往有更为明确的时间规定,如"3分钟"、"3~5分钟"、"不超过5分钟"等,一旦出现超时或时间大量富余的现象,就会削弱演讲效果,从而导致"失分"。因此,演讲稿的写作要充分考虑演讲的时间限制。我们正常口语表达的语速,通常每分钟200字左右,而演讲时的语速应比平时讲话慢一些,一般每分钟150字左右,这样,如果是规定时间为3分钟的演讲,那么演讲稿的字数大概应在400字至550字之间。此外,假如演讲之前有充分的准备时间,那么,演讲稿应该越详细越好;而如果只有几分钟的时间进行准备,则只需列出演讲稿的提纲即可。

3. 要有鲜明的主题

演讲稿一般是为命题演讲所准备的,而命题演讲具有指定的题目或限定的主题。因此,演讲稿的主题要鲜明,提倡什么、反对什么、讲什么道理、传达什么情况、介绍什么知识,都要清楚明白,围绕中心展开。选择主题,要从听众普遍关心、感兴趣的问题着眼,要反映新情况、新思想,具有时代意义。

4. 要精选新颖、典型的材料

只有材料新颖了,才能给人耳目一新的感觉,才能达到理想的效果。即使是前人用过的老材料,也可以从新的角度、新的视野去阐述,从而给人留下鲜明的印象。例如,"吸烟有害健康"这一主题可谓老生常谈,每个人都能从"吸烟的坏处"这个角度说出个一二三来。但有位演讲者却反其道而行之,举出了吸烟的"三个好处":

> 关于抽烟,我想了很久,为什么吸烟的害处那么多,而人们还是要吸呢?我又仔细想了想,可能抽烟有三个好处:一是不会被狗咬;二是家里永远安全;三是永远年轻。大家要问,那是为什么呢? 因为:一是抽烟人多为驼背,狗一看见他弯腰驼背的样子,以为要捡石头打它呢;二是抽烟的人爱咳嗽,小偷以为人还没有睡觉,不敢行窃;三是抽烟有害健康,减少寿命,所以永远年轻。

这位演讲者以出人意料之外的"三个好处",一下子就吸引住了听众,令人产生好奇心和继续听下去的欲望;再将所谓的"三个好处"一一说明,以诙谐幽默的方式彰显了吸烟的害处,使听众恍然大悟,记忆深刻。

同时,为了阐明观点所采用的论据,应该是现实生活中涌现的具有现实意义的人和事,是能为听众接受,使听众信服的典型事例。只有这样的典型事例,才能吸引人、说服人,起到以一当十的效果。

5. 要用通俗生动的语言

演讲稿一般采用口语体,讲究"上口"和"入耳",要求通俗、生动,能吸引人,深入浅出地把抽象的道理具体化,把概念的东西形象化。具体要做到:少用长句,多用短句;少用倒装句,多用常规句;少用单音节词,多用双音节词;删去生僻的文言词语、成语;删去容易误听的词语。例如,演讲家谢伦浩在《愿天下的父母都幸福》中说道:

> 王军山老人有三个儿子、一个女儿,后来又拣到一个弃婴。王奶奶含辛茹苦把他们五个抚养成人,一个个都成了家。王奶奶健壮时争来抢去,成了"廉价保姆"、"全自动洗衣机"。老人年纪大了,身体一年不如一年,儿女们为赡养问题犯愁,当皮球一样踢来踢去……

语言通俗、直观、口语化,却极富艺术感染力。

(四)演讲中的技巧

1. 语言技巧

演讲的语言从口语表达角度看,必须做到发音正确、清晰、优美,词句流利、准确、易懂,语调贴合、自然、动情。通过强调关键词、弱化非关键词,变换语调、语速,适当停顿等方法,努力使自己的声音达到最佳效果。

要达到最佳语言效果,一般来说,要做到如下几点:

(1) 准确清晰,即吐字正确清楚,语气得当,节奏自然。

(2) 清亮圆润,即声音洪亮清晰,铿锵有力,悦耳动听。

(3) 富于变化,即区分轻重缓急,语音随感情起伏而变化。

(4) 有感染力,即声音有磁性,能吸引听众,引起共鸣。

除此之外,还要适当地运用一些技巧,以增强语言的表现力和渲染力。例如:通过语言的适度夸张,以强化自己的观点,使听众形成深刻的印象;采用各式问句,直击听众心灵,以激发听众兴趣,引发思考与共鸣;设置悬念,以激发听众的好奇心;在演讲的高潮处适度加入连续排比,以增加气势,激发情感;运用情景描述、比喻、类比等手法,使演讲内容更直观、形象,从而引发听众的共鸣。

2. 态势语技巧

态势语是有声语言的补充,它辅助有声语言,使二者相得益彰,让演讲得到完美的体现。

(1) 眼神。演讲时,目光要有力,应遍及全场,不能只盯着一个角落,否则会显得呆板、缺少生气,也会让该处的听众感觉不自在;也不可跳跃太频繁,否则易给人以游离、不自信的感觉。除非是表达悲痛的情绪,眼角不要向下垂。

（2）表情。表情是人们内在情感的表现,能准确灵敏地反映出人的种种情绪。演讲时,表情首先要自信和从容,一般情况下,要面带微笑;然后应有一些变化,能配合演讲的内容,善用眉头、眼角、嘴唇等易控制的部分,有效地传达自己的情绪,避免表情呆滞,或显得过于呆板。

（3）站姿。当登台演讲时,应站在讲台的中间,不要站在讲台的一侧,也不要站得太靠后。可以采用前进式站姿,即右脚在前,左脚在后,前脚脚尖指向正前方或稍向外侧倾斜,两脚延长线的夹角成45度左右,脚跟距离在15厘米左右。这种姿势重心没有固定,可以随着上身前倾与后移的变化而分别定在前脚跟和后脚上,同时也能配合手势动作,更显灵活多变。当然,也可根据个人习惯,采用自然式站姿,即两脚自然分开,距离与肩同宽。但是,不管采用怎样的站姿,都要保证身体挺直、舒展、自然,不能左右摇摆。在想向听众表达一种传递信息的欲望时,身体应适度前倾;在表达带有神圣感或深远意味的情绪时,可采用微仰头、仰望苍穹等姿态。

（4）手势。演讲过程中,如果前面有桌子,则可手触桌边,或将双手放在桌面上;如果没有桌子,则可自然下垂,或将双手交握于腹部。但不管双手摆放的位置如何,都必须配合适当的手势。

演讲时,按手势挥动的高度可分为上、中、下三个手位：

上位：肩膀以上,在感情激越、大声疾呼、发出号召、展示前景时用。

中位：从腹部至肩部,常在心绪平稳、叙述事实、阐述理由、说明情况时用。

下位：腹部以下,多用于表达厌恶、鄙视、不快或评说反面的事物。

演讲者的手势必须随演讲的内容、自己的情感和现场气氛自然地流露出来。手势的部位、幅度、方向、力度都应与演讲者的有声语言、面部表情、身体姿态密切配合,协调一致,切不可生搬硬套,勉强去凑手势。如果手势泛滥,刻意表演,会使人感到眼花缭乱,显得轻佻做作,哗众取宠。除此之外,还有一些手势动作是切忌不能在演讲中出现的,如拍桌子、拍胸脯、拳头对着听众、手指着听众指指点点、双手插入口袋、背着手、双手交叉在胸前、双手叉腰、双手乱动或乱晃、挠痒痒、抠鼻子、揉眼睛、抓耳挠腮、摆弄衣角纽扣,等等。

3. 巧设开场白

用三言两语抓住听众的心,并非易事。如果在演讲的开始,听众就对你的话不感兴趣,注意力一旦被分散了,那么后面再精彩的言论也将黯然失色。因此只有匠心独运的开场白,以其新颖、奇趣才能给听众留下深刻印象,才能立即控制场上气氛,瞬间集中听众注意力,从而为接下来的演讲顺利地搭梯架桥。

无论采用何种形式的开场白,其目的不外乎两个：

一是拉近与听众的距离,从而引发听众与自己在情感上的共鸣。例如,1944年,英国首相丘吉尔在美国圣诞节即兴演讲的开场白是这样的：

> 我的朋友,伟大而卓越的罗斯福总统,刚才已经发表了圣诞节前夕的演说,已经向全美国的家庭献上了他的友爱。我现在能追随骥尾讲几句话,内心

实在感觉到无限的荣幸。我今天虽然远离家庭和祖国,在这里过节,我一点也没有异乡的感觉。我不知道,这是由于我的母系血统和你们相同,还是由于我本人多年来在这个地方所得到的友谊,还是由于这两个国家文字相同、信仰相同、理想相同,以及在共同奋斗中所产生出来的同志感情,也许是由于上述三种关系的综合。总之,我在美国的政治中心地——华盛顿过节,完全不感到自己是一个异乡之客。我和各位之间,本来就有手足之情,再加上各位欢迎的盛意,我觉得很应该和各位共坐炉边,一起享受这圣诞的快乐。

二是吸引听众的注意,从而激发听众继续听下去的愿望。比如以这样一个提问开场:"亲爱的朋友们,在演讲正式开始之前,我想问大家一个问题,2加2等于几?"这时,很多听众都会想:"2加2这么简单的问题,答案肯定不会是4,肯定里面有文章,我倒想看看他到底想怎么讲。"听众的注意力就被吸引过来了。接下来就该解题并切入正题了:"各位伙伴,从数学上来讲,2加2当然等于4,但如果是我们在公司里,两个部门加上两个部门,就不一定等于四个部门了,如果这两个部门互相倾轧,互相排斥,对其他部门的工作不配合,那么我们两个部门加上两个部门可能发挥的效率要远远小于四个部门的效率。但是,如果我们部门之间互相团结合作,资源互补,那么发挥的功效,将远远超过四个部门。那么接下来,我们就一起来讨论一下各部门之间该如何合作。"

需要注意的是,开场白是在演讲正式开始之前,用来引入本题的一个"引子",因而不能过长,而要紧扣主题,言简意赅。此外,开场白具有拉近与听众的距离、活跃气氛的作用,现场感更强。而现场往往会出现一些意外或突发的情况,可能是在演讲前始料不及的。因而,开场白有时就需要根据现场情况临场发挥,随机应变很重要。来看这样一个例子:

1945年5月4日,云南大学、中法大学等校的大学生,在云南大学的操场上举行纪念"五四"大会,会议开始不久,天便突降暴雨。一些学生离开会场避雨去了,会场秩序大乱。会议主持者请闻一多先生出来讲话,平静局面。闻一多站起身,迎着暴雨站在台上高呼:"热血的青年们过来!继承五四精神的热血青年站起来!怕雨吗?我来讲个故事:今天是天洗兵!武王伐纣那天,陈师牧野的时候,军队正要出发,天下大雨,于是领头人说,此'天洗兵'。把蒙在甲胄上的灰尘洗干净,好上战场攻打敌人。今天,我们集合起来纪念五四运动,天下雨了,这也是天洗兵,不怯懦的人上来,走近来!勇敢的人走拢来!"就这样,听众稳定下来,纪念大会顺利地进行下去。

闻一多先生这段即兴演讲的开场白,成功地借用了武王伐纣的故事,引出"天洗兵"的壮志豪情,进而号召青年们继承"五四"光荣传统,经受暴雨的洗礼,做一个坚强的民主革命战士。这段开场白既切景、切情,又切合大会的宗旨,颇具鼓动力、号召力。

4. 关于服饰的选择

演讲不是文艺演出,不是戏剧表演,而是一项高雅的、高层次的社会活动。因此,演讲的服装有一个总的原则,那就是"三子"的原则,即一要有领子,二要有袖子,三要有扣子。在此前提下力求使自己的服装与演讲主题和内容相协调。如果演讲的内容是严肃、郑重的,或愤怒、哀痛的,穿深色衣服或黑色衣服比较合适;如果演讲的内容是欢快喜悦的,穿浅色的、鲜艳的衣服会更好些。

  服装可以反映人的精神风貌、文化素养和审美观念。演讲者的衣着应该典雅美观、整洁合身、庄重朴素、轻便协调、色彩和谐。具体而言,要求做到外表整洁、美观,风格高雅、稳健,行动方便,跟自己的性别、年龄、职业等相协调,能够充分体现出自己的特点与神韵。比如,在校学生就不宜在演讲时身着高档的、名牌的服装;青少年演讲不要打扮得珠光宝气、艳丽夺目;上了年纪的人演讲服装就应该庄重典雅,而不能给人花枝招展、花里胡哨的感觉;男性演讲时,服装不能过于随便和随意;女性演讲时,不宜穿戴过于奇异精细、光彩夺目、袒胸露背的服饰,否则会引人瞠目和议论,影响演讲效果。

  演讲时的服饰和打扮还有一些需要特别注意之处,比如,不要穿短裤、背心、短裙上台演讲;不要背小挎包、双肩包上台演讲;不要戴有色或变色眼镜,不要戴手套、穿拖鞋或凉鞋上台演讲;室内演讲不要戴围巾、穿大衣、戴帽子;女士不能披头散发、浓妆艳抹,尽量不要佩戴项链、耳环、戒指,即使佩戴,也应大方得体。

演讲实训

  1. 不借助其他工具,任何人都无法看到自己的头顶。对自身认知的不完整,让我们容易自以为是,骄傲自满,以为极限已至,再无超越的可能。"人最难超越的高度是自己",但不是不可超越。曾子曰:"吾日三省吾身",荀子则曰:"君子性非异也,善假于物也"。深刻自省与虚心纳谏相结合,可以使我们不断进步。请以"人最难超越的高度是自己"为题,写一篇演讲稿,并尝试做3分钟演讲。

  2. 请以"我的未来不是梦"为题,进行不超过5分钟的演讲。

  3. 生活是一方沃土,播下什么,你就收获什么:播下一种心态,收获一种思想;播下一种思想,收获一种行动;播下一种行动,收获一种习惯;播下一种习惯,收获一种命运。请以"播种与收获"为题进行3分钟演讲。

  说明:优秀演讲示例可扫描本章二维码。

四、命题说话技能训练

  "命题说话"是普通话水平测试的第四项,也是最重要的一项,占整个普通话水平测试40%的分值。此外,在各类师范生教学技能竞赛及各地教师编制考试中,"命题说话"也是经常出现的形式,只是所命之"题"有时是固定的题目,有时则是提供一段与教育、教学相关的材料,需要围绕所给材料进行评说。比如,湖南省普通高等院校首届师范生教学技能竞赛(2015年)第三项为"教育问答",单项分值为15分,内容主要涉及在教育教学、班级管理及团队工作中遇到的常见问题。参赛选手现场抽取题目,准备5分钟,回答限时5分钟。江苏省第五届师范生教学基本功大赛(2016年)小学教育组通用技能部分包含"口语表达"环节,占15%的权重,选手抽签决定口语表达的内容,根据所给材料表达自己的观点和看法,独立准备10分钟,表达3分钟。竞赛实施方案可参见本章二维码。

(一) 命题说话的特点

普通话水平测试中的命题说话,重在考查应试者在没有文字凭借的情况下,说普通话的能力和所能达到的规范程度,主要从语音面貌、词汇语法规范程度和自然流畅程度三个方面加以考查,其中语音面貌占到该项总分值的一半,即20分,词汇语法规范程度和自然流畅程度各占10分。该项考试并不要求考生有多么完整的构思和开头结尾,考生只要围绕话题去说就行,有可能考生还没说完,时间已经到了,但这并不影响考生的考试分数。但在师范生教学技能竞赛或教师编制考试中,情况则有所不同,普通话表达能力和规范程度固然仍是考查的重要方面,而考生或参赛选手的思维能力、教育素养,尤其是运用教育学原理解决实际问题的能力,应是考核的重中之重。例如,江苏省第四届师范生教学基本功大赛组委会在对口语表达项目补充说明中明确指出:"除了考察学生的教育素养和语言表达的基本素养外,也能考察学生的沟通交流能力,同时尽量避免选手空喊口号,让选手能言之有物。因此,口语表达项目会减少相对宏大的题目,更侧重于引起社会广泛关注的真实教育事件、现象的教育案例类题目和贴近教师日常工作的具体教育教学生活情境题目,请选手表达观点、看法或应对方法等。"

由此可见,命题说话虽与演讲同属口语表达的范畴,也同样是各类师范生教学技能竞赛或各地教师编制考试经常采用的形式,但二者又不尽相同。演讲不光是"讲",而且要"演",当然,"演"是配合"讲"的。因而,演讲特别讲究语音的轻重、语调的升降、语速的快慢,要在有声语言的运用上有起伏,有波澜,有情感的投入;同时,还须借助无声的态势语言,手势和动作的配合要恰到好处,仪态和表情要自然协调,以收到感染听众、增强表现力的作用。相比之下,命题说话则更要在"说"上下功夫,需要具备多方面的知识素养和能力,特别是需要敏捷的思维能力、快速的语言表达能力和灵活的应变能力,而态势语言不宜应用过多、幅度过大。

(二) 命题说话的基本要领

1. 内容层面

命题说话,尤其是在师范生教学技能竞赛或教师编制考试中,既然指定了题目或材料,那么说话就不能天马行空,而要在既定的主题范围内,做到内容充实,鲜明切题,针对性强。要使用恰当的论据进行充分的阐释,分析问题准确到位,解决策略新颖得当,要有较强的说服力。论说过程应周密严谨,做到思路清晰、层次分明。

2. 语言层面

运用标准的普通话,吐字清晰,用语规范,节奏处理得当,具有较强的表现力和说服力。尽量避免"嗯"、"啊"、"那个"、"就是"等习惯性口头语,尽量少用模棱两可的词语。

3. 思维层面

无论是普通话水平测试中的"说话"一项,还是师范生教学技能竞赛或教师编制考试中的各种口语表达形式,都不具备充分的准备时间,而是边"想"边"说",对思维的敏捷程度具有很高的要求,需要把握时机,随机应变。因此,命题说话一般情况下不必也不可能事先写好完备的讲话稿,而是要在有限的时间内迅速提炼主题、把握要点,并在头脑中搭建起符合逻辑的结构框架。

4. 仪表形象

说话时,神情丰富、自然,与主题、内容相吻合;姿态端庄、大方;动作自然、适度,能够发挥较好的辅助效果。

5. 时间把握

普通话水平测试中的"说话"项目,规定时间不得少于3分钟,说满4分钟后,主试人则会请应试人停止,考生即使还没说完,也不致影响分数的评定,因而考生只要确保说话内容充实,不必太过在意时间的流逝。而在师范生教学技能竞赛或教师编制考试中,往往明确规定了表达的时间(比如不超过3分钟,或3至5分钟),超时或者时间严重不足都将会被扣分,因此,必须严格把握时间,在规定的时间内做到完整表达。

命题说话实训

1. 据报道,目前有些中小学学校在确保学生每天一小时体育活动的同时,又增设了学生每天20分钟的体育家庭作业,由此引来了不同的说法。有些学生家长认为孩子只要不生病就是健康,希望能挤更多的时间投入文化课的学习中去。有的老师认为基本保证学生一定体育活动时间能应付上面课程开设情况的检查就行了,也有的家长觉得增设体育家庭作业对学生身体素质的提高起到良好的效应。作为中小学校增设体育家庭作业是否阻碍学生的知识、生理、心理与文化课不可逆转的对峙,还是人的理念差异导致重文轻技教学现象依然存在。针对这些问题,拓展你的思路,谈谈你的想法与观点。

(准备时间:10分钟;竞赛时间:5分钟)

——浙江省高等学校第四届师范生教学技能竞赛试题

2. 在《动物怎样吃东西》的教学中,当李老师讲到"蚊子是用吸管来吸人血为食的"这一内容时,小明突然举起了手,站起来说道:"老师讲得不全面,不是所有的蚊子都吸食人血,只有雌蚊在产卵前才吸食人血,为了使卵成熟。蚊子主要以花蜜、植物汁液为食。"此刻,教室里鸦雀无声,同学们都用惊奇的目光注视着小明,也等待着李老师的反应……

如果你是这位老师,面对学生如此大胆的反驳,会做何反应呢?

(准备时间:5分钟;竞赛时间:不超过3分钟)

3. 你同意"没有不合格的学生,只有不合格的教师"这句话吗?

(准备时间:5分钟;竞赛时间:不超过3分钟)

第三节 小学教师教学口语表达

在课堂教学中,教师使用教学口语传授教学内容,组织课堂教学,启发学生思考,激发学生情感,陶冶学生情操。教学口语一端联系着教学内容的落实,一端联系着学生的认知效果。对小学教师来说,其教学口语水平不仅影响着教学的质量和效率,而且直接影响着小学生对语言的学习和语言习惯的养成。如果教师具有较高的语言修养,不但会给教学增添无穷魅力,而且将会使学生受益终身。

一、教学口语的内涵

(一)教师职业口语与教学口语

1. 教师职业口语的含义

教师职业口语是指教师在进行教育、教学过程中经常运用的行业用语,是用标准或比较标准的普通话表达符合教育教学要求的教师工作用语。主要包括教育口语和教学口语,也包括与教育教学工作相关的口语,如与学生家长的谈话,同行在教学研讨中的谈话,等等。

2. 教学口语的含义

教学口语是教师在教学过程中向学生传授知识、技能的主要手段,是教师在课堂上根据一定的教学任务,针对特定的教学对象,按照一定的教学方法,在有限的时间内,为完成教学任务而使用的语言。

(二)教学口语的基本属性

1. 口语语体与书面语体的结合

口语与书面语是语言的两种表现形态。前者存在的方式是语音,后者存在的方式是文字;前者比较直接、感性,往往不假思索,脱口而出,更接近心理真实,后者更为正规、理性、整齐、文雅,更符合生活中正式、公众场合的语境。教师教学口语就是这两种语体特点的结合。

2. 单向传输语言与双向交流语言的结合

单向传输语言与双向交流语言是教师教学口语的两种主要表现形式,例如,教学阐释语主要采用单向传输的形式,教学问答语则属于双向交流语言,而在教学的多个环节,往往是两种语言交替使用。一名合格的教师应当能够自如地选择和转换这两种语言表述形式。

3. 预设语言与应变语言的结合

一般说来,教师的教学语言是具有预设性的,教师在说话前需要经过精心准备,如课前认真备课,反复熟悉教案,明确教学的重点和难点。但在教学过程中往往会出现一些新情况、新问题,教师又不能拘泥于教案或讲稿,照本宣科,而是要根据课堂情境进行临场发挥,体现出语言的应变性特点。

(三) 教学口语与一般口语的关系

教师教学口语属于口语表达的范畴,它以一般口语为基础,需要遵循一般口语表达的基本原则与技巧,但它又不同于一般的口语,主要表现在:

1. 普遍性与专业性的不同

一般口语是所有人普遍使用的口头语,具有普遍性。而教学口语是教师在教学过程中使用的行业用语,具有专业性。

2. 灵活性与规范性的不同

一般口语表达注重实用性,在很多情况下,只要能够理解就行,可能有不太规范的地方,随意性较强。而教学口语则强调规范性,除了要合乎普通话语音、词汇、语法的要求之外,还要注意文明高雅。同时,教师在课堂上的表情、手势或其他动作也要把握在一定的尺度范围内。

3. 简短对话和长时间独白形式的不同

一般口语经常是两个或几个人之间的对话,目的比较单一,内容不是很复杂。而教师教学口语则往往会包含较大的知识量,用规范、科学、生动的语言来讲授一个定理,阐释一种观点,分析一个形象,且更多地采用较长时间独白的表达方式。

二、小学教师教学口语的特点

小学教师所使用的教学口语,除了应当体现教学口语的普遍特点外,还须顺应小学生的年龄特征,遵循小学课堂教学的特殊性和一般规律,从而具有其自身的独特性,具体表现在:

(一) 规范性

"为人师表"是对教师最基本的要求,口语的示范作用则是重要的一方面。小学阶段正是语言习得及语言习惯养成的重要时期,小学教师使用规范口语进行课堂教学,一方面有助于教学内容的传达,另一方面对于小学生的语言学习也大有裨益。

小学教师教学口语应当是标准的或比较标准的普通话,要求声音有一定力度,洪亮、持久而且强韧,语流通畅,节奏明快,语调自然、适度。同时,还要注重词汇和语法的规范。

(二) 科学性

首先,教学语言要体现不同学科的学科特点。各门学科的教学都离不开本学科特有的概念、术语、原理、规则,教师的教学口语也应符合本学科的学科特点,不能用一般日常用语去代替科学术语。

其次，要对教学内容准确表述。教学口语是为教学服务的，所用语言材料必须确切、真实、可靠，从发音到用词，从概念的阐释到教材分析，从课堂讲解到释疑，所用语言都应准确、科学。这就要求教师的教学口语要做到话语确切，不能信口开河地下定义，不能想当然地解释某个词语，不能含糊其辞地阐释某一个定理。

最后，教学语言应排除歧义，避免费解，同时还要合乎逻辑。

(三) 形象性

俄国教育家乌申斯基认为，儿童一般用形状、颜色、声音、感觉来思维，因此必须对儿童进行直观性的教学。这种教学不应建立在抽象的概念和语言的基础上，而应该建立在儿童所直接感知的具体形象的基础上。

小学教师要根据儿童的思维特点，善于运用语言创造直觉形象，善用修饰语，适当运用比喻、拟人、夸张等修辞方法，把深奥的道理浅显化，抽象的概念形象化，以此打动学生的心灵，激发学生的学习兴趣。

(四) 启发性

教学口语的启发性，是指教师的语言能起到调动学生自觉性和积极性的作用。在新课程理念下，学生是学习的主体，教师要注意调动学生的学习主动性，引导他们独立思考，积极探索，自觉地掌握科学知识，提高分析问题和解决问题的能力。

启发性有三层含义，一是启发学生对学习目的、意义的认识，激发他们的学习兴趣、热情和求知欲；二是启发学生进行联想、想象、分析、对比、归纳、演绎；三是启发学生的情感和审美情趣。

(五) 儿童化

教师口语的儿童化，是指课堂教学语言要适合小学生的接受能力，做到通俗易懂、明白流畅，使小学生易于接受、乐于接受。

要做到课堂语言的儿童化，首先，在词汇的选择上，应遵循"以浅代深"的原则，多用表示具体概念、色彩、形态、动作的词语；其次，句式上，尽量选用结构简单的句子，可在句子中嵌入适当的语气词、象声词，使句子富于变化；再次，较多地使用比喻、夸张、拟人、反复等修辞手法，使句子形象生动；最后，说话时多注入一些感情因素，节奏慢一点，语气柔一点，语调甜一点，同时，在说话时加入面部表情、手势动作等，以加深小学生对教学内容的理解。

【示例1】 于永正老师教学古诗《草》的经典片段：

师：小朋友，回到家里，谁愿意把新学的古诗《草》背给妈妈听？(找一名学生到前面来)好，现在我当你妈妈，你背给我听好吗？想想回到家里该怎么说？

生：妈妈，我今天学习一首古诗，背给你听听好吗？

师：好。(生背诵)我的女儿真能，老师刚教完就会背了。

师：谁愿意回家背给哥哥听？(找一名学生到前面来)现在我当你哥哥，你该怎么说?

生:哥哥,我背首古诗给你听听好吗?

师:哪一首?(生答《草》)弟弟,这首诗我也学过。他是唐朝大诗人李白写的。

生:哥哥,你记错了,是白居易写的。

师:反正都有个"白"字。(众笑)我先背给你听听:离离原上草,一岁一枯荣。野火烧……不尽……哎,最后一句是什么?

生:春风吹又生。

师:还是弟弟记性好,谢谢你。(众笑)谁愿意背给奶奶听?(指一生到前面)现在,我当你奶奶,你奶奶没有文化,耳朵有点聋,请你注意。

生:奶奶,我背首古诗给您听好吗?

师:好。背什么古诗?(生答背《草》)

师:草?那么多花儿不写,为什么写草啊?

生:因为草有一种顽强的精神,野火把它的叶子烧死了,可是第二年春天,它又长出了新芽。

师:哦,我明白了。你背吧。(生背)"离离原上草"是什么意思?我怎么听不懂?

生:这句是说,草原上的草长得很茂盛。

师:还有什么"一岁一窟窿"?(众笑)

生:不是!是"一岁一枯荣"。枯,就是叶子黄了,干枯了;荣,就是茂盛。

师:后面两句我听懂了。看俺孙女多有能耐!小小年纪就会背古诗。奶奶像你这么大的时候,哪有钱上学呀?(众笑)

【点评】 于永正老师在这一教学片段中可谓匠心独运,把一个简单得不能再简单的教学环节通过角色转换,演绎得曲折有致、情趣盎然。在扮演妈妈、哥哥、奶奶三种角色的过程中,一方面强化了学生对诗歌本身的记忆和理解,另一方面也让学生充分感受到口语运用的环境差异。尤其是通过耳朵有点聋的奶奶,巧妙地引导学生准确说出了诗歌的内涵,并强化了对重点词语的理解。这种生动活泼而又贴切自然的教学,必定能在学生心灵深处留下鲜明的印记。可以说,于老师这一经典的教学片断,完美展现出小学课堂教学语言的规范性、科学性、形象性、启发性,以及充分儿童化的鲜明特点。

【示例2】 以下是人教版小学数学第九册《小数乘小数》一课中的教学片段:

师:同学们,你们知道鸵鸟吗?鸵鸟是一种不会飞但是奔跑速度非常快的鸟。有一只鸵鸟正在帮助两个小朋友摆脱野狗的追赶呢!(师出示课本中例五的图片)

师:坐在鸵鸟背上的小朋友喊道:"哎呀,它追上来了!"(焦急、紧张)但是鸵鸟却说道:"别担心,它追不上我!"(沉稳)图中告诉我们,非洲野狗奔跑的最高速度是每小时56千米,鸵鸟的最高速度是非洲野狗的1.3倍。大家想一想,鸵鸟能够成功地摆脱非洲野狗的追赶吗?为什么?

生:鸵鸟能够成功地摆脱非洲野狗的追赶,因为鸵鸟的最高速度是非洲狗的1.3倍,表示鸵鸟的速度除了有一个非洲狗那么多以外,还要再多0.3倍。

师:哎呀,要是真的像这位同学说的那样,我就放心了(吐口气、轻松)。那么,这位同学说的对不对呢?我们大家一起来算一算鸵鸟的最高速度。

【点评】 在这个教学片段中,教师通过讲故事的方式提出问题,激发了学生的好奇心和学习动机,活跃了课堂气氛。学生在二年级上学期已经学过"倍的认识",通过知识的前后连接,学生能够在已有的知识经验和认知水平的基础上解决问题,并且完善和补充他们的知识与能力。教师继而抛出"这位同学说的对不对"这个问题,启发学生进行进一步的思考和计算,引出小数乘小数的算式,使课堂教学走向正轨。应该说,教师的语言是幽默生动的,再加上语调、语速的变化,以及表情、手势的配合,紧紧吸引住了学生的注意力,提升了学生数学学习的兴趣。

三、主要教学环节的口语训练

根据主要教学环节教学口语的不同作用,可以将其分为导入语、讲授语、提问语和结束语等。而在实际教学过程中,各种课堂口语之间有时是相互渗透、交叉运用的,如讲授语中常常会穿插提问语等。因此,下文虽是对各种类型的教学口语逐一加以介绍,而在实际工作中,则需要综合把握、灵活运用。

(一) 导入语

1. 导入语的含义和功能

导入语又叫导语、开讲语,是教师在讲授新的教学内容之前,为自然而巧妙地引入新课而讲述的一段简要而有诱发力的话语。

著名特级教师于漪说:"在课堂教学中要培养、激发学生的兴趣,首先应抓住导入新课的环节,一开始就把学生牢牢地吸引住。"许多有经验的教师对课堂导入语都十分讲究,好的导入语犹如乐曲的前奏、戏剧的序幕,它会紧紧吸引住学生的注意力。好的导入语就是一堂课良好的开端,它可以激发学生兴趣,调适教学气氛,是切入新旧知识的衔接点,可以为一节课顺利进行打下良好的基础。

2. 导入语的常见方式

(1) 开门见山式。即教师的开场白就直接点题,用准确精练的语言,揭示出本堂课的教学内容。这种方法不拐弯抹角,可以起到开门见山、直截了当、简洁明快的效果。

【示例】 我们的祖国是美丽的,祖国南方的桂林更是以山清水秀的风景闻名于世,有'桂林山水甲天下'的美誉。现在我们一同来领略桂林山水的美好风光。(《桂林山水》)

【点评】 在小学语文教材中,不少文章的课题直接或间接地反映文章的主要内容,或点明文章的中心。在教学这类课文时,教师就要抓住有利时机,设计言简意赅、简洁明快的导入语直接揭示学习的内容,从而引导学生深入理解课文,帮助学生把握学习的方向。

(2) 故事导入式。故事对于小学生来说有着一种特殊的魅力,以此导入,能够激发学生学习的兴趣,引导他们快速进入教学情境。

【示例】 古希腊有位科学家叫阿基米德。有一次,皇帝故意为难他,拿出一顶镶满金子、珠宝、钻石的皇冠,叫他算出体积有多大。阿基米德一边思考,一边准备洗澡。当他躺进装满水的浴盆里,水溢出水盆,阿基米德恍然大悟。你们说他想出了什么好办法?(《不规则物体的体积》)

【点评】 对于以形象思维为主的小学生而言,数学严谨的术语、抽象的概念、严密的推理,学习起来确实有一定的困难。以生动、有趣的故事引入新课,可以变抽象为直观,让数学更贴近生活,从而有效调动学生数学学习的积极性。同时,所引用的故事并不是一个简单的"噱头",也并非单纯以生动性、趣味性为旨归,而是紧密结合教学内容,甚至是饱含数学文化精神的经典故事,由此更易于激发起小学生的数学情怀。

(3) 激情渲染式。"激情"就是激发学生情感,调动学生的学习热情。学习新课时,教师要用声情并茂的语言,将学生带入教学情境中去。

【示例】 1976年1月8日,为人民劳累一生的周总理去世了。他静静地躺在鲜花翠柏中,五星红旗覆盖着他的身躯。披着黑纱的灵车,缓缓地开过来了。那年冬天特别冷,寒风猛烈地吹着,但是首都北京几十万人涌上了街头,默默地站在人行道两旁,等待着,等待着灵车开来,他们要向敬爱的周总理告别。因为从今以后,我们再也看不到周总理慈祥的面容,再也听不到总理那亲切的声音了。十里长街到处是白花,就像铺了一层厚厚的白雪,到处都能听到人们在低低地哭泣……同学们,这是四十年前的事情,我们虽然没有经历那让人心碎的时刻,但是《十里长街送总理》一课,会让我们了解当年的情景。(《十里长街送总理》)

【点评】《十里长街送总理》是一篇情意动人的佳作。课文通过情感透视生活,展示了首都人民群众送别周总理时的感人场景,表达了对周总理的敬仰和怀念之情。如何引导学生领会文本所表达的情感内涵,并产生情感的共鸣,是这篇课文教学的重点和难点。在课堂的导入阶段,教师以充满激情的话语为本堂课奠定下适宜的感情基调,营造出浓郁的情感氛围,有利于引导学生更快地入情、入境。

(4) 承前启后式。这种方法也叫新旧知识联系导入法或复习式导入法,就是在已学过的旧知识的基础上导入新学知识,从已知的领域转入未知的领域。

【示例】 这学期,我们学过了《美丽的南沙群岛》《赶海》这两篇课文,它们都以生动、优美的语言描绘了海边的美景。那儿的天是一片蓝玉,海是一块翡翠。远望水天相连,翡翠和蓝玉合璧,蔚为壮观。每当夕阳西下,海边的人们三三两两地离去,喧闹的海滩渐渐恢复了平静,只有海鸥还沐浴着晚霞的余晖,在水天之间自由自在地飞翔。而今天,我们又要学习一篇有关海的文章,不过它描绘的可是海底奇异的景象。(《海底世界》)

【点评】《海底世界》是一篇科普知识性课文,介绍了海底世界奇异的景色和丰富的物产,而《美丽的南沙群岛》和《赶海》同是表现大海的课文,三篇课文又处在同一本教材之中,因而教师采用了承前启后的导入方式,根据知识之间的逻辑关系,以旧引新或温故知新。这种方法的使用关键在教师,教师必须深入钻研教材,找出新旧知识的衔接点,过渡要自然连贯,既起到调整学生思维方向,又为新课学习创设良好环境的作用;既能使学生巩固强化旧知识,又能帮助学生构建知识体系,加强知识与知识之间的联系。当然,"温故"只是手段,而"导入"才是目的。

(5) 悬念式。古人云:"学起于思,思源于疑。"疑问是思维的火种,探索知识的思维过程总是从问题开始的。小学生好奇心强烈,对自己未知的领域充满探求的欲望。抓住他们的这种心理,在课堂导入环节设置一些带有悬念性的问题,往往能够调动学生思维的积极性和主动性,激发他们的求知欲望。

【示例】 今天早上,蜡烛家里发生了一件大事——蜡烛兄弟比本领,谁燃烧的时间长,谁的本领就大。红蜡烛想:"我躲在大瓶子里,这样风吹不到,准能赢。"绿蜡烛也想躲在小瓶子里,只有黑蜡烛没有这样做。结果谁赢了呢?同学们,请你们先猜一猜,到底谁赢了呢?请来到他们的比赛现场,做一个裁判。睁大眼睛看仔细,蜡烛到底发生了什么变化?(《空气与燃烧》)

【点评】 这是小学科学《空气与燃烧》一课的优秀教学导入案例。教师采用讲故事与设置悬念相结合的方法,配合生动形象的语言和科学严谨的实验操作,在上课之初就激发起学生探索追求的浓厚兴趣,让学生变被动学习为主动探求。

(6) 游戏式。游戏导入是指教师根据教学内容,设计与之相关的游戏活动,活跃课堂气氛,激发学生的学习兴趣,使学生在游戏中不知不觉地进入学习的情境之中。

【示例】

T: Hello, boys and girls. Let's play a game, ok?

S: Ok!

T: Now, listen and guess. (play audio)

What's this?

S：A car?

T：Maybe.

S：A train?

T：Yes．You're right.

【点评】 这是在导入新课《The train is going up the hill》时用来吸引学生注意力的小游戏。刚刚接触一门新的语言，对于小学生来说并非易事。如果在导入新课时不能激发学生的兴趣，只是单纯地导入新知识，那么整堂课的教学效果将大打折扣。这种以猜谜游戏引入新课的方法，一方面复习了以前所学词汇和句子，另一方面，由于学生急于想要猜出所播放的声音究竟是哪种交通工具，因此，他们会立刻安静下来，专注于倾听，专注于思考，从而快速进入课堂情境。

以上是导入语的几种常见的方式，除此之外还有直观式导入、音乐导入、引用导入、朗诵导入，等等。各种方式时有交叉，且有些课堂也可以综合运用两种或两种以上的导入方式。在教学中，教师要根据学生学习的实际情况，因课制宜，灵活运用，以激发学生的学习兴趣，让学生积极主动地投入课堂教学中来。当然，还须注意，导入语一般不能太长，且应以引入新课为目的。

导入语训练

1. 《爬山虎的脚》是人教版小学语文四年级的一篇课文，请你设计两种课堂导入的方法。

2. 在教学"认识几分之几"时，老师的导入语是这样的：

两只小熊在去游乐场的路上，遇到一位卖月饼的老爷爷。望着那香喷喷的月饼，两只小熊馋得直流口水。老爷爷说："你们要吃月饼可以，但是我得先考考你们。"他拿出四个月饼，说："四个月饼平均分给你们俩，每人得几个？"两只小熊很快说出了答案。然后，老爷爷拿出一个月饼问："一个月饼平均分给你们俩，每人得几个？"两只小熊齐声回答："半个。"那么，"半个"用数字该怎样表示呢？这下可难住了两只小熊。同学们，大家能替他们解答这个难题吗？

请分析在这个教学片段中，老师主要采用了哪些导入方式？其用意何在？

(二) 讲授语

1. 讲授语的含义和特点

讲授语就是用清楚准确的语言对教学内容进行系统阐述的课堂用语。

讲授语是课堂教学中最主要的教学言语，它除了具有教学口语的一般特点之外，最突出的特点是规范、明了、准确、流畅，还要针对小学生的特点，做到通俗、生动、活泼，具有趣味性和启发性。

2. 讲授语的类型

课堂讲授,一般由讲析、归纳、评点三部分构成,由此可将讲授语归纳为三种基本形态,即讲析型、归纳型、评点型。

(1)讲析型。讲析型就是以平实自然的语言对某一特定教学内容进行条理分明、清楚完整的讲解和分析。

讲析的方法是多种多样的,既可以按因果关系进行讲析,也可以从比较的方法入手;既可以采用打比方的方式讲析,也可以运用下定义、引材料等多种解说手段;既可以概括地讲析,也可以分层次论说。

(2)归纳型。归纳型就是从课堂教学一系列具体现象中概括出一般原理或规律。

精要简洁的归纳,能使学生的思维发生质的飞跃,从整体上把握事物的本质或知识的要领。

(3)评点型。评点型就是通过评价和点拨来引导学生积极思考,获得新的思路,进入新的境界,以探求内在的更加深刻的结论。

评点型讲授语是教师在课堂教学中针对学生所表达的见解而进行及时的反馈,或肯定优点,或指出不足,不是把知识硬塞给学生,而是用话语创设一种认知情境,引导学生去做更进一步的深入思考,并用话语进行引导,已达到让学生茅塞顿开的教学效果。

讲授语训练

1.《公顷、平方千米》是人教版小学数学第六册《面积》中的一个教学内容,请设计一段讲授语,时间不超过5分钟,要求语言清晰、简洁,便于学生理解和记忆。

2. 在实际教学中,讲授语的三种类型经常会配合使用。请阅读下面《乌鸦与狐狸》的教学片段,着重分析教师是如何综合运用三种讲授语的。

师:那么,什么是"奉承话"呢?
生:奉承话就是说别人的好的地方。
师:是这样的吗?老师表扬一位同学,说他有些方面做得好,老师是不是在说奉承话呢?
生:老师表扬同学不是奉承话。
师:说人家好的地方,有两种,一种是人家好就说好,是老实话,是表扬人的话,目的是自己向人家学,也希望大家向他学,这不能说是奉承话。另一种就不同

了。说人家好,故意夸大,有的时候把别人并不好的地方,也花言巧语地说得非常好,讨好别人,把别人说得快快活活、晕晕乎乎的,心里却有自己的打算。这就是奉承话了。人人都知道,乌鸦的羽毛没有公鸡的羽毛漂亮,更比不上凤凰的羽毛多姿多彩。要是鸟儿比羽毛,乌鸦黑乎乎的羽毛恐怕要倒数第一,但是狐狸却花言巧语地说乌鸦羽毛最漂亮,这就是讨好对方,而心里却有自己的鬼主意。这种不切实际的夸赞性话语就是奉承话。

(三) 提问语

1. 提问语的含义和功能

提问语是教师在教学活动中,为了引发学生的注意和思考,针对教学内容和学生实际而进行提问的教学语言形式。

教育家陶行知先生曾说过:"发明千千万,起点是一问。"在教学过程中,教师精心设计提问,创设问题情境,既能培养学生思考、探究的意识和能力,又能激发学生的学习兴趣,维持其注意力的集中,同时也有助于教师获得来自于学生的反馈信息。

2. 运用提问语应注意的问题

(1) 问题要清楚,目标要明确。提问要让学生一下子就能明白教师想问的是什么,而不能令学生对问题本身想表达的意思产生疑问。同时,教师的提问要围绕教学目标,为实现教学目标服务,没有目标的提问起不到深化教学的作用。

(2) 提问要富于启发性。提问要能起到启发思路、举一反三的效果,不要问简单的"对不对"、"好不好"。同时,提问应着眼于学生的最近发展区,问题虽带有一定难度,却是学生经过思考所能够达到的,以调动学生的积极性,发挥其潜能。

(3) 提问要适量。问题的多少要适度,不能连问不停,不能以问答的形式代替教师的讲授。问题设计要少而精,紧扣课文的重点、难点,避免过多琐碎的提问破坏课堂的完整性。

提问语训练

《小蝌蚪找妈妈》这篇课文分别写了小蝌蚪"询问鲤鱼——错找乌龟——找对青蛙"的情节。三位教师抓住人物对话,设计了以下三种不同的问题:

教师A:小蝌蚪看见鲤鱼妈妈/乌龟/青蛙说了些什么?鲤鱼妈妈/乌龟/青蛙又是怎样回答的?

教师B:同学们,现在你就是小蝌蚪,当你见到鲤鱼妈妈/乌龟/青蛙时,心里是怎么想的?又是怎么做的呢?

教师C:仔细阅读三次对话,思考:小蝌蚪见到鲤鱼、乌龟、青蛙时,它们的做法有什么不同呢?你觉得这是一群怎么样的小蝌蚪呢?

请分析这三种提问语指向的阅读范围有什么区别?你认为哪一种提问更具开放

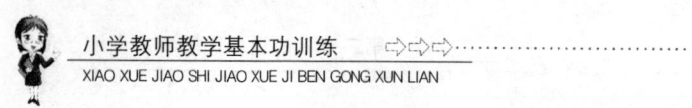

性？为什么？

（四）结束语

1. 结束语的含义、作用和要求

结束语是课堂教学将要结束时，教师对这堂课的内容提纲挈领地加以归纳总结或引导学生对所学的知识技能进行拓展迁移所运用的语言。

从课堂教学的角度来讲，结束语是教学环节不可缺少的组成部分；从学生认知角度讲，临近下课，学生的注意力进入分散期，精心设计的结束语，可以激活学生新的兴奋点，使教学获得更好的效果。好的结束语能深化教学内容，帮助学生理清思路，完成课堂教学由感性认识到理性认识的飞跃。

结束语的设计，一要紧扣教材，体现教学目标，考虑课堂教学的实际情况；二要观点明确，重点突出，有助于加深学生对知识要点的记忆和理解；三要语言精练，不拖拉，不啰嗦。

2. 结束语的常见方式

（1）归纳式。讲授完教学内容以后，教师总结归纳这节课所学的内容、要点和学生的学习情况，并提出一定的要求和希望。

（2）过渡式。根据教材内在的逻辑联系，用承上启下的语言，建立起与下节课之间的有机联系，激发学生学习新知识的欲望。

（3）练习式。通过指导学生进行书面或口头练习的方式，使理论与实践结合起来，帮助学生巩固课堂知识，促进思维发展，将知识转化为技能。

（4）探讨式。教师提出一些思考题或有争议性的话题，让学生利用课余时间进行思考、探索，以提高学生分析问题、解决问题的能力，拓展知识领域。

结束语训练

1. 特级教师于永正执教《望月》一课时是这样结尾的：

写得美，读得也美。大作家罗丹曾经说过一句话："美是到处都有的，对我们的眼睛来说缺少的不是美，而是发现。"比如月亮吧，"今人不见古时月，今月曾照古时人"，从古至今都是这一个月亮，但是那么多作家、诗人笔下的月亮为什么都不一样，都那么美呢？今天作业就是：在有月亮的晚上，同学们观察一下月亮，再观察一下周围的景物：山、树、人、房屋都是什么样。你仔细观察，用心幻想，你的笔下一定会有一篇篇优美的文章诞生。于老师期待着。

请分析，于永正老师设计这样的结束语，其意图何在？效果如何？

2. 《植物的叶》是新教科版科学三年级上册《植物》单元中第5课时的内容。本课是在观察了陆生植物和水生植物的个体之后，出现的专门观察植物器官的内容，为后面学习植物的生长做必要的准备。请为本课的教学设计结束语。

四、小学教师教学态势语训练

(一) 态势语的含义和作用

1. 态势语的含义

态势语又称体态语,是口语交际的重要辅助手段,是通过面部表情、目光、身姿、手势等配合有声语言传递信息的一种形式。

2. 态势语在教学中的作用

(1) 丰富课堂信息容量,提高课堂教学效果。态势语可以传达更为丰富真切的知识信息,可以加大教学信息密度,增加学生对有用信息的接受程度。态势语在教学中与有声语言相比,更直接地刺激学生的视觉器官。教学实践证明,要扩充学生对教师发出的有用信息接收量,就必须增加对学生的感官刺激,以保持学生大脑皮层的兴奋,增强其信息接收系统的摄取功能,从而有效地提高课堂教学效果。

(2) 调控课堂气氛,增进师生感情。良好的课堂气氛是有效地进行课堂教学管理、顺利完成课堂教学任务的基本保证。如果教师能够在教学中灵活、机智地运用各种必要的态势语,就可能创造出一种轻松活泼、昂扬振奋的课堂氛围。此外,课堂上师生之间情感的交流也是创造和谐课堂气氛和良好智力环境的重要因素。教师和谐有度的态势语的运用,必然会赢得学生的信任和尊敬,使其保持学习兴趣,发挥思维潜力,进而形成活跃的课堂气氛。

(3) 节省教学组织时间,提升课堂效率。在教学过程中,当教师给学生下达指令或要求时,有时无须详细解释,而只要教师的一个眼神、一个动作即可让学生意会并立刻执行;当课堂出现种种轻度问题时,通过教师的一个简单的体态语言或许就能顺利化解,这就节省了课堂管理时间,相对延长了学生学习的时间。

(二) 教学态势语的类型

态势语有极其丰富的表达方式,与教师课堂教学密切相关的主要有目光、面部表情、手势和姿态。

1. 目光语

目光语是整个面部表情中最鲜明、最突出、最能反映深层心理的态势语。实践证明,教师的目光和学生的目光接触的时间越多,获得学生信赖、激发其兴致的可能性就越大。教师要多用积极的目光语,使学生从教师的目光中感受到尊重、理解、爱护、体贴。例如,微笑、信任的眼神是教师常用的积极目光语,会使学生感到安全和自信,并受到鼓舞和激励。同时,教师要用目光的交流来捕捉和反馈信息,针对不同的学生使用不同的目光点视。例如,对认真听讲、思维活跃的学生投以赞许的目光,对扰乱课堂秩序的学生投以制止的目光,对回答问题胆怯的学生投以鼓励的目光等。

教师应避免几种消极的目光语,如盯视、瞪视、怒视、呆视、漠视、侧视等。此外,还应防止眼神运用的一些不良习惯,如眼神黯淡无光,视线不与对方交流以致冷落对方,边想边说时频繁眨眼或闭目思索,以及视角频繁转换、飘忽不定,给人心不在焉的感觉,等等。

2. 表情语

在教学中,教师不仅通过言语向学生表达自己的思想感情,而且凭借面部表情向学生传递教育信息,表达教育意图,启迪、引导并感染学生。学生透过教师表情的变化,也可以领悟、觉察到教师情感的变化,获得教师对自己评价的反馈信息。正是这种教育的情感性特征,以及小学生的生理和心理特点,决定了教师面部表情的基调:保持和蔼、亲切、开朗、精神饱满的面部表情状态。

在这种基调下,教师的表情还应随机而变,与教学内容保持同步,根据教学内容表达的需要,时而眉飞色舞,时而痛心疾首,时而慷慨激昂,时而宁静安详,时而凝神思虑,时而严肃不苟。这种表情的变化,能使课堂充满活力,使知识变得浅显而有趣。

3. 手势语

手势语是教师教学过程中必不可少的一种辅助手段,尤其是在小学低、中年级,更是一种很重要的直观性教学辅助手段。

根据功能的不同,手势语可分成四种类型:

(1) 指示手势。用以向学生发指示、提要求或指明口语中所说的具体对象。如表示"前、后、上、下、你、我、暂停、小点声"等。

(2) 象形手势。用来临摹事物或人物的形貌。如表示"高、矮、胖、瘦、长、短、大、小",模拟球形、弯曲度、笔直状等。

(3) 情意手势。用来帮助表达教师的情感,手势随情而动,增强感召力。如挥拳、扬臂、捶胸等。

(4) 象征手势。用来表示一些抽象的概念,如竖起食指和中指象征胜利,手臂平移或画弧表示大范围或全部。

手势语的效果在于是否运用得适时、准确。因此,教师在教学过程中应伴以适当的、准确无误的手势,以加强表达效果,激发学生的听课情绪。但次数不应过于频繁,幅度也不能过大。切忌不停地挥舞或胡乱地摆动手臂,也不要将手插入衣兜或按住讲桌不动。手舞足蹈会令人感到轻浮不稳重,过于死板又会使学生感到压抑,总之应以适度为宜。另外,还应注意各种消极的手势,如用食指指人,习惯性地搓手,经常抓耳挠腮,玩弄粉笔或衣扣等。

4. 姿态语

教学姿态语主要是指教师的站姿和行姿,是构成教师整体形象的重要因素。自古以来,中国人就讲究"站有站相,坐有坐相","站如松,坐如钟,行如风",可见站姿和行姿在一定程度上能够反映一个人的精神状态和文化修养。在教学过程中,教师的姿态可以表明教师的精神状态和风貌,因此,教师的站姿和行姿应当自然、大方。

(1) 站姿。站姿是课堂教学的基本姿态,分两种形式,一是自然式,两脚基本平行,相距与肩等宽;二是前进式,两脚一前一后,相距适中。无论哪种站姿,都要求端庄自然,不呆板又不要太松懈。具体来说,要肩平、腰直、身正、立稳,身体重心落于两脚之间,或根据表达需要落在前脚上,身体微向前倾。

(2) 行姿。行走时上身要挺拔向上,双臂自然地前后摆动,幅度不要过大(显得呆板),也不要过小(显得猥琐),头不要昂得过高(显得傲慢),也不要过低(显得不自信),以目光平视正前方为宜,步履稳健而轻捷、沉着、充满自信,稳健有力,大方自然。

教师态势语训练

1. 对着镜子观察自己在不同心理状态下面部表情的变化,如微笑、大笑、苦笑、平静、惊讶、忧愁、悲伤、兴奋、愤怒等。

2. 朗诵下面这首诗歌,并在朗诵过程中配以恰当的手势。

0 的断想

0 是谦虚者的起点,骄傲者的终点。

0 的负担最轻,但任务最重。

0 是一面镜子,让你认识自己。

在弱者面前,

0 是一只救生圈,让你随波逐流;

在强者面前,

0 是一面敲响的战鼓,催你奋勇直前。

3. 面向班级同学,做三分钟的自我介绍,注意目光语、表情语、手势语及姿态语的协调配合,并请同学们指出你在态势语运用上存在的问题。

思考问题

1. 普通话的语流音变主要有哪几种情况?其各自的音变规则是怎样的?

2. 作为师范生,具备过硬的口语表达能力是今后从事教书育人工作不可或缺的基本技能。请反思,自己在口语表达方面具有哪些优势?存在哪些不足?如何进一步提升自身的口语表达技巧?

3. 小学教师教学口语跟一般口语有怎样的不同?教学口语根据教学环节的不同,可以分成哪些类型?

4. 著名教育家斯霞老师在给小学生讲解"颗颗稻粒多饱满"后,要求学生用"饱满"造句。学生虽造出了"麦粒长得饱满"、"豆荚长得饱满"等句子,但仅仅停留于对"饱满"一词本义的运用上。为了扩大学生的知识视野,帮助学生理解词语的比喻义,斯老师忽然走到教室门口,然后转过身来,胸脯略微挺了挺,头稍微扬了扬,两眼炯炯有神地问:"你们看,老师今天精神怎么样?"学生异口同声地说:"老师精神饱满!"

请结合这一教学案例,谈谈教学态势语的作用及其运用原则。

第三章
现代教学媒体应用技能训练

微格教学视频
拓展阅读

本章重点

1. 了解现代教学媒体的特性及其在小学课堂中的作用；了解并掌握现代教学媒体的分类与应用。

2. 了解微格教学的特点及其实施过程，掌握微格教学设计与教案编写的基本方法与技巧，掌握微格教学评价的基本模式。

3. 了解多媒体课件的制作要求、步骤，掌握PPT课件制作与演示的基本技巧。

第一节 现代教学媒体概述

随着现代教育技术的飞速发展和教育教学改革的不断深入，现代教学媒体在小学课堂教学中的应用越来越广泛，利用文字、实物、图像、声音等多种媒体向学生传递信息，逐渐成为教学过程中一种极为重要的辅助手段。多媒体技术的出现及其在教学上的普及应用，引发了一场教育技术的革命。作为一名当代教师，必须掌握现代教育技术，熟悉现代化教学手段的理论与操作技能，通过利用现代教学媒体与技术对教学过程和教学资源进行设计、开发、利用、评估和管理，在理论和实践两方面实现课堂教学的优化，从而真正实现提高教学质量、促进学生主动发展的教育目的。

一、现代教学媒体的内涵与特性

（一）教学媒体与现代教学媒体

媒体是指承载、加工和传递信息的介质或工具。当某一媒体被用于教学目的时，作为承载教育信息的工具，则被称为"教学媒体"。

教学媒体是在传播知识、技能和情感的过程中，储存和传递教学信息的载体和工具，是教学内容的载体和表现形式，是师生之间传递信息的工具，如实物、口头语言、图表、图像及动画等。按照时代特点，教学媒体可分为传统教学媒体和现代教学媒体两大

类(如图 3-1 所示):

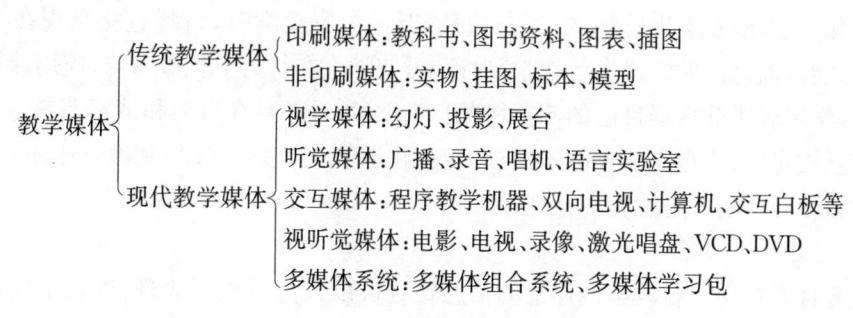

```
                    ┌ 传统教学媒体 ┬ 印刷媒体:教科书、图书资料、图表、插图
                    │             └ 非印刷媒体:实物、挂图、标本、模型
教学媒体 ┤
                    │             ┌ 视学媒体:幻灯、投影、展台
                    │             ├ 听觉媒体:广播、录音、唱机、语言实验室
                    └ 现代教学媒体 ┼ 交互媒体:程序教学机器、双向电视、计算机、交互白板等
                                  ├ 视听觉媒体:电影、电视、录像、激光唱盘、VCD、DVD
                                  └ 多媒体系统:多媒体组合系统、多媒体学习包
```

图 3-1 教学媒体的分类

现代教学媒体是相对于传统教学媒体而言的。传统教学媒体一般指黑板、粉笔、教科书等。现代教学媒体是指直接介入教与学的活动过程中,能用来传递和再现教育信息的现代化设备(硬件),以及记录、储存信息的载体(软件),如幻灯机和幻灯片、投影仪和投影片、计算机和 CAI 课件等。这两者缺一不可,必须配合使用。

(二) 现代教学媒体的特性

媒体的特性是我们选择媒体、进行媒体优化组合的重要依据。不同媒体具有不同的特性,应用于教学会产生不同的效果。现代教学媒体的共同特性主要体现为以下几个方面:

1. 传播性

媒体的传播性应包括信息的传播速度、传播范围、传播能力等,传播性是媒体的重要属性。任何教学媒体都是以特定的符号形态将信息传送给受信者的,只是不同媒体的传播性有所不同。比如,书本、杂志等印刷媒体适合向个体传递信息,通过发行可以将语言文字等符号传播到各个地方,但其传播速度与传播能力有限;广播、电视媒体以电磁波的形式对声音、图像进行实时传输,具有极快的传播速度和极广的传播范围,利用广播卫星甚至可以覆盖全球;而幻灯、投影、电影、录音、录像等,则更适合于在有限空间的教室或其他教学场所进行信息传播。

2. 表现性

表现性是指教学媒体表现事物信息的能力。由于各种现代教学媒体的表现性有所不同,因而其表现客观事物的物理属性也不尽相同。例如,电影与电视以连续活动的图像和同步的声音来表现事物的物理属性,能以最接近实物形态的方式,逼真、全面地表现事物的运动状态、相对关系和变化中的过程等,具有极强的表现力,但它们是按时间顺序传播的,瞬间即逝,不利于学生细心观察与思考;广播、录音是借助声音来表现事物的运动状态与规律,它具有声音与时间的表现能力,但是缺乏空间的视觉表现力。

3. 参与性

参与性是指应用现代媒体进行教学时,学习者拥有更多参与学习过程的机会。例如,电影、电视、广播等,具有较强的表现力与感染力,将其应用于教学,容易引起学习者的兴趣和注意,激发学生感情的参与;应用幻灯、投影教学时,材料直接呈现在学生面前,教师能以面对面的方式进行教学、讨论,可使学生在行为上积极参与;应用计算机辅助教学,学习者能够根据自己的实际情况自主学习,是一种在行为和情感上参与程度很高的交互式媒体;应用交互式电子白板,能够在课堂上让学生参与到教学中来,真正体现现代教学媒体的参与性和交互性。

4. 重复性

重复性是指固定在教学载体上的信息符号可以人为地重复表现,即教学媒体可以根据教学内容的需要,在特定的时间、地点多次使用。例如,教学幻灯、投影可反复呈现;教学录音带或录像带可按教学需要反复播放;计算机课件存储的信息也能根据学习者需求予以重现。由于广播、电视的声音或图像瞬间即逝,不具备重现能力,因此只有用录音、录像的形式记录下来才能够再现。

二、现代教学媒体在小学课堂中的作用

使用精良的教学媒体软件进行课堂教学,或者应用适当的教学媒体设备作为教学辅助手段,通常能起到很好的作用和教学效果。

(一) 有利于规范教学,实现教学的标准化

经过精心设计的媒体材料是许多优秀教师的教学经验与丰富资源的整合,使用现代教学媒体进行教学,可以克服由于各种因素带来的教学信息的不一致,使所有学习者都能接收到相同的、优化的教学信息。这对于规范教学、进而实现标准化教学是大有益处的。

(二) 有利于活跃课堂气氛,激发学生的学习动机和兴趣

根据小学生阶段学习特点,符合不同阶段学生年龄特征的生动形象的活动无疑能够最大限度地吸引小学生的注意力,从而激发他们的学习兴趣。现代教学媒体综合运用丰富多彩的文字、声音、图像等,创设出各种形象生动、灵活多变的学习场景和教学情境,能够在虚拟的教学环境中,把静态知识动态化,抽象知识形象化,从而为学生创设出轻松、活泼、真实、自由、动感的学习氛围,使其感受到学习的乐趣,增强其学习的主动性。例如,一位教师在教《圆的认识》这节课时,利用电脑制作动画"小猴骑车比赛",三辆自行车分别由正方形、椭圆形、圆形做车轮,三只小猴子在比赛。骑正方形轮子自行车的小猴子一路颠簸,得了第三名;骑椭圆形轮子自行车的小猴子忽高忽低,最终得了第二名;只有骑圆形轮子自行车的小猴子又快又稳,拿了冠军。通过观察动画,小学生不仅可以学习到知识,而且学习兴趣被激发起来,取得事半功倍的效果。

(三) 有利于丰富学生的感性认知,加深对教学内容的理解

现代教学媒体能向学习者提供各种感性材料,也就是"替代的经验",从而有利于加

深学生的感性认识,并进一步上升到理性认识。如在讲授小学语文《十里长街送总理》一课时,可以播放诗朗诵《周总理,你在哪里》,以及教学录像片,提供历史性事实材料,帮助学习者加深对课文内容的理解。

(四)有利于教学信息的传递,提升教学的质量和效率

现代教学媒体可以在较短的时间内,向学习者呈现和传递较大量的信息,特别是应用精心设计的教学媒体软件进行教学,可以提高单位时间内的教学信息,并通过丰富多样的形式来传递教学信息,使小学生能学得更快、更好。

(五)有利于协作学习的开展,促进教师角色的转化

现代教学媒体是一种"认知工具",学习者可以利用它创设问题情境,进行"发现"和"探索"的学习活动,并针对问题去寻找资源,探索解决问题的方案,从而有利于培养小学生解决问题的能力与创造能力。与此同时,也有助于教师部分地从繁重的教学工作中摆脱出来,从而有更充裕的时间用于分析学习者,分析教学内容,设计和组织教学环节,进行教学改革。并且,也可使教师有更多的机会对学习者进行个别指导,成为学生的咨询者和指导者。

关于现代教学中多媒体的技术优势与功能局限,及其使用原则等问题,可参考王晔《论现代教学中的多媒体使用》一文(请扫描本章二维码)。

三、现代教学媒体的分类及其运用

对现代教学媒体进行分类,是为了更好地在教学中选择和运用这些媒体。常见的分类方法有如下几种。

(一)按媒体对学习者感官的刺激及交互性

1. 视觉媒体

视觉媒体是指传递的信息主要作用于人的视觉器官的媒体,主要有幻灯机、投影器(仪)、数码照相机、视频展示台等设备,以及相应的教学软件。

利用视觉媒体进行辅助教学,能将复杂、抽象的内容以直观、形象的方式展现给学生,有助于学生长久、细致地观察事物或现象,对于突破教学中的重点、难点有所助益。

2. 听觉媒体

听觉媒体是指传递的信息主要作用于人的听觉器官的媒体,主要有广播、收音机、录音机、CD、MP3播放器等设备,以及相应的教学软件。

听觉媒体辅助教学,一般应用于语言、音乐、语音教学或渲染情感气氛方面,常采用的方式有:课堂教学中穿插播放教学录音资料的辅助法;配合幻灯、投影画面提供声音的配合法;让学生课后自我练习、自我检查用的自学法。

3. 视听觉媒体

视听觉媒体是指传递的信息同时作用于人的听觉器官和视觉器官的媒体,主要有电影、电视机、录像机、摄像机、VCD、DVD、闭路电视系统、广播电视系统等设备,以及

相应的教学软件。

视听觉媒体表现手法丰富多样，不受时空限制。其在教学中应用的主要方式有：主体式教学、补充式教学、示范式教学、个别化教学等。

4. 交互媒体

交互媒体是指除了能处理和提供声、图、文等多种信息形式之外，还能与用户形成互动的媒体，主要有多媒体教学平台、计算机、计算机网络、交互式白板等设备，以及相应的教学软件。

课堂教学中，利用交互媒体进行辅助教学，能够提高讲课效率，增强感染力，提升学生的学习兴趣，拓展知识面；课堂之外，能不拘泥于时间、空间、信息来源等因素的束缚，更好地发挥辅导及个性化教学的优势，与学生更好地产生互动，提高学习效果。

（二）按教学媒体的物理性质

1. 光学投影教学媒体

这类媒体包括幻灯机和幻灯片、投影器和投影片、电影机和电影片等。它们主要通过光学投影，把小的透明或不透明的图片、标本、实物投射到银幕上，呈现所需的教学信息，包括静止图像和活动图像。

2. 电声教学媒体

这类媒体包括电唱机、功放、收音机、语言实验室及唱片、磁带等。它们将教学信息以声音的形式储存和播放传送。

3. 电视教学媒体

这类媒体主要有电视机、录放像机、影碟机、录像带、光盘、学校闭路电视系统和微格教学训练系统等。其主要特点是，储存与传送的内容是活动的图像和声音信息。

4. 计算机教学媒体

这类媒体包括计算机和计算机课件等。它能在各种教学活动中实现文字、图表、图像、活动图像等教学信息的传送、储存与加工处理，跟学习者相互作用，开展有效的教学活动。

5. 网络

网络可以实现基于网络的远距离教学，并且可以开展基于网络的协作学习、研究性学习等教学活动。

（三）按教学组织形式

（1）课堂展示媒体，如投影、录像、黑板等。

（2）个别化学习媒体，如印刷品、录音带、计算机等。

（3）小组教学媒体，如图片、投影、白板等。

（4）远程教育媒体，如广播电视、计算机网络等。

四、现代教学媒体的应用原则

在小学课堂上运用现代媒体组织教学，教师必须要树立科学的媒体观，正确地使用多媒体，主要应遵循以下几个原则：

（一）主体性原则

主体性原则是指媒体的选择与设计应以学生为主体，以更有利于学生学习这一根本目标为出发点。由于小学低年级学生以具体形象思维为主导，因此应充分发挥多媒体形象化教学的优势。中高年级小学生的思维则从具体形象思维为主要形式逐步向抽象逻辑思维过渡，但这时的逻辑思维是初步的，因此教师可借助多媒体，尽量使抽象的问题生动化、形象化，在此基础上逐步发展学生的逻辑思维能力。

（二）互补性原则

互补性原则是指设计教学材料时，教师应注意媒体选择的组合效应，实现多种教学手段的协调互补，选用多重媒体（如文本、讲解、图形等）形式来表征同一知识内容。在一堂课中，教师的语言表述是基础，板书、板画是纲要，直观教具是辅助，只有现代教学媒体与之结合，实现现代教学媒体与传统媒体间的扬长避短、互为补充，才能达到课堂教学的最优化。另一方面，不同种类的现代化教学媒体有着不同的教学功能和特点，同时也存在着各自的局限性。例如，投影具有静态展示功能，幻灯具有实景放大功能，这些功能都是计算机所不能完全替代的。因此，教师应根据教学需要选择合适的媒体，使各种教学手段有机配合，使课堂充满生机和活力。

（三）适当性原则

适当性原则一方面是指媒体的选择要实用、目的明确，要根据不同媒体的特点和教学目标恰当地选择和运用。另一方面，设计教学材料时，选择呈现给学习者的材料内容应做到言简意赅地阐述知识，而不应为了追求内容的有趣、丰富而增加对学习者理解知识内容没有帮助的学习材料。同时，教师还应注意使用多媒体的"度"，多媒体课件中包含的内容并非越多越好，教学手段应该为教学内容服务，过多的多媒体演示，剥夺了学生与同学交流、发表自己见解的时间，教师成了放映员，学生成了观众，干扰和淡化了教学目标的落实与情感价值观的引导。

（四）创造性原则

创造性原则是指教学媒体的选择与设计应突破预先设定的"程序"，关注学生思维的走势和思想的激发，以此引发而非代替学生思考。多媒体课件不应是一部教师事先设计好的电影，而应是师生在课堂上共同创造的画布。因此，教师在课件结构设计上，要克服完全以教师思路为导向的主观程序化结构，而应将课件设计成有利于学生学习的模块化资料库，并注意增强课件的交互性及其界面的人性化，使课件能根据教学需要而随意调度，从而更有利于师生创生知识。

（五）个体差异性原则

个体差异性原则是指每个学习者的认知特点和认知容量均不一样，因此在设计教学材料时，应根据学习者的认知特点并结合材料的难易程度设计出适合不同群体的教学材料。有经验的教师在课堂教学中,会根据学习者的特点因材施教,针对不同群体、不同个体适时改变教法、策略来适应学习者,满足他们不同的认知需求。因此,应当充分考虑学习者的差异性,并将其体现在教学材料的设计中,这也充分说明多媒体材料不能一成不变,而应该适时变化以适应不同的学习群体。

五、对现代多媒体课堂教学的几点反思

(一) 思维的定向性是否会造成学生思维的单一化

多媒体课堂教学内容通常是教师自己选定的,程序是自己设计的,问题及答案是自己安排的,为揭示教学内容的演进过程而展示的图片、录像等也都是由教师自己设定的。教师的思维模式取代了学生的思维模式,学生的思维指向教师预设的方向和路径,这对学生毫无个性可言,毫无创造可言。假如因刻意使用多媒体而扼杀了学生的个性与创造力,禁锢了学生的思维与想象力,实在得不偿失。因此,在利用多媒体进行课堂教学时,还必须思考如何拓展学生思维空间的问题。

(二) 单纯的人机对话是否会妨碍师生情感的交流

现代教育理念认为:教学过程中,教师除了向学生传授知识、培养技能之外,还应关注"人性关怀"与"人文关照",即注重师生情感的交流。有些教师利用多媒体教学手段实现对学生的知识传授与技能培养,可能更多关注的是多媒体的操作和教学内容的演示,往往忽视了师生之间的信息反馈和情感交流;而学生更多关注的则是多媒体课件的演示,对绚丽的色彩、变换的内容应接不暇,几乎忘记了教师的存在。人性化的师生情感交流是否还存在? 因此,如何实现科学的教学手段与富有人情味的教学方法的有机统一,也是我们必须认真思考的问题。

(三) 固定的程序控制是否会导致课堂教学走向僵化

课堂教学虽有规律可循,但不同的教学内容就有不同的教学类型,课堂类型不同,其教学流程也不尽相同,且在课堂教学中,教师经常会面对种种教案预设之外的不可控因素。而多媒体课件一旦定型,其内容和程序就固定了,教师通常只能亦步亦趋地按此演示。即使教师在课堂上可以运用一些技巧来微调课件演示程序,但很难充分应对课堂上突如其来的状况。而一旦师生的情感互动被淡化,师生的思维指向被课件程序锁定,那么教师的引导作用、学生的主体特性就都无从谈起。因此,如何最大限度地发挥多媒体辅助教学的优势,而又不被固定的控制程序所束缚,避免课堂教学流于僵化,这也是我们在运用现代多媒体教学手段时不得不思考的一个问题。

此外,对于现代多媒体课堂教学中教师角色该如何定位等一系列问题,也同样值得反思与探究(可参考刘丽平《多媒体网络环境下的教师角色定位》一文,请扫描本章二维码)。

第二节　微格教学及其技能训练

一、微格教学简介

（一）微格教学的概念

微格教学（Microteaching）又称微型教学、小型教学、录像反馈教学等，是一种利用现代化教学技术手段来培训师范生和在职教师教学技能的系统方法。它是以少数的学生为对象，在较短的时间内（5～20分钟），尝试小型的课堂教学，可以把这种教学过程摄制成录像，课后再进行分析。这是训练新教师、提高教学水平的一条重要途径，实际上是提供一种练习环境，使日常复杂的课堂教学得以精简，并能使练习者获得大量的反馈意见。

微格教学在初期被认为是一种单一、简化的教学过程，但是随着时代的发展，以及对教师教学水平要求的提高，微格教学的要求也不断抬升。教师在微格教学中必须精简用词，不废话，说话严谨，另外教师的体态、表情等方面也有更严格的要求。这对于提高教学水平是非常有帮助的。

观看微格教学示例视频请扫描本章二维码。

（二）微格教学的产生与发展

微格教学又称"斯坦福模式"，形成于20世纪60年代美国的教育改革运动。斯坦福大学的W.爱伦（W. Allen）等人在"角色扮演"教学方法的基础上，利用摄像、录像设备实录受训者的教学行为并分析评价，以期在短时间内掌握一定的教学技能，后来逐步完善成为一门微格教学课程。60年代末，微格教学传入英、德等欧洲国家，70年代又传入日本、澳大利亚、新加坡等国家及中国香港地区，微格教学已逐步被这些国家和地区作为培训教师教学技能、技巧的一种有效方法而采用。

我国大陆地区在20世纪80年代开始引进这种教学方法。经过三十多年的实践与探索，微格教学不断完善，并渐趋成熟。同时，计算机应用技术的发展，也为微格教学培训提供了强有力的支撑。

（三）微格教学的特点

微格教学既具有多媒体教学的一般优点，同时又具有自身鲜明的特点，用一句话可以概括为：参与范围全员化，训练课题微型化，教学行为规范化，效果反馈及时化，评价体系科学化。

1. 规模小,参与性强

对受训者采取分组的方式,小组人数一般3～5人,最多不超过10人,每人讲课时间通常为10分钟左右。听讲人一般是由指导教师和其他学生组成。在教学的实施过程中,每一位学生不仅都能获得训练的机会,而且还可作为学生学习其他人的讲课技巧,并参与对教学效果的自评与他评,因而得以取长补短,不断总结经验。

2. 目标明确,重点突出

微格教学需要在较短的时间内集中训练某一单项教学技能,完成预定的教学计划,因而就必须制订科学的训练计划,做到目标具体、明确,具有可操作性。同时,由于是针对一两个教学技能的集中训练,因此可对教学的重点内容进行细致、深入的剖析,做到重点突出。

3. 克服不良习惯,规范教学行为

微格教学实施之前,一方面,通过观摩示范课,把"示范者"良好的教学行为方式介入到观摩者的学习行为之中,通过有意识的模仿,促使受训者不断修正和弥补自己的教学行为。另一方面,受训者必须针对某一教学技能的训练,结合教材内容,编写出具体、完整的教案,教学行为要预先经过周密设定。微格教学实施过程中,面对声像设备,受训者会有意识地端正教态、精简语言,力求使教学更加符合规范。在反馈评价阶段,由于录像记录了受训者的全部教学行为,这就为信息反馈提供了直观的评价依据,也为受训者提供了自我透视的视觉形象,有些不太注意的教学细节,如多余的习惯性动作、口头禅等,经细节放大以后,一目了然,令自己印象深刻。通过反复训练与评价,受训者就能改掉教学过程中的一些不良习惯,使自己的教学行为更趋规范。

4. 借助声像设备,反馈客观及时

在微格教学过程中,利用声像设备把每一位受训者的讲课过程客观真实地记录下来,为随后的自评与小组互评提供了直观的现场资料。受训者能及时观察自己的教学行为,获得自我反馈信息,收到"旁观者清"的效果。而小组其他成员及指导教师借助录制的视频进行观摩、讨论与互评,又可对教学效果进行及时反馈,帮助受训者发现问题,进一步提升教学技能。

5. 评价指标具体,体系更趋完善

教师技能训练的传统评价模式,大多是凭经验、记忆和印象的概况评价,评价指标也不够明确,缺少系统性。而微格教学将教学技能所要达到的目标充分细化,为了提高其可操作性,必须制定科学、具体的评价指标体系,运用一定的评价技术,对每项技能进行公正评价。再者,微格教学的评价者不仅仅是指导教师,而且包括受训者自己和其他参与者,这就使信息反馈多元化、教学评议民主化。此外,微格教学采用定量评价与定性评价相结合、自我评价与集体评价相结合、评价与议论相结合等评价方式,构成综合评价系统,并且评价是对照着声像记录结果,更有针对性,更为直观、具体,从而使评价结果更客观,也更具说服力。

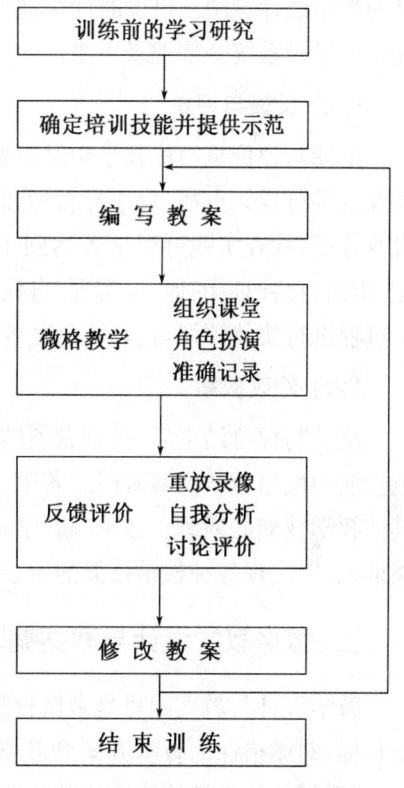

二、微格教学的实施过程

微格教学的实施过程是以现代学习理论、教学理论、现代教育技术理论及系统科学理论为指导的教学技能训练过程，主要包括训练前的学习和研究、确定训练目标、观摩示范、编写教案、角色扮演与微格实践、评价反馈、修改教案等步骤（如图3-2所示）。

（一）训练前的学习研究

微格教学是在现代教育理论指导下对师范生或在职教师教学技能进行模拟训练的实践活动。在实施微格教学之前，应首先学习微格教学、教学目标、教学技能、教学设计等相关的内容，通过理论学习形成一定的认知结构，这将有利于以后观察学习内容的同化与顺应，提高学习信息的可感受性及传输效率，以促进学习的迁移。

（二）确定培训技能并观摩示范

微格教学最基本的做法就是将复杂的教学过程细分为若干单一的技能并逐项培训。其基本技能主要有语言技能、导入技能、讲解技能、提问技能、结束技能、演示技能、板书技能、变化技能及强化技能等。在进行微格教学之前，受训者必须明确本次教学技能训练的具体目标、要求，以及该教学技能的类型、作用、功能及典型事例运用的一般原则、使用方法与注意事项等。为了增强对所培训技能的形象感知，可借助生动、形象和规范的微格教学示范片（带）或教师现场示范，在观摩、评价的基础上，鼓励受训者积极发挥主动性，由模仿走向创新与超越。在观摩微格教学片（带）过程中，指导教师应根据实际情况给予必要的提示与指导。示范可以是优秀的典型，也可利用反面教材，但应以正面示范为主。

图3-2 微格教学的实施过程

（三）编写教案

当被训练的教学技能和教学目标确定之后，受训者就要根据教学目标、教学内容、教学对象、教学条件进行教学设计，选择合适的教学媒体，编写详细的教案。教案中首先要说明该教学技能应用的构想，还要注明受训者的教学行为、时间分配与可能出现的学生学习行为及对策。

（四）角色扮演与微格教学实践

角色扮演是微格教学中的重要环节，是受训者训练教学技能的具体教学实践过程。

即受训者自己走上讲台组织课堂,扮演教师;为营造课堂气氛,由小组的其他成员充当学生。受训者在执教之前,要对本次教学做一简短说明,以明确教学技能目标,阐明自己的教学设计意图。讲课时间视教学技能的要求而定,一般5～20分钟。整个教学过程将由摄录系统全部记录下来。

(五)反馈与评价

反馈与评价是微格教学中最重要的一步。在教学结束后,必须及时重放教学实况录像或进行视频点播,由指导教师和受训者、小组其他成员共同观看。先由受训者进行自我分析,检查实践过程是否达到了自己所设定的目标,是否掌握了所培训的教学技能,指出有待改进的地方,实现"自我反馈"。然后,指导教师和小组其他成员针对其教学过程进行集体评议,找出不足之处,以帮助受训者进一步改进、提高。

(六)修改教案

反馈与评价结束后,受训者须结合反馈与评价意见修改、完善教案,并重新回到角色扮演与微格教学实践阶段。若第一次角色扮演比较成功,则可不进行重教,直接进行其他教学技能的训练。在单项教学技能训练告一阶段后,要有计划地开展综合教学技能训练,以实现各种教学技能的融会贯通。

三、微格教学设计与教案编写

教学设计与教案编写是微格教学过程中的重要环节。如何根据教学内容和技能训练目标,对微格课的教学方案和教学过程进行设计,并编写出具体而富有实效性的教案,将要训练的教学技能恰如其分地运用于课堂教学过程,这是微格教学训练中极其重要的工作。

(一)微格教学的教学设计

微格教学的教学设计是根据课堂教学目标和教学技能训练目标,运用系统方法分析教学问题和需要,建立解决教学问题的教学策略微观方案、试行解决方案、评价试行结果和对方案进行修改的过程。它以优化教学效果和培训教学技能为目的,以学习理论、教学理论和传播理论为理论基础。

1. 微格教学的教学设计与一般课堂教学设计的区别

微格教学的教学设计与一般的课堂教学设计既有联系,又有区别。

一般的课堂教学设计对象是一个完整的单元课,教学过程包括导入、讲解、练习、总结评价等完整的教学阶段。而微格教学通常都是比较简短的,教学内容只是一节课的一部分,便于对某种教学技能进行训练。因此,它不像课堂教学设计那样主要从宏观的结构要素来分析,而是要把一个事实、概念、原理或方法等当作一套过程来具体设计。所以,在微格教学技能训练的过程中应有两个教学目标,一是使受训者掌握教学技能;二是通过技能的运用,实现课堂教学目标。教学技能是实现教学目标的方法和措施,而课堂教学目标所达到的程度是对教学技能的检验和体现,二者紧密联系、互相依存。因此,微格教学的教学设计既要遵循课堂教学设计的原理和方法,又要体现微格教学的技能训练特点。

2. 微格教学设计的基本步骤

微格教学设计模式包括三个阶段:第一阶段是前期分析,包括钻研教学大纲和教材、教学内容分析、学习者分析、教学目标和训练目标的阐述;第二阶段是教学策略的确定,涉及课堂教学策略和教学技能策略的设计;第三阶段是微课教学设计成果的试行、评价与修改。

(1) 钻研教学大纲和教材。微格教学的技能训练,虽然只是通过某一简短的教学内容训练若干项教学技能,但这一简短的教学内容必须以教材内容为客观依据来组织。微格教学设计的优劣,取决于受训者对教材的理解、分析和研究。

(2) 教学内容分析。教学内容分析就是施教者依据教学大纲,结合学生的实际情况,在钻研教学大纲和教材内容的基础上,确定学生所应掌握的知识体系结构,突出教学重点,明确教学难点,以使教学更有成效。微格教学训练的教学内容,虽然只是某个事实、概念、问题或过程,但也必须明确这一简短教学内容在课程知识体系中的地位和关系,并分析这一教学内容的微观结构和内容组织。

(3) 学习者分析。学习者分析是分析教学起点、设定目标体系、选择教学策略、设计教学活动、制定评价方法和工具的重要依据。进行微格教学训练时,受训者应从两个方面来进行学习者分析:一是学习者的一般特征;二是学习者原有的知识与技能基础。

(4) 教学目标和训练目标的阐述。微格教学技能训练有着双重目标,因此其目标的确定,一方面是将教学内容分解为若干知识点,确定每个知识点要达到的学习水平等级,另一方面则是确定要训练的技能目标。无论是教学目标还是训练目标,都要明确具体,具有可行性,便于训练操作,便于测量和评价。

(5) 教学策略的确定。微格教学的目的是通过微观研究的方法培训课堂教学技能,因此,微格教学的教学策略除了要考虑一般课堂教学设计的教学方法、教学过程、教学媒体等策略因素之外,还要具体设计教师的教学行为和学生的学习行为,以及如何具体训练各项教学技能的策略,这样才能促使受训者的思维和行为方式受到微观、具体的训练。

(6) 微格教学设计成果的试行、评价与修改。通过试行和评价,受训者以角色扮演的方式参与教学训练的实践活动,在试讲之后又通过录像反馈的方式同指导教师与学习伙伴进行讨论评价,从而获得微格教学教案、试讲和教学技能训练的反馈信息。在试行和评价的基础上,受训者修改教案、反省自身的教学行为、筹划重教训练,教学设计能力和教学技能得以进一步的提高。

(二) 微格教学教案的编写

在微格教学中,教案的编写是一项重要的工作,它是根据教学理论、教学技能、教学手段,并结合学生实际,把知识正确传授给学生的准备过程。微格教学教案的产生是建立在微格教学设计基础之上的,以"设计"作指导,具体编写微格教学的计划。

1. 微格教学教案编写的内容与要求

(1) 确定教学目标与技能目标。片段教学内容教学目标的确定和整堂课教学目标的确定方法一样,只不过对象是一个片段,所以教学目标的确定应立足于本片段当中。因此,微格教学目标切忌不顾课堂实际情况而照搬参考书,将目标定得过大。同时,制定的教学目标要尽量细致,避免含糊。

例如,人教版四年级语文上册《观潮》一文,针对全文的教学目标可以制定为:① 理解并积累11个词语;② 了解钱塘江大潮的壮丽奇特景象,激发学生热爱祖国大好河山的思想感情;③ 懂得观察事物要有顺序,学习从几方面把事物写具体的方法。假如微格教学指定内容为本课第四、第五两小节,显然,上述目标是不适合作为微格教学的目标的。所以应把教学这两小节内容的目标制定为:① 理解和掌握"浩浩荡荡"、"山崩地裂"两个词语;② 体会潮来时雄壮的景象;③ 懂得观察事物要有顺序。这样就比较具体明确。

微格教学以培训受训者的技能为目的,使受训者掌握一定的教学技能,如讲解、提问、导入等。受训者应掌握的技能是明确的,各单项教学技能的训练点必须明晰。

(2) 教师教学行为。教师在授课过程中的行为包括板书、演示、讲授、提问等,这就要求教师把教学过程中的主要教学行为,即要讲授的内容、要提问的问题、要列举的实例、准备做的演示或实验、课堂练习题、师生互动等,都一一编写在教案内。教师的教学行为要预先经过周密设定,与教学时间一栏相对应,使自己的教案更具可行性。

(3) 标明教学技能。在实践过程中,每处应当运用哪种教学技能,在教案中都应予以标明。当有的地方需要运用好几种教学技能时,就要选取针对性最强的主要技能进行标明。比如培训提问技能,就要注明教学过程中提问各个类型的使用及提问构成要素,这样,从教案中就可以了解受训者提问的思路、是否掌握了各种提问类型,以及提问是否流畅。标明教学技能是微格教学教案编写的最大特点,它要求受训者感知教学技能,识别教学技能,应用教学技能,突出体现微格教学以培训教学技能为中心的宗旨。

(4) 预测学生行为。在课堂教学设计中,对学生的行为要进行预测。学生的课堂行为主要有观察、回答、操作、活动等各个方面,应尽量在教案中注明,它体现了教师引导学生学习的认知策略。在上课过程中学生怎样活动,参与活动的各种行为的每一个细微之处,教师都应考虑到。对于学生行为的预先估计是教师在教学中及时采取应变措施的基础。

(5) 准备教学媒体。教学中需要使用的教具、幻灯、录音、图表、标本、实物等各种教学媒体,按照教学流程中的顺序加以注明,以便课前准备、课中使用。

(6) 分配教学时间。微格教学以分、秒计算时间,因此必须严格控制教学过程的每一个环节,每个知识点需要分配的时间都要预先在教案中标注清楚,以便有效地控制教学进程和教学行为的时间分配。

（7）板书设计。对于板书设计，需要理清问题线索，摘出内容提要，提示教材的重点和难点。

2. 微格教学教案的基本格式

微格教学教案设计的具体格式可以是多种多样的，但一般应包括教学目标、技能目标、教师的主要教学行为、对应的教学技能、学生的学习行为、演示器材或媒体、时间分配等项目。可参见表3－1：

表3－1　微格教学教案

执教者＿＿＿＿＿＿　　科目＿＿＿＿＿＿　　课题＿＿＿＿＿＿				
教学时长＿＿＿＿＿　　日期＿＿＿＿＿＿				
教学目标	1. 2. 3.			
技能目标	1. 2.			
时间分配	教师的教学行为	教学技能	学生行为	教学媒体
板书设计方案				

3. 微格教学教案示例

表 3-2 微格教学教案示例

执教者 ×××	科目 语文	年级 小学三年级
课题《沙漠里的船》	教学时长 7分钟	日期 ×年×月×日

教学目标	1. 通过对题目"沙漠里的船"的分析、提问，导入新课。 2. 通过新课的导入，激发学生对本篇课文的学习兴趣。		
技能目标	训练导入技能		
时间分配	教师的教学行为	教学技能	学生行为	教学媒体

时间分配	教师的教学行为	教学技能	学生行为	教学媒体
1′30″	同学们，今天上课之前老师有个问题想问大家：你们今天早晨是怎样来学校的呀？我们要是出远门乘坐什么交通工具呢？你还知道哪些交通工具，谁来说一说？	组织教学 提问导入	答：步行、骑自行车、坐车等。 答：公共汽车、火车、飞机、轮船等。	
1′	刚才大家说的都是陆地、空中和水中的交通工具，今天老师要带大家去认识一下沙漠里的交通工具。那就跟随老师一起去大沙漠看一看吧！	总结与过渡	答：宇宙飞船、火箭、轮椅、潜艇等。	PPT展示沙漠图片
1′	沙漠给你什么感觉？	提问导入		
1′	是啊，漫无边际的大沙漠如同一片沙海，我们平时使用的交通工具在沙漠里都派不上用场了。那么在沙漠中行走的人们该使用什么交通工具呢？这节课我们就一同来学习。	语言强化 设疑导入	观看图片 答：荒凉、一望无际、荒无人烟（学生发言描述沙漠景色）。 注意听讲	
1′	看到这一课题，大家会产生哪些疑问呢？	设疑导入	问：①沙漠里哪来的船？②沙漠里的船指的又是什么呢？ 答：没有真的船，是指骆驼。	板书课题：沙漠里的船
1′	是啊，沙漠很热、很荒凉，几百里甚至几千里不见人烟，这样的地方有船吗？那么"沙漠里的船"指的又是什么呢？	语言强化 设疑导入		
30″	沙漠气候这样恶劣，环境这么不好，骆驼为什么能在那里生活呢？人们又为什么把骆驼叫作"沙漠里的船"呢？那就让我们开动脑筋，一起到课文中寻找答案吧！	深层次提问 导入新课		PPT展示骆驼图片

板书设计方案
3. 沙漠里的船

四、微格教学的评价

微格教学评价由微格教学演变而来,它是微格教学理论与实践的深化和延伸。微格教学评价法充分吸收了微格教学的合理成分,借鉴了微格教学的某些操作方法,体现了评价目标相对集中、评价主体多元化、评价反馈全面及时准确、评价效果显著等优点,其意义和作用也是其他教师评价法无法取代的。

(一)微格教学评价的基本模式

微格教学的评价方法多种多样,由于学科、对象、目的等的不同,其评价方法也各不相同。一般而言,微格教学多采取自我评价与集体评价相结合、定性评价与定量评价相结合的综合评价模式。

1. 自我评价与集体评价相结合

当某一教学技能的角色扮演完成后,及时组织参训人员观看录像视频,之后先由受训者进行自我分析评价,确认自己对教学技能把握的程度。接着由其他成员逐个发表评价意见,再经过集体讨论分析,在充分发现其教学长处及优点的同时,着重帮助受训者找出教学中存在的不足。

2. 定性评价与定量评价相结合

定性评价,也就是描述性评价,是运用分析与综合、比较与分类、归纳与演绎等逻辑分析的方法,对评价所获得的数据、资料进行思维加工,以如实反映受训者在教学过程中表现出来的特点,如教学语言技能评价中的"吐字清晰,发音准确"、"语言简练,但不够明晰"等。在实际操作中,可以借鉴"2+2"教学评价模式,见表3-3:

表3-3 "2+2"教学评价模式表

值得肯定的方面	改进性建议
1.	1.
2.	2.

"2+2"教学评价模式是由美国教育学家、微格教学创始人之一W.爱伦(W. Allen)教授创设的一种课堂教学评价模式,简单地说,就是评价主体在参与了评价对象的教育教学实践之后,对评价对象提出两条赞语和两条建议。其意义在于,它提醒参训人员在进行教学评价时要一分为二地看问题,不要意见一大堆或表扬一大堆,而是把反馈意见限制在优缺点各两条上,旨在把注意力集中在最重要的方面,做到重点突出,以利于受训者抓住关键,改进和完善教学行为。

定量评价,即将各项评价指标赋予数量值,对课堂教学技能从某些方面做出规定,使内容成为具体的、可测的、行为化的、操作化的规定,再运用数理统计方法做出结论,从而反映受训者的教学技能已达到何种等级水平。定量评价的结果不是单纯看被评者的统计得分,而是强调从诊断性评价和形成性评价的比较中来判断价值。无论参与者是有一定教学经验的教师,还是即将步入教师岗位的师范生,最重要的都是提高和发展教学技能。

从评价的角度看,微格教学的评价,既需要进行质性评价,又需要进行量的评价,要坚持定性评价与定量评价相结合的评价模式,以全面地认识参训学员在微格教学训练中教学技能的掌握和提高情况,从而促进其教学能力的提升。

(二) 微格教学评价表

由于微格教学是把过去整堂课的训练分成单项教学技能训练,因此,为了保证微格教学达到最佳效果,并能科学、准确地对受训者的各项教学技能做出评价,就不但要建立一个宏观的评价项目框架,而且要把各项教学技能的评价再细分为多个评价子项目,这就需要制订相应的评价量表。

1. 评价表的制作步骤

(1) 确定评价指标。评价指标可以分解到二级指标或三级指标,它们应该是具体的、可观察的、易操作的,但又具有相对的独立性和较强的组合性。评价指标不宜过细、过多或过繁,以免在评价时难以区别和打分;也不宜过于简略、过于笼统,以免在评价时难以把握和判断。

(2) 确定打分标准。评价指标可以分为定量的评价指标与定性的评价指标。定量的评价指标一般要求评价者给出分数,如5分、4分、3分、2分、1分,或100分、90分、80分、70分、60分、50分等。定性的评价指标是由评价者在若干描述性的评价指标中做出选择,譬如,在"很好、较好、一般、不好、非常不好"或"非常满意、比较满意、一般、不满意、非常不满意"中做出选择。

(3) 确定权重大小。所谓权重,就是某一项评价指标在整个评价指标体系中的重要程度。通常,采用权重系数表示权重的大小,重要的、核心的评价指标的权重大一些,不重要的、非核心的评价指标的权重小一些。所有评价指标的权重之和必须等于100%或等于1。

(4) 制作评价表。至此,可以制作完成一张评价表。评价表应该包括评价对象(执教者)的姓名、评价者的姓名、科目、时间、评价标准、打分标准、权重大小等内容。

2. 微格教学单项技能评价量表举例

微格教学基本技能主要有语言技能、导入技能、讲解技能、提问技能、结束技能、演示技能、板书技能、变化技能,以及强化技能等。在此,以语言技能、导入技能、讲解技能、提问技能为例,制作评价量表,以供参考(见表3-4至表3-7)。

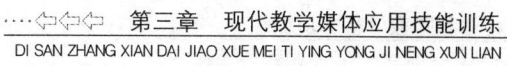

表 3－4　语言技能评价表

执教者＿＿＿＿＿　　科目＿＿＿＿＿　　课题＿＿＿＿＿ 评价者＿＿＿＿＿　　日期＿＿＿＿＿					
评价项目			好	中	差	权重
1. 讲普通话，发音正确			☐	☐	☐	0.10
2. 语言流畅，语速、节奏恰当			☐	☐	☐	0.20
3. 语言准确，逻辑严密，条理清楚			☐	☐	☐	0.15
4. 正确使用专业名词术语			☐	☐	☐	0.15
5. 语言简明、生动有趣			☐	☐	☐	0.05
6. 遣词造句通俗易懂			☐	☐	☐	0.10
7. 语调抑扬顿挫			☐	☐	☐	0.05
8. 语言富有启发性			☐	☐	☐	0.10
9. 没有不恰当的口头语和废话			☐	☐	☐	0.05
10. 体态语配合恰当			☐	☐	☐	0.05
对整段微格教学片段的评价					
值得肯定的方面： 1. 2.			改进性建议： 1. 2.		

表 3－5　导入技能评价表

执教者＿＿＿＿＿　　科目＿＿＿＿＿　　课题＿＿＿＿＿ 评价者＿＿＿＿＿　　日期＿＿＿＿＿					
评价项目			好	中	差	权重
1. 目的明确，能将学生导入课题情境			☐	☐	☐	0.20
2. 导入吸引了全班学生的注意力			☐	☐	☐	0.15
3. 导入的方法很有趣			☐	☐	☐	0.15
4. 导入用的演示效果好			☐	☐	☐	0.10
5. 导入具有启发性			☐	☐	☐	0.10
6. 导入内容与要研究的概念联系紧密			☐	☐	☐	0.10
7. 教师的教态自然，语言清晰			☐	☐	☐	0.10
8. 导入的时间掌握好			☐	☐	☐	0.05
9. 导入能面向全班学生			☐	☐	☐	0.05
对整段微格教学片段的评价					
值得肯定的方面： 1. 2.			改进性建议： 1. 2.		

表 3-6 讲解技能评价表

| 执教者_____ | 科目_____ | 课题_____ |
| 评价者_____ | 日期_____ | |

评价项目	好	中	差	权重
1. 讲解传授的知识信息与本课题内容密切联系	☐	☐	☐	0.15
2. 描述、分析概念清楚	☐	☐	☐	0.10
3. 能创设情境,激起学生兴趣	☐	☐	☐	0.10
4. 能启发学生思考,培养思维能力	☐	☐	☐	0.10
5. 采用相关的例子、类比等变化方法	☐	☐	☐	0.10
6. 讲解内容、方法与学生认知水平相当	☐	☐	☐	0.10
7. 声音清晰,语速适中,有感染力	☐	☐	☐	0.10
8. 讲解用语规范化、科学化	☐	☐	☐	0.10
9. 与其他技能配合,能与学生呼应	☐	☐	☐	0.10
10. 注意来自学生的反馈,并及时反应调整	☐	☐	☐	0.05
对整段微格教学片段的评价				
值得肯定的方面: 1. 2.	改进性建议: 1. 2.			

表 3-7 提问技能评价表

| 执教者_____ | 科目_____ | 课题_____ |
| 评价者_____ | 日期_____ | |

评价项目	好	中	差	权重
1. 提问的主题明确,与课题内容联系密切	☐	☐	☐	0.15
2. 问题的难易程度适合学生认知水平	☐	☐	☐	0.15
3. 提问有利于学生发展思维	☐	☐	☐	0.10
4. 提问有层次,循序渐进	☐	☐	☐	0.10
5. 提问能复习旧知识,引出新课题	☐	☐	☐	0.10
6. 提问能把握时机,促使学生思考	☐	☐	☐	0.10
7. 提问后稍有停顿,给予思考时间	☐	☐	☐	0.05
8. 对学生的回答善于应变及引导	☐	☐	☐	0.10
9. 能适当启发提示,点拨思维	☐	☐	☐	0.10
10. 提问能得到反馈信息,促进师生交流	☐	☐	☐	0.05
对整段微格教学片段的评价				
值得肯定的方面: 1. 2.	改进性建议: 1. 2.			

第三节　多媒体课件的制作与运用

多媒体课件是根据教学大纲的要求和教学的需要,经过严格的教学设计,并以多种媒体的表现方式和超文本结构制作而成的课程软件。它是教学内容与教学处理策略的有机结合。一个优秀的多媒体课件不仅能通过声、形、图、色把授课内容形象直观地表达出来,而且能达到最佳的教学效果。

一、多媒体课件的制作

恰当地运用多媒体课件来辅助教学,以生动逼真的画面、动听悦耳的音响来创造教学的立体化情境,可以使抽象的教学内容具体化、清晰化,使学生思维活跃、兴趣盎然地参与教学活动,从而优化教学过程,增强教学效果,激发学生的创新能力。由此可见,制作多媒体课件在实施新课程中占有十分重要的地位,具有不可估量的作用。

(一) 多媒体课件的制作要求

制作一个良好的多媒体课件应满足下列要求与标准:

1. 科学性

科学性一方面是指多媒体课件向学生传播的知识信息等必须符合客观规律,不能存在知识性错误。另一方面,多媒体课件还强调结构与教学形式的科学性。课件的取材要紧扣教学大纲,选题恰当,内容准确,适应教学对象的年龄层次和接受特点,同时做到层次清晰,逻辑严谨,突出重点,分散难点,深入浅出,利于学生理解和接受。

2. 教学性

多媒体课件最主要的功用,就是将文字、图像、声音、动画和视频等多媒体元素合为一体,来解决教学中学生不易理解的,比较抽象、复杂的,教师用语言和常规方法不易描述的某些问题,以及难以捕捉的动态内容。例如,数学中一些抽象的概念、定义等,小学生理解、掌握起来有一定难度,若用计算机的动画来演示,不仅能把高度抽象的知识直观显示出来,而且能给学生以新异的刺激感受,激发其学习积极性。如"圆的面积计算"这一内容学生很难想象,它的推导过程、方法,学生也不易操作,而利用课件设计出圆的面积推导的操作过程,可使抽象的内容更直观化,更容易接受。

3. 易用性

小学一堂课的时间只有40分钟,不能让教师和学生把宝贵的时间浪费在课件的调试和控制上。因此,多媒体课件应提供一目了然的教学目标、教学步骤及操作方法,并且能够在大多数计算机环境中运行。具体要注意以下几个方面:第一,课件安装方便。可以自由拷贝到硬盘上运行,启动要快,要尽可能占据较小的容量。第二,友好的操作界面。在课件的操作界面上有含义明确的按钮和图标,设置好各部分内容之间的转移,可以方便地向前、向后和跳跃。第三,课件运行要稳定。如果教师执行了误操作,可以很容易地退出,或重新启动,提高课件运行的稳定性。第四,及时的交互应答。不能把课件变成电影,一放到底,要注重学生的学,让学生的学有一个循序渐进的过程,给学生留有思考的余地。

4. 艺术性

课件所展示的语言文字规范,声音悦耳,画面简洁,整体统一,图像、动画、文字设计合理,让学生在通过多媒体课件获得知识和信息的同时,也能够得到艺术的享受。这是对多媒体课件制作提出的较高的要求,一般是在课件结构基本确立后,由美工进行画面的艺术加工。

(二) 多媒体课件的制作步骤

1. 选择教学课题,确定教学目标

教学中,无论哪门学科,一般都可以实施多媒体辅助教学,但是对于那些用常规教学方法就能达到教学目的的教学内容,就没有必要使用计算机来进行辅助教学。而课程内容比较抽象、难以理解的,或者用语言和常规方法不易描述的,以及需要学习者反复练习的内容等,在条件允许的情况下都有必要实施计算机辅助教学。概言之,选题应根据计算机辅助教学的必要性和可行性来进行。

选题的同时,还必须分析和确定课题实施所能达到的目标应符合教学目标的要求。需要特别注意的是,应发挥多媒体的特长,根据教学内容的特点,精心设计、制作多媒体素材,集图、文、声、像综合表现功能为一体,有效调动和发挥学生学习的积极性和创造性,提高其学习效率。

2. 选择合适的制作平台

目前应用的比较广的多媒体课件创作工具有 PowerPoint、Authorware、Frontpage、Toolbook、Director、方正奥思、蒙泰瑶光、多媒体大师等。这类软件为图形界面,易学易用,一般人均能在短时间内学会,不用编程,不需要记忆复杂的编程命令,只要有基本的计算机常识就能使用。

对于刚接触计算机的教师来说,应该选择易于使用、功能强大的软件作为课件制作平台。一般来说,如果制作时间不是很充裕、课件制作结构比较简单或制作者英语水平不高,可以选用 PowerPoint 中文版。该软件易于学习、使用简单、功能强大,特别是能方便地插入课件所需要的图片、声音、影像文件,动画制作也较容易掌握,而且演示起来比较直观、方便。对于有一定的课件制作基础的教师,可以考虑用 Authorware 或 Frontpage 等软件。Authorware 具有很强的移动交互功能,可以做出仪器组装实验课用的拼图游戏类课件供学生使用。而 Frontpage 容易上手,只要熟悉 Word 的操作就能轻松操作,可以充分利用 Word 文档减少工作量,可以制作成框架网页效果,并可实现多种动画,通过 IE(浏览器)像网页一样直接浏览。

3. 准备素材

"多媒体素材"是多媒体课件中运用的各种听觉的和视觉的材料。课件的素材包括文字素材、图像素材、动画素材、声音素材等。无论是何种素材,在选择之前都要把握一个标准:吸引学生注意,激发学生学习兴趣,有助于学生记住并掌握知识。

(1) 文字素材。多媒体课件中包含了大量的文字信息,是学生获取知识的重要来源。文字内容应尽量简明扼要,以提纲式为主。有些实在舍不去的文字材料,如名词解释、数据资料、图表等,可采用热字、热区交互形式提供,阅读完后自行消失。屏幕的文字也不宜过多,否则容易使学习者的眼睛产生疲劳,从而降低学习兴趣。文字内容应随着讲课过程逐步引入,这样有利于学生抓住重点。引入时,可采用多种多样的动画效果,也可伴有清脆悦耳的音响效果,以引起学生的注意。文字内容的字号要尽量大,选择的字体要醒目。对于文字内容中关键性的标题、结论、总结等,要用不同的字体、字号和颜色加以区别。

(2) 图像素材。做课件的目的是希望通过多媒体辅助教学提高学生学习兴趣,提升学习的效率和效果。因而,在图片选择上,要挑选颜色鲜艳,但又不能过于花哨、过于吸人眼球的图片,否则会分散学生的注意力,干扰学习过程。所以在选择图像素材上,要在"提高学生兴趣"和"不转移学生注意力"两者之间取得平衡。图像的选择和应用既不能喧宾夺主,更不能画蛇添足。

(3) 声音素材。声音主要包括人声、音乐和音响效果声。合理地加入一些音乐和音响效果,可以更好地表达教学内容,同时还能吸引学生们的注意力,增加学习兴趣。在声音素材的选择上应注意:音乐的节奏要与教学内容相符;音乐和音响效果不能用得过多,用得过度反而是一种干扰,效果适得其反;背景音乐要舒缓,不能过分激昂,否则会喧宾夺主;要设定背景音乐的开关按钮,便于教师操控。

(4) 动画素材。有些实验性教学,例如化学实验、物理实验等,需要在课件中播放相关的视频动画。对于这一类的素材,应具有重复演示功能。因为对于动画和视频图像,学生可能一遍没有看清,需要再看一遍,因此需要设计重复播放按钮,教师可以根据教学的实际情况,进行重复播放。

多媒体课件中的素材运用要灵活适当,运用得好可以起到事半功倍的教学效果;反之,则会起副作用,得不偿失。

4. 制作课件

这一阶段是课件制作最重要的阶段。在此阶段,教师要先构思课件的整个框架结构,思考如何引入讲课内容、如何展开教学、如何与学生进行良好的互动、如何引发学生的思考、如何穿插音乐或动画等一系列问题。

制作课件需要多种软件协同工作,比如图像制作、声音录制、文字编辑、动画制作等,所以要求教师平时注意多学习一些操作方法,或在计算机专业人员的配合下共同完成课件的制作,以使课件不仅具有教学内容的教育性和科学性,而且要有课件的技术性和艺术性。

5. 使用反馈与修改

课件制作完成后,应用于课堂教学,之后须根据学生的反馈信息,再将课件加以修改,从而使其达到最优。如果制作的课件不能引发学生的学习兴趣,在课堂上起不到应有的效果,那么这样的课件无疑是失败的。一个优秀的课件,应当经得起教学实践的考验,并在不断的改进与提升中,更好地发挥其辅助课堂教学的功用。

二、PPT 课件制作与演示技巧

多媒体课件的制作工具很多,其中,使用微软公司开发的 Microsoft Office PowerPoint(简称 PPT)软件制作课件是目前中小学教师普遍采用的辅助教学手段。PPT 操作简单,容易上手,如果再掌握一些课件制作与演示的小技巧,将会更有效地提升课件制作的效率和课堂教学的效果。

(一) PPT 课件版面设计与制作技巧

1. 使用母版统一设计风格

为了让演示文稿看起来有一个统一的风格,在每张幻灯片上,我们可以设计一些固定的元素,如背景、标志、日期和时间等,将这些固定元素放到幻灯片的母版上,这样做出来的页面就有了统一的布局,不仅节省制作时间,还能使课件变得风格统一、操作快捷。具体方法是:首先,单击"视图"菜单后执行"幻灯片母版"命令,进入幻灯片母版编辑界面。然后,选择相应版式的幻灯片,我们就可以像在普通幻灯片中一样进行设计,添加固定的元素并排列好位置。最后,单击浮动工具栏上的"关闭母版视图"按钮可快速返回普通幻灯片中。

如果需要设置统一的动画效果、幻灯片切换效果、幻灯片背景等,只要该效果是需要从头到尾出现在演示文稿中的,就可以设置在母版中。这样做的好处是一遍成功,无须对幻灯片逐个调整,十分便捷。

由于每个演示文稿中只能使用一个幻灯片母版,若要使演示文稿具有不同的外观或页面设置,可使用超链接功能,在一个演示文稿中跳转到其他演示文稿,或者在演示文稿中插入演示文稿,被链接或被插入的演示文稿可以具有不同的设计模板和幻灯片母版。

2. 使用网格对齐对象

通过网格,PowerPoint 可以快速对齐页面中的图像、图形、文字块等元素,使得版面整齐好看。具体方法是:在屏幕空白处右击鼠标,在弹出的快捷菜单中选择"网格和参考线"命令。在打开的对话框中,选中"对象与网格线对齐"及"屏幕上显示网格"选项,单击"确定"按钮后屏幕上将显示网格线。将要对齐排列的对象拖到网格附近,它们就会自动吸附到网格线上并对齐。

3. 插入数学表达式

在小学数学教学中,经常要用到数学表达式。PPT 与 Word 一样,也可以用公式编辑器。操作方法是:单击"插入"菜单,依次选择"对象"、"新建"、"MicroSoft 公式

3.0"后再单击"确定"按钮,就可以编辑数学表达式了。完成数学表达式的编辑后,直接关闭"公式编辑器"窗口可以返回到幻灯片编辑窗口,我们可以通过调整表达式窗口的大小来调整公式中文字的大小。

4. 对象也用格式刷

在 PowerPoint 中,想制作出具有相同格式的文本框(比如相同的填充效果、线条色、文字字体、阴影设置等),可以在设置好其中一个以后,选中它,单击"开始"菜单中常用工具栏上的"格式刷"工具,然后单击其他的文本框。如果有多个文本框,只要双击"格式刷"工具,再连续"刷"多个对象。完成操作后,再次单击"格式刷"就可以了。其实,不光文本框,其他如自选图形、图片、艺术字或剪贴画也可以使用格式刷来刷出完全相同的格式。

5. 快速微调对象位置

在幻灯片中,用鼠标或键盘上的方向键来调整图形等对象的位置,至少按照 10 个像素为单位进行调节,有时显得不太精确。我们可以先选定要调整位置的对象,按下 Ctrl 键不放,再连续按键盘上的方向键,就可以 1 个像素为单位对对象的位置进行微调。

6. 随意设置对象层次

输入文本,再画一个装饰图形,然后将文本拖放到装饰图形上,你会惊讶地发现,文本看不到了。这就是对象层次在"捣鬼",先输入的文本,被后画的图形盖住了。解决方法很简单:右击图形对象,选择"置于底层"选项中的"下移一层"或"置于底层"命令即可降低对象的显示层次;要提高对象的显示层次,选择"置于顶层"命令即可。

7. 制作滚动文本框

有时候我们需要把一些文字介绍内容放在一张 PPT 内,但是一张 PPT 又不可能显示太多的文字,那么怎么办呢?这就需要有滚动条的文本框来实现。

首先,单击"开发工具"菜单,单击"文本框"控件,拖曳出一个文本框。

接着,右击文本框,选择"属性"命令,再选择"按分类序",在"滚动"栏中,选择"1-fmScrollBarsHorizontal"(水平滚动条)、"2-fmScrollBarsVertical"(垂直滚动条)、"3-fmScrollBarsBoth"(水平和垂直滚动条)中的任何一种,将"行为"栏中的"MultiLine"选项设置为"True"(多行文本),并关闭"属性"窗口。

然后,右击文本框,指向"文字框对象"后执行"编辑"命令,在文本框中手工输入或粘贴文字。下一步,打开"属性"对话框,单击"字体"栏"Font"右边的按钮,文字的字体、字形和大小就可以随意设置了。此外,在文本框的"属性"对话框中,修改"ForeColor"属性可以设置窗体内文字的颜色;当"Locked"属性设置为"false"时,放映时可以在文本框中输入、删除或添加新的文字内容;"TextAlign"属性用于设置文本内容的对齐方式。

8. 使用 Shockwave Flash Object 控件插入 Flash 动画

我们在制作 PPT 时,通常采用超级链接法插入 Flash 动画,但运用这种方法,在幻灯片播放时会另外弹出一个窗口即 Flash 播放器窗口,需要及时调整 Flash 播放器窗口的位置与大小,并且会遮住 PowerPoint 幻灯片上的内容,会令人产生与课件整体分离的感觉。若想使插入的 Flash 动画直接在 PowerPoint 幻灯片中播放,可以使用 Shockwave Flash Object 控件对 Flash 动画进行插入。

单击 PPT 工具栏上的"开发工具"菜单,在"控件"选项卡上单击"其他控件",在弹出的 ActiveX 控件窗口的控件列表中找到"Shockwave Flash Object"并选择。

将光标移动到幻灯片的编辑区域中,光标变成"十"字形,按下鼠标左键并拖动,画出适当大小的矩形框,这个矩形区域就是播放 Flash 动画的区域。

在矩形框上右击鼠标,在出现的快捷菜单中执行"属性"命令后会弹出"属性"窗口,在"Movie"一栏右侧的文本框中直接输入 Flash 动画的路径,必须包括后缀名". swf"。如果 Flash 动画与 PowerPoint 文件处于同一目录中,可以只输入 Flash 动画的文件名,即使用相对路径。一般推荐使用相对路径,这样在课件的整个目录移动后不会出现找不到 Flash 文件的问题。

其他的项目采用系统默认值即可,最后关闭"属性"窗口,返回到幻灯片编辑窗口。

9. 使用 Windows Media Player 控件播放视频、音频文件

用类似于插入 Flash 动画控件的操作方法打开"其他控件"对话框,选择"Windows Media Player"选项,再将鼠标移动到幻灯片的编辑区中,画出一个大小合适的矩形框,随后该矩形框就会自动变为"Windows Media Player"播放界面。

右击该界面,从弹出的快捷菜单中选择"属性"命令,打开该媒体播放的属性设置对话框。在这个对话框的"自定义"右侧单击"…"按钮,打开"Windows Media Player 属性"对话框,在"文件名或 URL"右侧文本框中输入需要插入幻灯片中的视频文件的全路径及视频文件名,也可以单击"浏览"按钮后搜索。然后单击"确定"按钮退出。

在播放过程中,可以通过媒体播放器中的"播放"、"停止"、"暂停"和"调节音量"等按钮,来对视频电影的播放进行控制。

以上操作方法同样适用于音频文件,可以用来实现对音频的播放控制。

10. 解决课文朗读配音难题

用 PowerPoint 制作英语课件时,要实现"听力配课文"的功能,如果课文很长,将课文内容放在一张幻灯片上,学生根本看不到文字提示。如果放到多张幻灯片上,又必须把声音文件按幻灯片内容进行截取。其实,我们可以将课文录音当作背景声音来处理,并结合"排练计时"解决这个问题。实现方法如下:① 在课文听力部分插入录音,并设置为自动播放;② 设置声音的自定义动画为"停止播放在 N 张幻灯片后",N 是课文文字内容的幻灯片总数;③ 从"幻灯片放映"菜单中选择"排练计时",使幻灯片的切换与录音相符。

（二）PPT 课件演示技巧

1. 巧用绘图笔进行标注

在放映演示文稿时，PowerPoint 允许我们像使用画板一样随意地修改和圈点，以增强演示效果和直观性。其方法是：在"幻灯片放映"视图中右击鼠标，在弹出的快捷菜单中指向"指针选项"后选择笔或荧光笔，就可以在屏幕上进行圈点和标注了。在"指针选项"中，通过更改"墨迹颜色"选项，可以更换绘图笔的颜色。需要擦除墨迹时，可以调出"橡皮擦"擦除指定的墨迹，或者单击键盘上的"E"键直接擦除全部墨迹。

2. 演示时自动黑屏或白屏

在演示幻灯片时，有时需要学生看书、讨论或动手操作，为了避免屏幕影响学生的注意力，我们可以临时屏蔽屏幕，按一下"B"键，此时屏幕黑屏，再按一下"B"键即可恢复正常。按"W"键会产生类似的白屏效果。

3. 非全屏模式播放 PPT

在使用 PowerPoint 进行演示时，往往需要与其他程序窗口配合使用。但 PowerPoint 将启动默认的全屏放映模式，在这种模式下，一般要使用"Alt＋Tab"组合键切换到其他窗口。其实，启动幻灯片放映前可以这样操作：按住 Alt 键不放，依次按下"D"、"V"键激活播放操作，这样启动的幻灯片放映窗口就带有标题栏和菜单栏，可以最小化和自定义窗口大小，便于选择其他程序窗口。

4. 快速定位幻灯片

在播放幻灯片时，如果要快进到或退回到第 5 张幻灯片，可以按下数字 5 键，再按下回车键。若要从任意位置返回到第 1 张幻灯片，可以同时按下鼠标左右键并停留 2 秒钟以上。实际上课时，可能会出现一些误操作，比如多击了一次鼠标左键，使得提前显示了下一页幻灯片上的内容。此时，如果利用右键快捷菜单中的"上一张"或"定位"来恢复，会分散学生的注意力，影响教学效果。我们可以使用鼠标的滚轮向上或向下滚动，或者使用键盘上的方向键实现快速返回前面的幻灯片或跳到下面的幻灯片。在幻灯片放映视图，按下"F1"键可出现快捷键功能窗口，熟记并恰当地使用这些快捷键，即可方便巧妙地控制播放过程。

5. 播放时隐藏鼠标指针

在演示课件的过程中，当鼠标指针在屏幕上移动时，一些学生很容易分心，鼠标指针也可能会遮挡部分应显示的信息。为了避免这个问题，教师可隐藏鼠标指针，而使用键盘切换幻灯片。方法是：幻灯片开始放映后按下"Ctrl＋L"组合键可以暂时隐藏指针，移动鼠标后鼠标指针又会出现。而按下"Ctrl＋H"组合键可彻底隐藏指针，即使移动鼠标，指针也不会出现。如果需要显示鼠标指针，按下"Ctrl＋A"组合键即可。

6. 生成自动播放文件

可以将 PPT 文件转存为"PPS"格式的文档（PowerPoint 放映文档），双击这样的文件就可以直接播放，非常方便，而且文件还不容易被误修改。

思考问题

1. 现代教学媒体可分为哪些类型？较之传统教学媒体，现代教学媒体的优势何在？

2. 在教育实习或教学实践过程中，你有没有发现当前小学课堂教学中存在着某些过度使用或不当使用现代教学媒体的情况？如果确实存在这种情况，你认为应该怎样做才能最大限度地发挥现代教学媒体的优势并尽可能地避免其弊端？

3. 微格教学的实施过程主要包括哪些步骤？在编写微格教学教案时要关注哪些内容及要求？

4. 微格教学设计有哪些基本原则？它与一般课堂教学设计的区别何在？

5. 制作多媒体课件在实施新课程中占有十分重要的地位。请谈谈多媒体课件的制作要求，并设想一下，假如要为某一教学内容制作多媒体课件，具体要经过哪些步骤？

第四章
艺术鉴赏与才艺基本功训练

动物叫声音效
听《两只笨狗熊》及更多故事

本章重点

1. 了解艺术鉴赏的基本常识,掌握音乐、美术、影视等主要艺术门类鉴赏的一般知识与方法,领会艺术鉴赏运用于教学的意义与方法。

2. 了解教学简笔画的基本知识,把握教学简笔画的设计原则,掌握简笔画训练的基本技巧。

3. 了解讲故事的特征,掌握讲故事准备阶段以及开讲与结尾的基本技巧。

第一节 小学教师的艺术鉴赏素养

艺术鉴赏,又称艺术欣赏,是指读者、观众、听众凭借艺术作品而展开的一种积极、主动的审美再创造活动。鉴赏的本身便是一种审美再创造。

科学是符合客观的真,艺术是发自于内心的美。教学是一门科学,也是一门艺术。因此,在小学教学活动中,教师既要具备一定的科学素养、人文素养,而且还必须具有艺术鉴赏的基本素质与能力,并且要将这些素质和能力较好地运用于教学实践之中。

一、艺术鉴赏的基本知识

(一) 艺术鉴赏的基本特点

在艺术鉴赏中,鉴赏者不是被动、消极地接受艺术形象的感染,而是能动、积极地调动自己的思想认识、生活经验、艺术修养,通过联想、想象和理解,去补充和丰富艺术形象,从而对艺术形象和艺术作品进行"再创造",对形象和作品的意义进行"再评价"。艺术鉴赏是艺术批评的基础,也是艺术作品发挥社会功用的必然途径。

具体地说,艺术鉴赏的特点主要表现为:感性认识(情)与理性认识(理)相统一;教育与娱乐相统一;享受与判断相统一;制约性与能动性相统一;共同性与差异性相统一;审美经验与"再创造"相统一。

(二) 艺术鉴赏的审美心理

1. 注意

在艺术鉴赏的最初阶段,需要鉴赏主体的整个心理机制进入一种特殊的审美注意或审美期待状态,从日常生活的意识状态进入艺术鉴赏的审美心理状态之中,使主体从实用功利态度转变为审美态度。此外,在艺术鉴赏中,"注意"这种心理功能还有另外一个重要作用,这就是把感知、想象、联想、情感、理解等诸多心理要素指向并集中于某一特定的艺术作品,并且保持相当一段时间的注意稳定性。

2. 感知

艺术鉴赏心理是以感知为基础的,它包含感觉和较复杂的知觉。鉴赏活动的真正开始是感知艺术作品。

审美感知在表面上是迅速地、直觉地完成的,但它却是人的一种积极主动的心理活动,在感知的后面潜藏着鉴赏主体的全部生活经验,以及联想、想象、情感、理解等多种心理因素的积极参与。

3. 联想

联想在审美心理中有着不容忽视的地位和作用。通过联想,不仅使得艺术形象更加鲜明生动,而且能使感知的形象内容更加丰富深刻,从而使艺术鉴赏活动不只是停留在对艺术作品感性形式的直接感受上,而且能够更加深入地感受到感性形式中蕴含的更为内在的意义。

艺术鉴赏中的联想必须以艺术作品和艺术形象作为依据,不能离开作品的内容和情绪。

4. 想象

想象可以分为创造想象和再造想象两种类型。艺术鉴赏活动以再造想象为主,同时也包含有一定的创造想象。

鉴赏主体的想象必须以艺术作品为依据,只能在作品规定的范围和情境中驰骋想象,艺术作品对鉴赏活动的想象起着规定、引导和制约的作用。

5. 情感

艺术鉴赏中,情感作为一种审美心理因素也有着非常重要的地位与作用。强烈的情感体验正是审美活动区别于科学活动与道德意识活动的显著特点。

艺术鉴赏活动中,情感总是以注意和感知作为基础,又与联想和想象密不可分。

6. 理解

艺术鉴赏心理中的理解因素,并不是单独存在的,而是广泛渗透在感知、情感、想象等心理活动中,构成完整的审美心理过程。因此,审美心理中的理解因素,不同于通常的逻辑思维,而是往往表现为一种似乎是不经思索而直接达到对于艺术作品的理解的状态。

(三) 艺术鉴赏的审美过程

艺术鉴赏的过程是由浅入深的,大致经历了感官的审美愉悦、情感的审美体验到理性的审美超越这三个层次。

首先,艺术鉴赏中的审美直觉阶段。艺术鉴赏中的审美直觉是指艺术鉴赏活动中,对于审美对象或艺术形象具有一种不假思索而即刻把握与领悟的能力,使人刹那间暂时忘却一切,聚精会神地观赏它,全部身心沉浸在审美愉悦之中。艺术审美直觉是主体在审美经验的基础上,通过对客体的整体性直观而做出的一种对其本质性和内在联系的迅速而直接的当下综合判断。

其次,艺术鉴赏中的审美体验阶段。审美体验是整个艺术鉴赏审美活动的中心环节,是指鉴赏主体在审美直觉的基础上,充分调动情感、想象、联想等心理因素,对特定的审美对象进行审视、体味与理解,从而达到艺术审美活动的高潮阶段,获得心灵的审美愉悦,把外在作品中的艺术形象转化为鉴赏者自身的生命活动。在这一阶段,鉴赏主体处于一种积极、主动的审美状态,并反作用于艺术作品,实现了审美的"再创造"。

最后,艺术鉴赏中的审美升华阶段。作为艺术鉴赏活动的最高境界,审美升华是指鉴赏主体在审美直觉和审美体验的基础上达到一种精神的自由境界,通过艺术鉴赏的审美再创造活动,在艺术作品和艺术形象中直观自身,实现本质力量的对象化。

(四)艺术鉴赏的一般方法

第一,要以审美的态度,即用艺术的眼光来鉴赏艺术作品,才能从中获得艺术的享受,并在思想上受到启迪。审美态度是人们在审美活动进行之初的特殊的心理状态,它不同于实用态度,也不同于科学态度。在艺术鉴赏活动中,要善于从对审美对象采取功利实用的或科学研究的态度,转到采取审美的态度。这既不是去考虑对象具有什么实用的价值,对自己或别人有什么利害关系,也不是去对对象进行科学上的抽象的分析思考,而是对审美对象采取一种"观照"的态度,直接从对象的感性特征的直观中去体味同人生的自由相联系的某种情调、意味、精神境界等。

第二,要"知人论世"和"以意逆志",具体了解艺术作品产生的时代背景与艺术家的创作意图。文学作品和作家本人的生活、思想及时代背景有着极为密切的关系,因而只有知其人、论其世,即了解作者的生活、思想和写作的时代背景,才能客观、正确地理解和把握文学作品的思想内容。

第三,充分调动想象与联想,激发审美情感,丰富审美体验。审美想象是审美主体所具有的能使审美活动顺利展开的一项重要的能力,是使审美活动顺利展开并实现主体审美理想的必要条件。在审美体验中,鉴赏主体的审美想象、联想越丰富,其审美情感就会越强烈、越深刻。同时,艺术鉴赏又是饱含着鉴赏主体切身的情感体验的审美活动,所谓"登山则情满于山,观海则意溢于海","感时花溅泪,恨别鸟惊心"。充分发挥艺术想象力,激发起丰富的审美情感,这是拓展审美体验,进而获得审美享受的重要基础。

第四,既要"入乎其内",又要"出乎其外"。王国维曾言:"诗人对宇宙人生,须入乎其内,又须出乎其外。入乎其内,故能写之。出乎其外,故能观之。入乎其内,故有生气。出乎其外,故有高致。"这不仅可就创作而言,在艺术鉴赏领域也同样适用。一方面,艺术鉴赏是鉴赏主体与客体对象之间的对话,在鉴赏活动中,主体只有进入作品,凝视观照,才能缩短主体与客体之间的距离,进而产生情感体验,达到物我融合、情景交融,产生情感的共鸣。另一方面,艺术鉴赏虽贵在深入,但"入乎其内"还是处在情感层面。因此,在鉴赏过程中,总不能入而忘返,必须获得相应的理性认识,既要"进得来",又要"出得去",即在审美情感基础上进行理解、思考,把握作品的意义和内涵,从而实现艺术作品的社会价值和审美价值。

第五,要将艺术作品的形式和内容结合起来鉴赏,从整体上全面完整地鉴赏艺术作品。艺术作品的内容包含两个方面:一是艺术家在艺术作品中所表现的现实生活,即艺术作品的题材。二是艺术家在艺术作品中对题材即对现实生活和对象的认识、评价、思想情感和审美理想,它是通过艺术形象所显示出来的主要思想,亦即艺术作品的主题。艺术作品的形式,就是构成作品艺术形象的物质形态,也就是作品内容的存在方式。艺术作品的内容与形式相互依存,相互统一,密不可分。一般来说,内容决定形式,形式为内容服务,并反作用于内容。因此,要在把握艺术作品的题材和主题的基础上,感受作品的表现形式。例如,绘画按工具材料、技法及文化背景的不同,分为中国画、油画、版画、水彩画、水粉画等类型;依描绘对象的不同,分为人物画、风景画、静物画等;其表现手段则主要有线条、色彩、明暗、笔触和构图等。在具体的艺术鉴赏活动中,鉴赏主体既要感受这些表现类型、表现手段所具有的形式美,又要凭借外在的艺术形式感受作品所传达的情感意蕴,做到内容与形式的统一。

二、主要艺术门类的鉴赏

常见的艺术门类主要包括文学、音乐、舞蹈、绘画、雕塑、建筑、戏剧、影视等。在此,我们选择一些具有代表性的艺术样式进行介绍。

(一) 音乐鉴赏

音乐是指有旋律、节奏或和声的人声或乐器音响等配合所构成的一种艺术,可以分为声乐和器乐两大类型,又可分为古典音乐、流行音乐、民族音乐、乡村音乐、原生态音乐等。在艺术类型中,音乐是比较抽象的艺术。

音乐从历史发展上可分为东方音乐和西方音乐。东方以中国为代表的古代音乐理论基础是五声音阶,即宫、商、角、徵、羽;西方是以七声音阶为主。

1. 音乐鉴赏的三个层次

(1) 官能的欣赏。这是一种直觉的感性欣赏,是最初级的审美活动,只需要有初步的审美能力就可以进行,主要得到的是感官上的愉悦,这就是所谓的悦耳动听。这类欣赏一般取决于曲调的优美、节奏的舒展、和声的融洽、音色的绚丽等。

(2) 情感的欣赏。这是最基本的欣赏,它比官能欣赏有所提高,由悦耳升华到赏心。它要求欣赏者透过音乐表层的感官享受进入音乐的境界,对音乐的内涵能有更深入的理解和体验,达到情感的呼应,心灵的共鸣。情感欣赏的深浅,很大程度取决于欣赏者的欣赏能力和艺术修养。

（3）理智的欣赏。这是音乐欣赏的最高层次，也称技巧欣赏，一般属于专业欣赏。欣赏者不仅对音乐作品所体现出来的音乐形象有较深刻的理解，而且对于作品的主题思想、作品的形式和风格都有较丰富的认识，通过欣赏，使自己的精神获得极大的满足，达到一种新的思想境界。

2. 音乐的基本要素

音乐的基本要素是指构成音乐的各种元素，包括音的高低、长短、强弱和音色。具体是指音乐的节奏、旋律、和声、音色、力度、速度、调式、曲式、织体等。音乐的最基本要素是节奏和旋律。

节奏是指音乐运动中音的长短和强弱，常被比作音乐的骨架。节拍是音乐中的重拍和弱拍周期性地、有规律地重复进行。

旋律也称曲调。高低起伏的乐音按一定的节奏有秩序地横向组织起来，就形成曲调。曲调是完整的音乐形式中最重要的表现手段之一。曲调的进行方向是变幻无穷的，基本的进行方向有三种："水平进行"、"上行"和"下行"。

和声包括"和弦"及"和声进行"。和弦通常是由三个或三个以上的乐音按一定的法则纵向（同时）重叠而形成的音响组合。和弦的横向组织就是和声进行。

音色又名音品，是指声音的感觉特性。不同的发声体由于材料、结构的不同，发出声音的音色也就不同。音色有人声音色和乐器音色之分。在人声音色中，又可分童声、女声、男声等。乐器音色的区别更是多种多样。

力度是指音乐中音的强弱程度。

速度是指音乐进行的快慢。

3. 音乐的基本分类

按表达方式，可分为声乐和器乐两类。

按旋律风格，可分为古典音乐、流行音乐和民族音乐。

4. 乐器及乐器分类法

乐器是泛指可以用各种方法奏出一定音律或节奏的工具。一般分为民族乐器与西洋乐器。民族乐器即中国的独特乐器，常见的有笛、二胡、琵琶、丝竹、胡琴、筝、箫、鼓等，是代表着中华音乐文化的传统乐器。西洋乐器主要是指18世纪以来，欧洲国家已经定型的管弦乐器和弹弦乐器、键盘乐器。

乐器分类法主要有两种，其一是民族的惯用的分类法，也称传统分类法；其二是以声学物理归纳手段作为分类依据的现代分类法，也称逻辑分类法。传统分类法中，中国古代主要采用的是"八音分类法"（金、石、丝、竹、匏、土、革、木）。现代分类法把世界上所有乐器归纳为五大类：体鸣乐器、膜鸣乐器、气鸣乐器、弦鸣乐器和电鸣乐器。

（二）美术鉴赏

美术是指用一定的物质材料，塑造可视的平面或立体的视觉形象，以反映自然和社会生活，表达艺术家思想观念和感情的一种艺术活动。

1. 美术的主要类别

美术，主要包括绘画、雕塑、工艺、建筑、书法、篆刻、设计、新媒体和摄影等类型。每个门类又可以根据表现的题材和使用的题材，再分成若干小类。

绘画是造型艺术中最主要的一种艺术形式，它是指运用线条、色彩和形体等艺术语言，通过造型、色彩和构图等艺术手段，在二维空间（即平面）里塑造出静态的视觉形象，以表达作者审美感受的艺术形式。绘画种类繁多，从不同的角度可将它划分为不同的类别。从地域看，可分为东方绘画和西洋绘画；从工具材料看，可分为水墨画、油画、壁画、版画、水彩画、水粉画等；从题材内容看，可分为人物画、风景画、静物画、动物画等；从作品的形式看，可分为壁画、年画、连环画、漫画、宣传画、插图等。

雕塑是用可雕刻和塑造的物质材料制作出具有实体形象、以表达思想感情的一种艺术形式。

工艺美术是指日常生活用品经过艺术化处理以后，使之具有强烈的审美价值的产品。一般把工艺美术分为实用工艺美术和陈设欣赏的工艺美术。

建筑艺术是指按照美的规律，运用建筑艺术独特的艺术语言，使建筑形象具有文化价值和审美价值，具有象征性和形式美，体现出民族性和时代感。以其功能性特点为标准，建筑艺术可分为纪念性建筑、宫殿陵墓建筑、宗教建筑、住宅建筑、园林建筑、生产建筑等类型。

书法是指按照文字特点及其含义，以其书体笔法、结构和章法书写，使之成为富有美感的艺术作品。汉字书法为汉族独创的表现艺术，被誉为"无言的诗，无行的舞，无图的画，无声的乐"。

2. 美术的常用术语

三度空间：指由长度（左右）、高度（上下）、深度（纵深）三个因素构成的立体空间。

量感：借助明暗、色彩、线条等造型因素，表达出物体的轻重、厚薄、大小、多少等感觉。

空间感：在绘画中，依照几何透视和空气透视原理，描绘出物体之间的远近、层次、穿插等关系，使之在平面的绘画上传达出有深度的立体的空间感觉。

体积感：指在绘画平面上所表现的可视物体能够给人一种占有三度空间的立体感觉。

明暗：指画中物体受光、背光和反光部分的明暗度变化，以及对这种变化的表现方法。物体在光线照射下出现三种明暗状态，称三大面，即：亮面、中间面、暗面。

轮廓：指界定表现对象形体范围的边缘线。在绘画和雕塑中，轮廓的正确与否，对作品的成败至关重要。

色彩：绘画的重要因素之一。它是各种物体不同程度地吸收和反射光量，作用于人的视觉所显现出的一种复杂现象。

色度：指颜色本身固有的明度。如七种基本色相中，紫色色度最深暗，黄色色度最明亮。

笔触：指作画过程中画笔接触画面时所留下的痕迹。

笔法：指写字作画用笔的方法，即中国画特有的用线方法。

笔势：指书画的意态和气势。由于书画家创作时用笔、结体的不同，使点画在结构中处于不同的位置，由此相适应的用笔规律。

3. 中国书法的六种主要书体

篆书体（包含大篆、小篆）、隶书体（包含古隶、今隶）、楷书体（包含魏碑、正楷）、燕书体（包括燕行、燕隶）、行书体（包含行楷、行草）、草书体（包含章草、小草、大草、标准草书）。

（三）影视鉴赏

影视是以拷贝、磁带、胶片、存储器等为载体，以银幕、屏幕放映为目的，从而实现视觉与听觉综合观赏的艺术形式。它是现代艺术的综合形态，包含电影、电视剧、动画等内容。

影视作为电影艺术和电视艺术的统称，是现代科学技术与艺术相结合的产物。通过画面、声音、蒙太奇、故事情节等形式来传达与表现。

1. 影视艺术的诞生与发展

1895 年，"世界电影之父"卢米埃尔兄弟拍摄的《火车进站》，标志着无声电影的正式诞生。1905 年，北京丰泰照相馆拍摄了我国第一部影片《定军山》。1913 年，我国拍摄了第一部故事片《难夫难妻》。1927 年上映的美国影片《爵士歌王》是第一部添加了对白的电影，成为人类历史上第一部有声电影。中国第一部有声片是 1931 年的《歌女红牡丹》。真正意义上的三色系统彩色片是 1935 年美国拍摄的《浮华世界》（又译《名利场》）。中国第一部彩色电影是 1948 年舞台艺术片《生死恨》。2009 年，詹姆斯·卡梅隆的《阿凡达》开启 3D 电影元年，电影进入数字电影时代。

1930 年，英国广播公司播出多幕电视剧《嘴里叼花的人》，它是世界上公认的最早的电视剧。1958 年，我国第一部电视剧《一口菜饼子》在北京电视台播出。

2. 主要电影奖项

（1）世界四大电影节或奖项。欧洲三大国际电影节，即法国的戛纳国际电影节（最高奖是"金棕榈奖"），德国的柏林国际电影节（主要奖项为"金熊奖"和"银熊奖"），意大利的威尼斯国际电影节（最高奖项是"金狮奖"），与美国的奥斯卡金像奖被视为国际影坛最重要的四大电影奖。

（2）华语电影三大奖。即中国电影金鸡奖、香港电影金像奖、台湾电影金马奖。

（3）中国电影三大奖。即中国电影金鸡奖、中国电影华表奖、大众电影百花奖。

3. 影视鉴赏的一般方法

进行影视鉴赏，需要对影视作品的各元素构成（如画面、音乐、人物、剧情等）有较清楚和深刻的认识与理解，具备相关理论知识，用评论、对比等方式阐述自己对影视作品的理解。一般来讲，鉴赏者可以从以下几个方面出发：

第一，根据作品的类型进行鉴赏。影视作品的常见类型有喜剧片、社会伦理片、爱情片、战争片、灾难片、科幻片、美术片、武打片等,类型不同,对其进行鉴赏的原则和评价标准也就不同。因此,在进行影视作品的艺术鉴赏时,首先要把握鉴赏对象的基本类型。

第二,深入领会作品的主题。同其他艺术作品一样,影视文学作品价值的高低也在很大程度上取决于它的主题。主题是影视作品所表达的,创作者对生活、对社会的认识、态度、情感和审美观念,它是作品内容的主体和核心,需要鉴赏者去感受和领会。

第三,欣赏作品中的主要人物。人物是影视艺术塑造的核心,也是作品主题赖以确认、表现的艺术载体。一部优秀的影视文学作品,必然会有一个或几个血肉饱满的人物形象,因而,对作品主要人物形象的鉴赏、分析,也应成为影视鉴赏的重要内容。而影视作品中的"人物",是影视作品结构中的"符号"和"虚构"的人,是由演员扮演的银幕形象。因此,我们在对人物的鉴赏过程中,既要立足于作品中的人物的"原型"形象,又要属意于演员的表演艺术,即演员是如何将作品中的人物表现出来的。

第四,欣赏作品中蒙太奇手法的运用。蒙太奇是音译的外来语,原为建筑学术语,意为构成、装配,后来逐渐在视觉艺术等衍生领域被广泛运用。蒙太奇一般包括画面剪辑和画面合成两方面,当不同的镜头组接在一起时,往往会产生各个镜头单独存在时所不具有的含义。通过蒙太奇手段,电影的叙述在时间、空间的运用上取得极大的自由,既可以通过对素材的选择和取舍,使表现内容主次分明,达到高度的概括和集中,又能引导观众的注意力,激发观众的联想。蒙太奇具有叙事和表意两大功能,据此,我们可以把蒙太奇划分为三种最基本的类型:叙事蒙太奇(包括平行蒙太奇、交叉蒙太奇、重复蒙太奇、连续蒙太奇)、表现蒙太奇(包括抒情蒙太奇、心理蒙太奇、隐喻蒙太奇、对比蒙太奇)、理性蒙太奇(包括杂耍蒙太奇、反射蒙太奇、思想蒙太奇)。蒙太奇手法无论是对作品主题的揭示,还是人物形象的塑造,都发挥着重要的作用。

三、艺术鉴赏在教学中的运用

艺术鉴赏不仅仅是人们获得审美享受的精神活动,是人类审美活动的一种高级、特殊的形式,并且,它对于教师从事教育教学活动同样具有积极的意义。教师,尤其是小学教师,不但需要具备扎实的专业素养、过硬的教学基本功,而且应当具有多方面的艺术修养。因此,"多才多艺"也就成为教育教学工作对小学教师提出的一项特殊要求。

教育者要想将艺术鉴赏的一般规律有效地运用于教育教学活动,需注意以下几个要点:

第一,充分揣摩作品内涵。对艺术的欣赏不能仅仅止步于艺术作品的表象,而是要从审美心理出发去感受作品、感受艺术家、感受作品的内涵,进而达到欣赏者和艺术家、个人审美经验和普遍经验的交融,从而使欣赏者得到更深层次的升华,这才是欣赏的真正含义。

第二,引导受教育者参与。艺术鉴赏活动是主观和客观的统一,需要主体的直接参与。让全体学生参与到动手实践的过程中去,亲历探究过程,通过自主学习、研究性学习和合作学习,不仅能激发学生探究的兴趣,而且能培养学生的独立精神,从而帮助学生更好地理解作品的内涵,充分体现学生的主体地位。

第三,为受教育者提供指导。学生审美感知能力的提高和审美意识的培养,离不开理性知识的引导。在对艺术形式的欣赏中,只有把感性经验与理性经验相结合,才能知道其是不是美的,以及为什么是美的。而在教学中,问题的关键就在于怎样将概念深入浅出、通俗易懂地传达给学生。

第四,自主探究,实现教育功能。艺术具有教育作用,而要实现其教育功能,就需要教师引导并帮助学生分析审美客体的形象、情节和作者的创作意图,尤其是对一些有感染力的细节进行深入挖掘,唤起学生的审美经验并感受作者的内心世界,再提出恰当的问题,引发心境共鸣。在这一过程中,学生往往不能独立完成由感知到共鸣的飞跃,需要教师帮助引发联想、想象,使情感体验得到强化,进而达到情感的共鸣。当然,艺术的教育功能同道德教育迥然不同,它不是灌输某种思想的宣传工具。艺术的教育功能是以审美价值为基础的,具有美学的意义和艺术的魅力。这种教育是使受教育者通过审美体验进而净化心灵,达到人格的完善。艺术鉴赏教育同时也具有娱乐功能,通过"寓教于乐"来感染人,将艺术思想性寓于审美娱乐性之中。通过艺术欣赏教育,陶冶和净化人的情感,来培养美好和谐的情感和心灵,从而实现人格的建构。

第二节 简笔画技能训练

原国家教委(教师)〔1991〕8号文《关于开展小学教师继续教育的意见》提出:"基本功训练是现阶段小学教师继续教育的重要内容之一。"其中第三项基本功要求的就是简笔画,即能按教学要求,突出教学重点,用简练的线条较快地勾画出事物的主要特征,设计、绘制图画。

一、简笔画简介

(一)什么是简笔画

简笔画是一种利用简单的点、线、面等符号来表现物象基本特性的,简约而直观、形象、鲜明、生活的绘画形式。其突出特点是:笔画简单,生动活泼,只取形似,不计细节,简而实用,简而易学。

画简笔画不需要具备高深的绘画技巧,只需稍加练习便可掌握(如图4-1所示)。

图 4-1　简笔画示例

(二) 什么是教学简笔画

教学简笔画是教学中直观生动的快捷演示，即教师在教学中利用黑板，以凝练、概括的图示形式，紧扣教学要求，突出教学重难点，使学生更直观、形象地理解教学内容的一种板书形式。

教学简笔画不同于一般绘画，它必须伴随着教学内容而存在，其画面要和教学语言融为一体，是用来表达教学思想的形象符号，是教学语言的辅助和补充，是科学和艺术的结合体，是形象化教学的一种产物（如图 4-2 所示）。

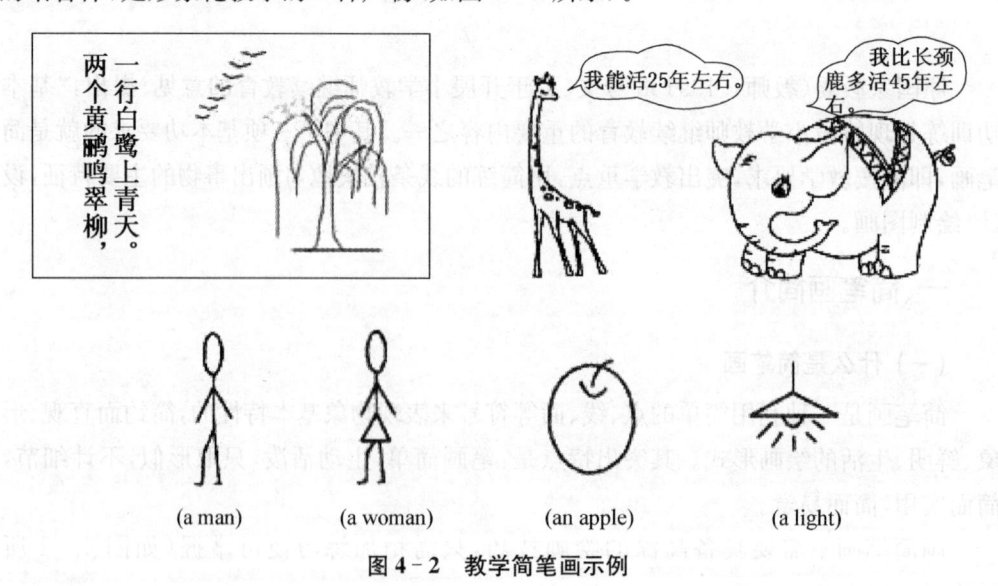

(a man)　　(a woman)　　(an apple)　　(a light)

图 4-2　教学简笔画示例

(三) 简笔画在小学教学中的作用

简笔画适用于小学各科教学,具有使用频率高、可容量大、简洁易画、远视效果好等优势,是小学课堂教学中一种有效的辅助手段,也是小学教师的通用基本功之一。其在小学教学中的作用主要表现为:

1. 调动学生的形象思维能力

现代心理学研究表明:人的大脑思维有一定的分工,左半球负责逻辑思维,右半球负责形象思维。通过简笔画这一形象化方式在教学活动中的运用,可以调动学生的形象思维能力,使其把大脑充分地利用起来,获得丰富的感性认识,从而加深对问题的理解和记忆,这对于提高教学质量很有意义。

2. 激发学生的学习兴趣

教师在教学中迅速而准确地绘出简笔画,可以使教学活动变得生动活泼,激发学生的学习兴趣,使学生注意力完全集中在教师所引导的问题上。

3. 提升课堂教学效果

教师熟练地掌握简笔画的应用技巧,就能在课堂上根据生成性问题,及时用简笔画进行辅助讲解,从而使课堂教学既省时又高效,收到更好的教学效果。

二、教学简笔画的设计原则

教学简笔画是教师在课堂教学中,为了有效地教授知识、传递信息而设计、运用的一种教学方法和手段。作为知识的媒介和信息的载体,它必须体现教学目的,概括教学内容,表达教学意图,完成教学任务。因此,设计教学简笔画应遵循如下原则:

(一) 有的放矢

要根据特定的教学目的和要求,针对具体教学内容与对象,从教学的实际需要出发,选择恰当的绘画内容和形式,不游离于教学目的之外哗众取宠,也不脱离教学重点小题大做,而应紧扣教材、突出重点、抓住关键,具有明确的教学目的性和针对性。

(二) 深入浅出

体现教学的启发性原则,充分发挥视觉艺术的优势,把教学中的重点和难点化虚为实、化繁为简、化难为易、化深为浅,也就是把令学生费解的疑难问题变为易懂的直观形象。

(三) 生动有趣

对于小学生而言,绘画的视觉吸引力和冲击力首先来自画面形象的生动性与趣味性。把形象的正确性和生动性、知识性、趣味性融为一体,不仅可以使教学简笔画成为刺激学生观察和思维的兴奋剂,达到寓教于乐的目的,而且可以通过赏心悦目的绘画形象,对学生进行潜移默化的审美教育。

(四) 快捷速成

有限的课堂教学时间不允许教师在绘制图画时慢条斯理地精雕细刻,而必须快速绘画,一气呵成。快捷的速度取决于娴熟的技巧。熟练地掌握简笔画的技能技巧,以及概括形象、提炼线条的方式方法,是提高作画效率的前提条件。

(五) 数量适中

在能够完成教学任务让学生更好地掌握新知识的前提下,适当运用简笔画,这样才能突出重点。应当谨记,教学简笔画只是为了更好地实现教学目标、提升教学效果的辅助手段,切忌滥用简笔画,从而将原先的课程上成了"美术课",或者把课堂变成了教师个人的"才艺秀"。

三、简笔画训练的基本技巧

(一) 基础练习

简笔画是用大家熟悉的点、线、面等绘画要素来表现物象,因此,学习简笔画,可以从画点开始练习,逐步进入到画线的训练,继而过渡到形,即用简练的笔法通过线与线的结合来组成形。

1. 点的练习

点是最小的造型要素,在视觉上有大、小、圆、方、三角与不规则等形态(如图4-3所示)。

图4-3 简笔画点的练习示例

2. 线的练习

线的种类有:横线、竖线、斜线、曲线、弧线、波浪线、折线等。

线的练习可先以短的横、竖线逐步过渡到长的横、竖线练习,再进入到多种线的综合练习(如图4-4所示)。

3. 形的练习

各种线与线的结合组成形。形,又可分为基本形和组合形两大类。基本形,就是用圆形、三角形、方形等归纳物象(如图4-5所示)。

而结构复杂的物象,须根据各主要部分的形象特点,由方形、三角形、圆形等不同基本形组合成完整的形象,称为组合形(如图4-6所示)。

火柴棒	花和草	图钉	大头针	鞋刷

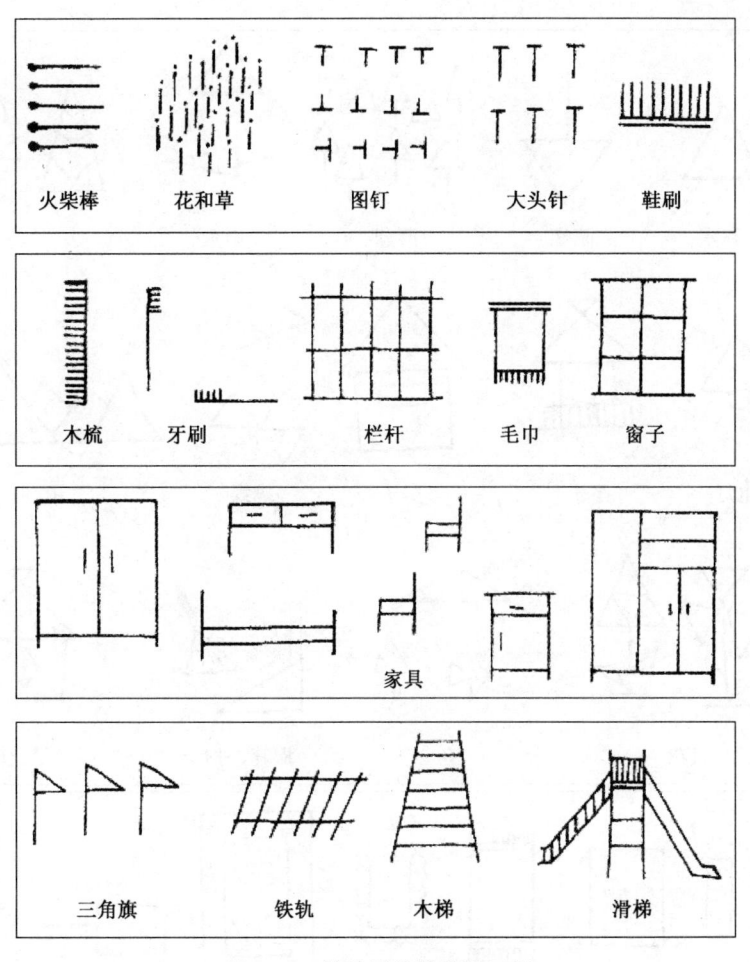

木梳	牙刷	栏杆	毛巾	窗子

家具

三角旗	铁轨	木梯	滑梯

图 4-4　简笔画线的练习示例

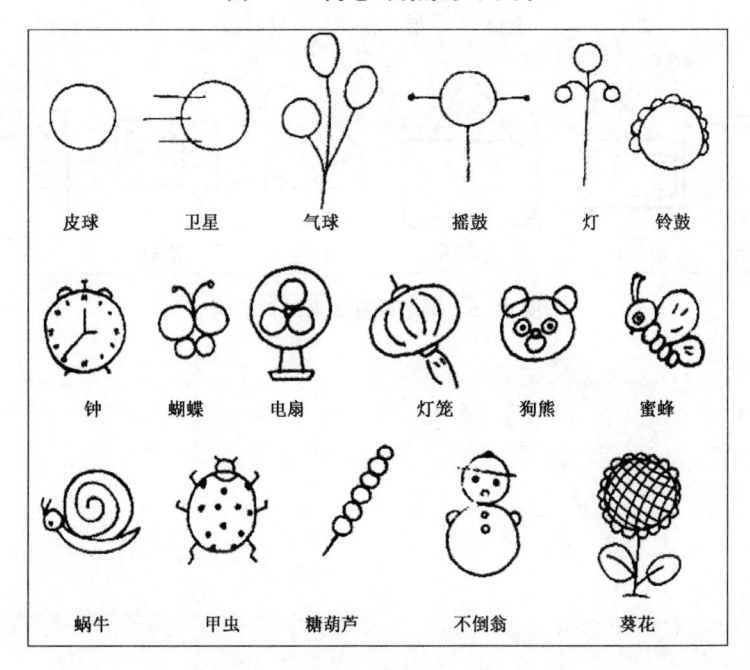

皮球	卫星	气球	摇鼓	灯	铃鼓

钟	蝴蝶	电扇	灯笼	狗熊	蜜蜂

蜗牛	甲虫	糖葫芦	不倒翁	葵花

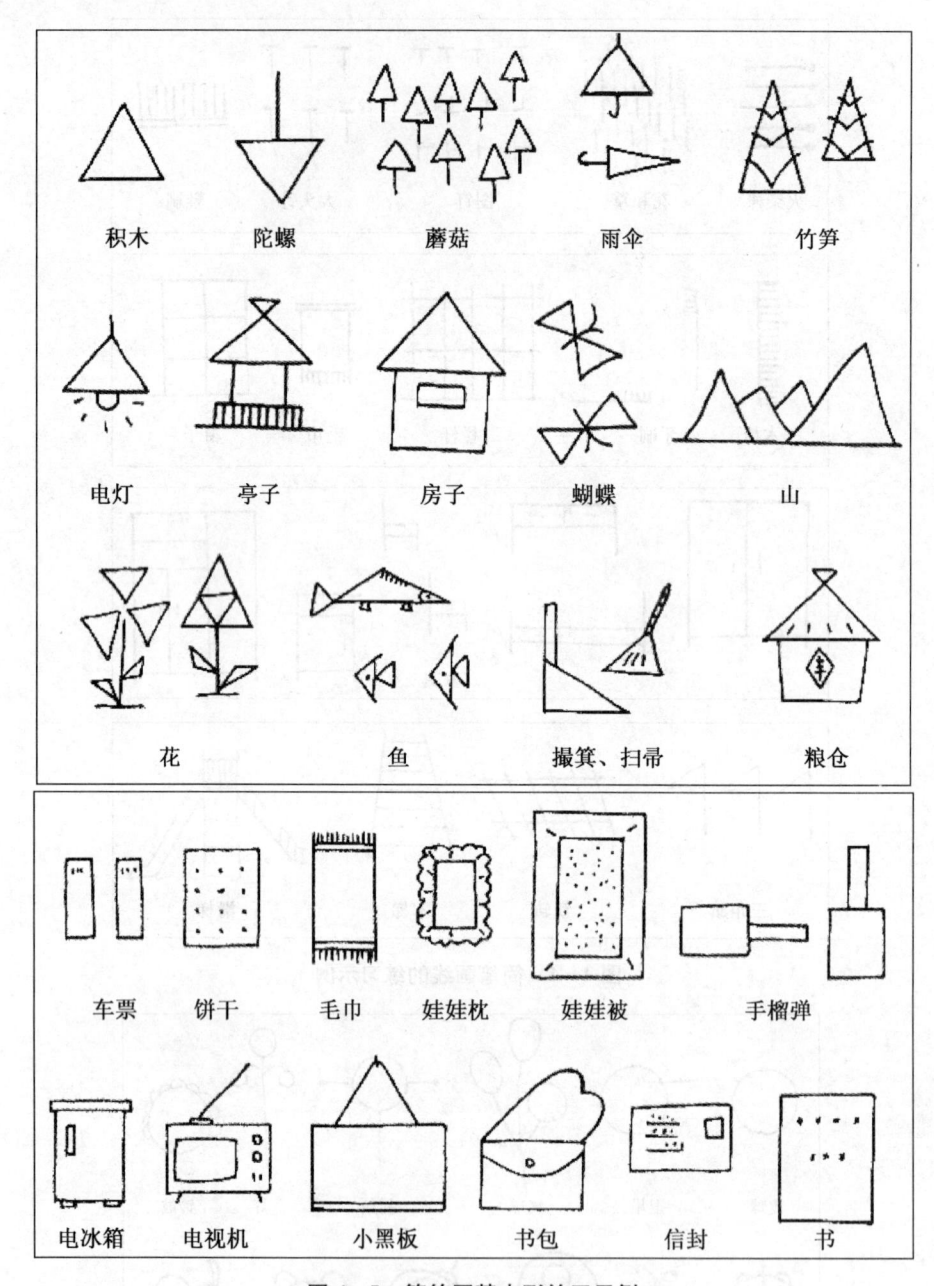

积木	陀螺	蘑菇	雨伞	竹笋
电灯	亭子	房子	蝴蝶	山
花	鱼		撮箕、扫帚	粮仓

车票	饼干	毛巾	娃娃枕	娃娃被	手榴弹
电冰箱	电视机	小黑板	书包	信封	书

图 4-5 简笔画基本形练习示例

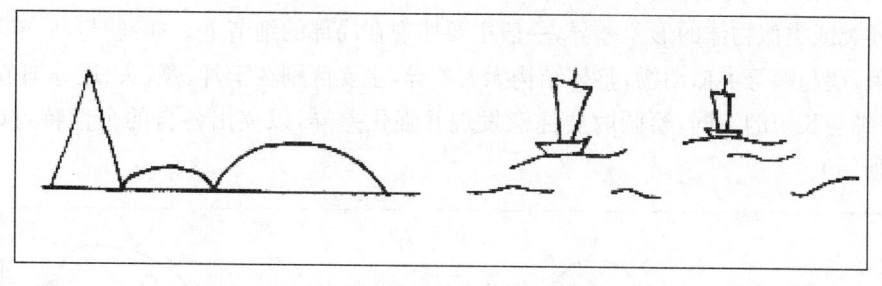

图 4-6 简笔画组合形练习示例

(二) 复杂形体的简化

1. 化繁为简

对细节繁多复杂的自然物象,应舍弃或简化物象中无关大局的细节,保留其最基本的形象和有特征的部分(如图 4-7 所示)。

图 4-7 化繁为简式简笔画练习示例

2. 确定物象的个性特征

有些物体的特征表现在基本形态上,就可以用基本形概括大的轮廓外形与内部结构关系,突出物体的主体特征;而有些物体的特征表现在一些小的细节上,这些小细节是该物区别于他物的重要标志。具有特征性的细节,需要夸张和强调,以体现物象的个性(如图 4-8 所示)。

图 4-8 提取物象特征式简笔画练习示例

3. 区别相似类型物象的特征

同类或类似物体的形象差异,一般主要体现在局部的细节上。如:驴与马、羊与鹿、猪与象、鹅与鸭等类似动物,整体结构无大差异,主要区别在于耳、颈、头、尾等细节的大小、粗细与长短的不同,绘画时要注意发现并强化差异,以突出各自的个性特点(如图 4-9 所示)。

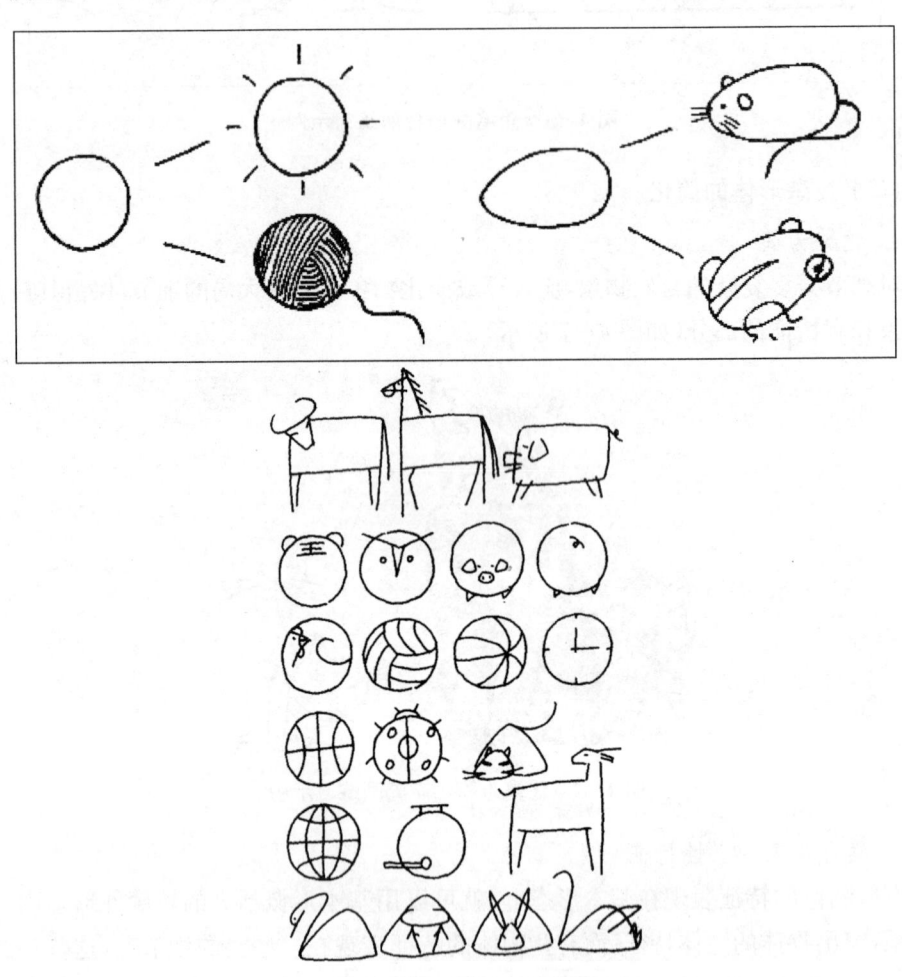

图 4-9 区别类似物象特征简笔画练习示例

4. 运用几何图形比喻法简化物象

借用几何图形来比喻外形相对复杂的物体,启发人们进行形象思维和联想,这是简笔画的特点之一(如图4-10所示)。

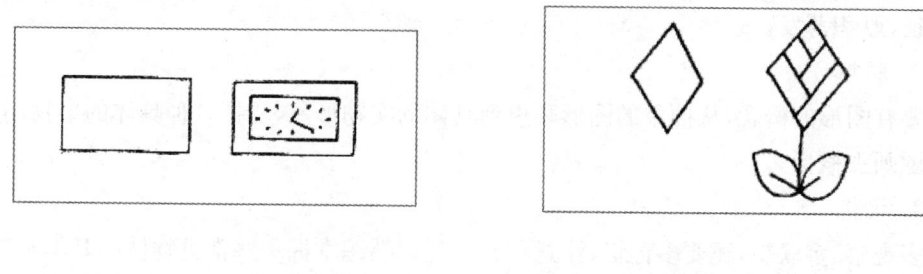

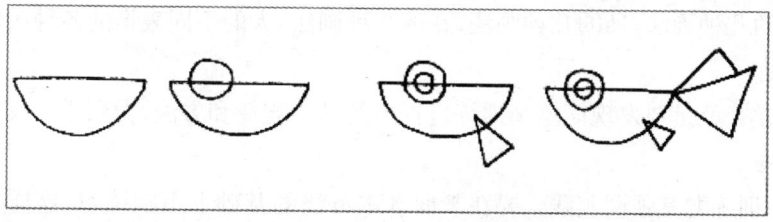

图4-10 运用几何图形比喻法简笔画练习示例

5. 运用骨线,把握动态特点

人和动物经常处在活动中,各种动态,瞬息变异。简笔动态写生,虽可通过敏锐的观察,直接捕捉各种动态,但在很大程度上则是在分析、理解运动规律的基础上,把握关节点和运动线,运用记忆进行默写(如图4-11所示)。

图4-11 运用骨线法简笔画练习示例

(三) 简笔画训练的基本要领

1. 观察

生活是艺术的源泉，要注意在日常生活中多观察、比较、积累、收集各种物体的形态和特征，厚积薄发。

2. 联想

要有图形的概念，从抽象的图形联想到具体的实物形象，要把各种具体的事物用抽象的图画去概括。

3. 记忆

多观察、多联想，还要多记忆，注意积累。建议熟练掌握一些常见物体的基本画法，如：熟记树的几种画法，鸟的几种画法，花的几种画法，人的不同表情的各种画法等。

4. 归纳

学会归纳，就是要发现简笔画训练过程中的基本规律和方法，做到举一反三。

5. 实践

简笔画训练尤其强调实践。要在掌握基本方法的基础上不断练习，这样才能由熟而生巧，从而灵活自如地运用简笔画为课堂教学服务。

简笔画技能实训

1. 以圆形或椭圆形为外形轮廓，进行简笔画添画创作。

示例：

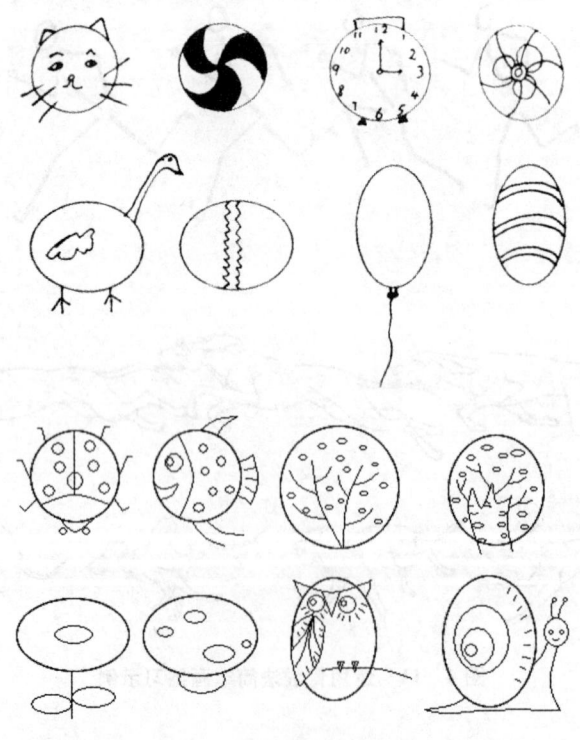

2. 仔细观察不同树种的特点,绘制几幅不同种类树的简笔画。
示例:

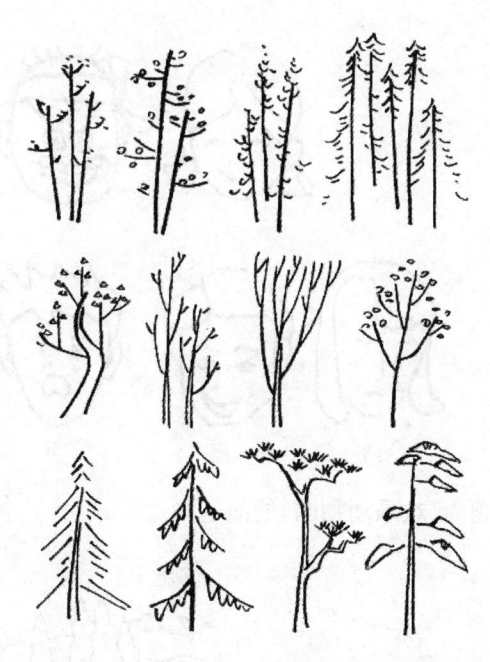

3. 通过服装、习惯动作或道具等来展现不同人物的不同职业,进行简笔画创作。
示例:

4. 人经常表现出喜、怒、哀、乐、惊五种表情,请用简笔画分别加以呈现。

示例:

5. 请绘制一幅主题为《欢乐动物园》的简笔画。

示例:

6. 请分别用简笔画表现下列寓言故事：龟兔赛跑、乌鸦喝水、刻舟求剑、揠苗助长。

示例：

第三节　讲故事基本技能训练

故事，是通过生动、曲折而完整的情节，通俗而形象的语言，来反映社会生活的一种口头文学。讲故事，是用通俗易懂的口语将故事材料描述给别人听，它是口语的独白形式之一，是语言训练的一种载体，也是教师需要具备的一种口语能力。

一、讲故事的特征

（一）娱乐性与教育性的统一

讲故事既有娱乐性，又有教育性。讲故事的人通过绘声绘色的讲述，告诉听众什么是真善美，什么是假恶丑。听故事的人在生动有趣的故事中受到教益，获得知识。

(二)"话"、"表"兼用,声情并茂

"话"是有声语言的表达,"表"是态势语表情。"话"与"表"协调配合,讲述则声情并茂,生动活泼,趣味性强。听众的听觉与视觉同时被吸引,从而受到感染。

(三)叙述和描述为主,间以议论和解说

讲故事要把事情的经过或人物的经历完整地讲述出来,主要运用叙述和描述的表达方式。叙述时把环境、情节、人物关系交代清楚;描述时正确表达感情倾向。有时,为了揭示故事的意义和表达讲述者的思想观点,提高听众分辨善恶、是非的能力,讲故事时也可间以议论和解说。

二、讲故事准备过程中的技巧

即便是口语基本功好的人,如果在正式讲故事之前没有做好充分准备,也是不可能有好效果的。我们常常看到有的人讲的故事生硬,不合听众的口味;在讲故事中出现结巴,前言不搭后语,或者只顾说情节而表情呆滞,缺乏必要的手势动作,模仿不自然,甚至中途停顿讲不下去等情况,这些都是讲前准备不充分的结果。

那么,如何做好讲故事前的准备工作呢?

(一)选好故事

要讲好故事,首先要选好故事材料。故事的选择一般需要考虑这样几个因素:在什么语境讲,跟谁讲,为什么讲,可以用多少时间讲,等等。这些要素会帮助我们确定故事选择的方向或者创作的路径。具体来说,选材时要注意以下三点:

1. 为什么讲——讲故事的目的

讲故事必须配合教育目的。如进行思想品德教育,就选英雄模范故事;宣传好人好事,就选日常生活中的故事;要传授科学知识,就选科学故事;要活跃气氛、逗引听众开心,就选择娱乐性强的故事。

2. 什么语境讲——讲故事的场合

如果是在课前调动课堂气氛,只宜讲"微型故事";课上组织班团活动,就可根据活动的主题讲述情节曲折、一波三折的"长篇故事"。

3. 跟谁讲——讲故事的听众

选材要根据听众的接受能力和不同口味。跟小学低年级学生讲,要选情节简单、人物单一的短故事,如《小猫钓鱼》《狐狸和乌鸦》之类;给小学高年级学生讲,则要选择情节比较复杂、人物较多、篇幅较长或具有一定启迪意义的故事,如《神笔马良》《孙悟空三借芭蕉扇》等。

(二)适当改编

故事材料选好后,就要熟悉故事中的人物、情节。要弄清贯穿情节的线索,分析事件的来龙去脉,把握事情发生发展的高潮和结局,还要弄清人物的主次和他们的性格特点,以及相互之间的关系,领会故事的主题思想。在这个基础上,再根据讲述

目的、听众特点及故事本身的不足,对故事进行加工改造。改编故事包括删、增、改三种常见形式。

1. 删

故事中有些细节或过程与主要情节无关,则应删去,把讲的重点放在故事的主干上,使故事紧凑些,尤其是长故事更要如此。有些不利听众的内容也要删去,以免产生不好的影响。

2. 增

故事中有的地方可以增加一些情节或细节,使故事具体生动,跌宕多姿,尤其是对于短故事。如《猪八戒换脑袋》原文中有一段:"孙悟空急忙扶住他说:'唉,你一早上哪儿去了?'猪八戒皱着眉头说:'都怪我嘴馋贪吃,吃坏了肚子,拉屎去了……哎哟,哎哟……喔哟哟……'沙和尚慌忙对孙悟空说:'师兄,快把八戒送医院。'"为了突出猪八戒使用计谋的憨憨模样,可在"沙和尚慌忙对孙悟空说"的前面增加这样的情节:"猪八戒索性在地上打起滚来,装得可像哩!"

3. 改

在大的篇章结构上增删之后,还要有个别段落或词句上的改动。如:把平板的叙述改为生动的对话,突出情节和人物性格;把不出声的地方改用象声词,做到朗朗有声、活灵活现;改长句为短句,改书面语为口语,做到明白如话,通俗易懂。如《小猪变干净了》原文是这样的:"小猪走着走着,看见前面有一只长耳朵、短尾巴、红眼睛的小白兔,就高兴地喊道……"对此可以这样修改:"小猪走着走着,忽然看见前面有一只小白兔,长长的耳朵,短短的尾巴,红红的眼睛,可漂亮啦,他就高兴地喊起来……"像这样就比较通俗好懂,而且也显得生动活泼。

(三) 熟记试讲

熟记试讲是很有必要而且很重要的一环。一方面,它便于我们记住整个故事的细枝末节;另一方面,它便于我们发现一些初讲时难以避免的问题,做到防患于未然。

熟记故事,一是要熟悉故事中人物的性格。在这一过程中,要清楚故事中出现了哪几个人物,性格特征如何,人物之间的关系是怎样的,人物出场时怎样、结局如何。二是记清故事情节,把握故事发生的时间、地点、原因、经过及结果。例如《猪八戒换脑袋》这个故事,时间:有一天半夜;地点:人间医院;原因:猪八戒脑子笨,又听说人的本领大到可以给人换心、换肺、换脑袋;经过:想换个脑袋—看病—白胡子医生出主意—八戒装病—悟空上当来医院—医生手术—互不相认—手术挽回—八戒不高兴—装电子计算机;结局:八戒变成新八戒。像这样层层记忆便很好记了。《猪八戒换脑袋》故事原文见本章二维码。

试讲时,要反复体会故事中人物的思想感情,使自己真正进入角色,这样讲起来才会既显得从容不迫,又能以情感人。正如话剧演员上台表演之前需要排练动作一样,讲故事中的表情、动作等也需要先排练一下,临场发挥才能更自然贴切。

三、开讲与收尾技巧

(一) 开讲

假如我们能为故事设计一个好的开头,便能一下子吸引住听众,引起大家听的兴趣和欲望。相反,如果故事的开头平淡无奇,就会令听众感到索然寡味。因此,给要讲的故事设计一个好的开头,应该说是讲好故事的重要技巧之一。当然,设计开头应根据所讲故事的内容。常见的故事开头方式主要有:

1. 提问式

先提一个使听众感兴趣的问题,引起听众的思考。提问时,语调要上扬,停顿时间可稍长一点。

【示例】小朋友,你们都知道孙悟空吗?孙悟空手里使的兵器叫金箍棒。可你们知道他的金箍棒是从哪里来的吗?现在我就来给你们讲个《孙悟空大闹水晶宫》的故事。

2. 议论式

针对教育目的,简单地阐述一个道理。这样既能引起听众兴趣,又便于更好地发挥讲故事的教育作用。

【示例】社会上有不少人认为金钱万能,甚至有的家长为了赚钱而让小学尚未毕业的孩子去做生意。其实,在世间最有价值的要数知识和智慧,一个人有了这两样东西,不愁赚不到钱;相反,金钱却无法买来知识和智慧。不信,请听我讲一个《金钱和智慧》的故事。

3. 介绍式

这种方法适合于那种节选的故事,或是根据某一个故事续编的故事,即先把故事的起因介绍一下,然后把前后连贯起来,使听众有一个完整的印象。

【示例】同学们都听说过《西游记》,它讲的是唐僧师徒四人历经九九八十一难去西天取经的故事。话说取经途中,有一天,天热极了,师徒四人又累又渴。好不容易到了座破庙,孙悟空想去找些瓜果,猪八戒也闹着要去。接下来会发生什么事情呢?今天,我就给大家讲一讲《猪八戒吃西瓜》的故事。

(二) 收尾

每个故事都有个结尾。讲故事的人有时可以使用原故事的结尾,有时则必须根据故事的内容和听众的情况对原结尾进行加工处理,以便取得更好的效果。

故事收尾的方法,可视故事长短而定,长故事一次讲不完,可用突然刹车的方式在关键的地方停下来,给听众留下悬念,常用的口头禅是"要知后事如何,且听下回分解"。

短故事的收尾,主要有以下几种方式:

（1）高潮处收尾，言已尽而意无穷，给听众留下种种猜测。比如《猴子吃西瓜》故事的结尾，是一只猴子人云亦云且不懂装懂的一句话："西瓜嘛，就这味儿！"让人感到这群猴子愚蠢到了极点，既好笑又耐人寻味。

（2）提问式收尾，启发听众思考故事中的思想意义。比如《白头翁的故事》的结尾："小朋友，你们知道那只鸟的教训到底是什么呢？"从而引发听众的思考，加深听众对这则故事的理解。

（3）总结性收尾，直接告诉听众故事的教育作用。比如在讲完《伊索寓言》中的《农夫和蛇》的故事后可以这样收尾："这个故事告诉我们，做人一定要分清善恶，只能把援助之手伸向善良的人。对那些恶人即使仁至义尽，他们的本性也是不会改变的。"

四、"话"与"表"的技巧

"话"与"表"是讲故事的主要手段。"话"是指讲故事者直接叙述，说明故事的情节和内容。故事讲得是否通俗好懂，是否生动而又亲切，与叙述即"话"有着很大关系。"表"是指讲故事的人对故事中人物的语言、手势、眼神及思想感情的表达，简言之，就是"表演"。

（一）"话"的技巧

1. 口语化

讲故事就是通过口头语言将故事讲述出来，它作用于听众的听觉，是一种声音的艺术，因此要尽量做到口语化，用词造句尽量简单。任何时候讲故事，绝不要背稿子，背稿子才会忘词，难免会有做作感。

一般而言，讲故事有一个书面语到口语的转换过程。具体表现为词汇口语化，长句变短句，整句变散句，多使用"了"、"啊"等语气词，少用关联词，等等。例如，孙敬修爷爷在讲故事时会把"因为天下雨，所以带把雨伞"改为"啊，天哗哗地下雨了，怎么办呢？带把伞吧！"从而使语意的表达特别口语化。

2. 语气、语调富于变化

为了把故事情节讲得生动有趣，还要注意语气、语调的变化，具体表现为：叙述时要根据句意及上下文联系处理好语气的轻重、缓急、升降。一般来说，需要强调的读重一些；语气连贯的即使中间有标点符号也可不停或少停；表现紧张惊险的场面、兴奋热烈的情绪，速度可以快一点；表现悲哀、疑问、思考，则可慢一些；表现转折、惊疑的语气或反问句，句调要高一点；紧接着高调后面，往往都要把句调降低一些。

（二）"表"的技巧

1. 设计"音腔"，形象展现人物语言的个性化

但凡优秀的故事，人物的性格总是很鲜明的。鲜明的性格往往通过人物的语言、表情及动作表现出来。讲故事的人要力图根据人物的年龄、性别、性格、职业等要素，为人物设计一种最适合他（她、它）的固有的发音腔调，使听众能够借助这种特有的"音腔"，将该人物与故事中的其他人物区别开来，只有这样，听众才会感到故事中的人物栩栩如生,活灵活现。一般而言,可用声音的粗细,区分大人和小孩、男人和女人;用声音的强弱,区分健康人和病弱人;用不同的语调,区分正面和反面人物;用不同的口气,表达人物的不同情绪。比如,孙悟空语调爽快干脆,声音尖,节奏快;猪八戒说话节奏慢,声音厚。《小马过河》中,小松鼠性急热情,老牛温和老成,小马天真幼稚,老马耐心严格。讲述时,对他们的声音设计应该是小松鼠说话快而尖细,老牛慢而浑厚,小马声音稚嫩,老马慈爱沉稳。

再如《猴子吃西瓜》中,猴王、小毛猴、短尾巴猴、老猴,甚至最后讲到的那只"旁边的"猴,个性都是各不相同的:猴王外表威严,内里空虚;小毛猴大胆机灵;短尾巴猴淳朴天真;老猴倚老卖老;"旁边的"猴傻乎乎的却还要不懂装懂。根据这些性格特征,我们可对各个人物说话的声音做如下处理:

猴王:声音中、平、偏慢,着重表现其含而不露、故作威严的性格;小毛猴:声音尖、细、较快,着重表现其初生牛犊不怕虎的特征;短尾巴猴:声音高、平、稍尖,着重表现其办事认真、爱推理的性格;老猴子:声音低沉、缓慢、沉稳,着重表现其倚老卖老、不懂装懂的特征;"旁边的"猴:声音粗重,着重表现其满不在乎、大大咧咧的性格。

【附】

猴子吃西瓜

猴王找到了一个大西瓜,可是,怎么吃呢? 这个猴王可从来没有吃过西瓜。忽然,他想出了一条妙计,于是,就把所有的猴子都召集来了。

他清清嗓子说:"今天,我找到了一个大西瓜。至于这西瓜的吃法嘛,我当然……我当然是知道的。不过,我要考验一下你们的智慧。看看谁能说出这个西瓜的吃法,如果说对了,我可以多赏他一块。如果说错了,我可是要惩罚他的。"

大伙你看看我,我看看你,可是谁也没吃过西瓜。

小毛猴眨巴眨巴眼睛,挠了挠腮说:"我知道,我知道,吃西瓜吃瓤!"

"不对,小毛猴说的不对!"短尾巴猴跳起来说:"我小的时候跟我妈去姥姥家,吃过甜瓜,吃甜瓜吃皮,我想,这甜瓜是瓜,西瓜也是瓜,吃西瓜嘛,当然也是吃皮喽!"

这时候,大伙争执起来了,有的说:"吃西瓜吃皮。"有的说:"吃西瓜吃瓤。"可争执了半天,也没争出个结果,于是都不由地把目光集中到老猴子身上……

这老猴子认为出头露面的机会来了,他将了将胡子,打扫了一下嗓子说:"这吃西瓜嘛,当然……当然是吃皮喽。我从小就爱吃西瓜,而且……而且一直都是吃皮的。我想,我之所以老而不死,就是吃了这西瓜皮的缘故……"

大伙都欢呼起来:"对! 吃西瓜吃皮!""吃西瓜吃皮!"……

猴王认为找到了正确答案,他站起身,上前一步,说道:"对! 大家伙说的对,吃西瓜是吃皮! 哼,就小毛猴崽子一个人说吃西瓜吃瓤,那就让他一个人吃吧！咱们大伙,都吃西瓜皮！"

西瓜一刀两半,小毛猴吃瓤,大伙,是共分西瓜皮……

有个猴子吃了两口,就捅了捅旁边的说:"哎,我说这可不是滋味呀！"

"咳,老弟,我常吃西瓜,西瓜嘛,就这味儿……"

2. 学用口技,真实模拟动物叫声或自然声响

对自然声响的模拟,虽不必像真正的口技那样惟妙惟肖,但还是可以将环境特点鲜明地表现出来,如风雨声、流水声、脚步声、撞击声、敲门声、射击声、风吹树叶的沙沙声,等等。对自然环境进行适当模拟,有助于渲染气氛、烘托环境。

各种动物的叫声也经常出现在故事中,因此,讲故事还要善于模拟动物所发出的声音,这就需要注意观察体会,细心琢磨。例如,羊的叫声尖细而有些发颤;公鸡打鸣高亢嘹亮且往往由小到大;母鸡的一声"咕嗒","咕"音是反复出现的,"嗒"音拖泥带水得较长,有点像"咕咕咕嗒——";狗叫声精而且锐,有股狠劲;牛叫声低沉浑厚而且悠长。诸如此类,只要我们细心体会,认真练习,模拟到七八分像还是不成问题的(动物叫声音效下载见本章二维码)。这样的"表",就可增加讲故事的真实性和感染力。

3. 借助态势语,生动表现人物的形象与性格

要把故事讲好,特别是要表现出人物性格,常常还要借助一些态势语。用态势语来"表",主要是用动作和眼神来表示符合故事内容要求的各种姿势,这样,既可以吸引听众的视觉,又可以帮助听众形象地理解故事的内容。使用态势语要注意手、眼跟讲话配合,讲到哪儿,指到哪儿,眼神跟到哪儿,还要注意得体,切忌故作姿态。

讲故事中运用态势语,大体表现为以下几个方面:运用面部表情来模拟人物的表情;运用手及身体其他部位的动作来模拟人物的动作或其他事物的形态。例如《猴子吃西瓜》,讲到猴王对猴群说话时,可把双手背到后面,头稍昂,眼睛俯视中带点斜视;讲到小毛猴"眨巴眨巴眼睛,挠了挠腮"时,可以配合着做出眨眼、挠腮的动作;讲到老猴时,可用手在胸前做出捋胡子的样子。这样,听众便不仅从声音中听到,而且仿佛从动作中看到猴王、小毛猴、老猴的形象了。再如《白头翁的故事》,讲到"它看见喜鹊在大树上搭窝"时,便可用眼朝右上方望一望;讲到"它听见黄莺在唱歌,唱得很好听"时,便做出侧耳倾听的样子。这样就把白头翁那种看到什么就对什么发生兴趣、不专心学习的性格生动地表现出来了。

【附】

白头翁的故事

从前有一只美丽的小鸟,想学点本领。

一天,它看见喜鹊在大树上搭窝,觉得很有意思,决定跟喜鹊学搭窝。开始它学得很认真,可是没过多久就厌倦了。它说:"天天衔树枝,太累了！"它不再学搭窝了。

一天,它听见黄莺在唱歌,唱得很好听,决定跟黄莺学唱歌。开头它学得

挺认真,可是没过多久又厌倦了。它说:"学唱歌要天天练嗓子,我可受不了!"它不再学唱歌了。

以后它又跟大雁学飞行,跟老鹰学打猎,也都是有始无终,没有一件事情能够坚持下去。日子一天一天地过去,直到头发全白了,它还是什么本领也没学到。

从此,它把一头白发传给子孙,让它们世世代代记住这个教训。后来,人们就叫它们"白头翁"。

讲故事实训

1. 尝试着讲《两只笨狗熊》的故事。要求:① 先"读"故事,再脱稿讲述;② 区分不同人物的音腔;③ 配合恰当的动作;④ 表情丰富,语言流畅生动。扫描本章二维码,听"两只笨狗熊"及更多故事。

两只笨狗熊

狗熊妈妈有两个孩子,一个叫大黑,一个叫小黑,他们长得挺胖,可是都很笨,是两只笨狗熊。

有一天,天气真好,哥儿俩手拉手一起出去玩儿。他们走着,走着,忽然看见路边有一块干面包,捡起来闻闻,嘿,喷喷香。可是只有一块干面包,两只小狗熊怎么吃呢?大黑怕小黑多吃一点,小黑也怕大黑多吃一点,这可不好办呀!

小黑说:"咱们分了吃,可要分得公平,我的不能比你的小。"

大黑说:"对,要分得公平,你的不能比我的大。"

哥儿俩正闹着呢,狐狸大婶来了,她看见干面包,眼珠骨碌碌一转,说:"噢,你们是怕分得不公平吧,让大婶来帮你们分。"

哥儿俩说:"好,好,咱们让狐狸大婶来分吧。"

狐狸大婶接过干面包,恨不得一口吞下去,可是她没有这样做,而是一下子把干面包分成两片,哥儿俩一看,连忙叫起来:"不行!不行!一块儿大,一块儿小。"

狐狸大婶说:"你们别着急,瞧,这一块儿大一点吧,我咬它一口。"狐狸大婶张开大嘴巴啊呜咬了一口,哥儿俩一看,又叫起来了:"不行,不行,这块儿大的被你咬了一口,又变成小的了。"

狐狸大婶说:"你们急什么呀,那块儿大了,我再咬它一口嘛。"狐狸大婶张开大嘴巴又啊呜咬了一口,哥儿俩一看,急得叫起来:"那块儿大的被你咬了一口,又变成小的了。"

狐狸大婶就这样这块儿咬一口,那块儿咬一口,干面包就只剩下小手指头那么一点儿了。她把一丁点大的干面包分给大黑和小黑,说:"现在两块干面包都一样大小了,吃吧,吃吧,吃得饱饱的。"

大黑和小黑你看看我,我看看你,一句话也说不出来。

小朋友说说看,他们是不是两只笨狗熊?

2.《狐狸和乌鸦》是古希腊《伊索寓言》中的一篇寓言故事,原文如下:

狐狸和乌鸦

一天,乌鸦得到了一块肉,被狐狸看到了。狐狸很想从乌鸦嘴里得到那块肉。由于乌鸦在树枝上嘴里叼着肉,狐狸没有办法在树下得到,它眼珠一转:"亲爱的乌鸦,您好吗?"没有回答。"亲爱的乌鸦,您的孩子好吗?"乌鸦看了狐狸一眼,还是没有回答。狐狸摇摇尾巴:"您的羽毛真漂亮,比其他鸟都漂亮,嗓子真好,可以给我唱首歌吗?"乌鸦听了非常得意,就唱了起来。可是刚一张嘴,肉就掉了,狐狸叼着肉便一溜烟地跑了。

假定以低年级小学生作为听众,请将这则寓言小故事进行改写,并设计音腔,配合态势语,进行试讲。

思考问题

1. 作为一名小学教师,不但需要具备扎实的专业素养、过硬的教学能力,而且应当具有多方面的艺术修养。请结合自身的教育工作实践,谈谈小学教师在艺术鉴赏方面应当具备哪些基本素养。

2. 简笔画在小学教学中的作用何在?请结合自身条件,为自己制订一套简笔画技能提升的训练计划。

3. 讲故事是教师需要具备的一项口语能力。在正式讲故事之前,需要做好哪些准备工作呢?在讲故事的过程中,又有哪些需要特别掌握的技巧?

第五章
说课基本功训练

说课示例视频

本章重点

1. 了解说课的概念、特点、原则及类型,把握说课与备课、上课的不同。
2. 把握说课的主要内容,掌握说教材、说学情、说目标、说教法、说教学程序的基本方法与技巧。
3. 明确说课中应注意的一些问题。

第一节 说课的本质

一、说课的概念

(一) 说课的含义

所谓"说课",就是以教育科学理论和教材为依据,针对每一节课的具体特点,口头表达该课题的具体教学设想及其理论依据的一种教研活动。

"说课"不是讲课,它是教师针对某篇课文或一课时的教学内容,说明自己的教学思路和方法,以及对教学效果的设计。它是备课(写教案)和课堂施教的"潜台词"。观看说课示例视频请扫描本章二维码。

(二) 说课与备课的关系

说课与备课既有联系又有区别:备课是说课的基础,说课必须依赖备课,如果事先不备好课,说课就无从说起,因此,要说好课,就必须备好课。从备课到说课,是由静态到动态的飞跃。备课主要体现在书面材料上,而说课是动态过程,它通过语言展现教学过程、教学内容,用直观的方式展示教学方法和教学设计,这也是"说课"这一形式受到广大教师青睐的原因。由于"说课"是用语言展现整个教学过程,所以在说课的过程中,适当运用语言技巧,能有效地提高说课的效果。

(三)说课与上课的关系

1. 说课与上课之间的共性和联系

说课与上课有很多共同之处。说课是对课堂教学方案的探究说明,上课是对教学方案的课堂实施,两者都围绕着同一个教学课题,从中都可以展示教师的课堂教学艺术,都能反映教师语言、教态、板书等教学基本功。一般来说,从教师说课的表现可以预见教师上课的情形;从说课的成功,可以预见其上课的成功。说好课可为上好课服务。因为说课说出了教学方案设计及其理论依据,使上课更具有科学性、针对性,避免了盲目性、随意性。而上课实践经验的积累,又为提高说课水平奠定了基础。

2. 说课与上课的区别

(1) 性质不同。上课是一种课堂行为,属于课堂教学范畴;说课是一种课前行为,属于教学研究范畴。

(2) 内容不同。上课的主要内容在于教哪些知识、怎么教,重在讲述、解疑;说课则不仅要讲清上述内容,而且还要讲清为什么这样做,重在阐述、说明。

(3) 对象不同。上课的对象是学生;说课的对象是领导、同行或专家、评委。

(4) 方法不同。上课是教师与学生的双边活动,在教师的指导下,通过读、讲、议、练等形式完成;说课则是以教师自己的解说为主。

(5) 评价标准不同。上课的评价标准虽也看重教师的课堂教学方案的实施能力,但更看重课堂教学的效果,看重学生实际接受新知、发展智能的情况;说课重在评价教师掌握教材、设计教学方案、应用教学理论及展示教学基本功等方面。

二、说课的特点

说课具有两个突出的特点:

一是隐性认识显性化,即将教学中的思考、设想、假设、理念等外显出来,使听者了解教学者的设计意图等。二是显性行为隐性化,即将教学中一系列行为加以解释与说明,给出理由,说清思路。

具体说来,说课的特点还表现在以下四个方面:

1. 说理性

备课,可以从教案看出"怎样教";上课,可以从课堂教学看出"怎样教"。而说课不仅要说出"怎样教",还要说清"为什么这样教",要让听者不仅知其然,还要知其所以然。这是说课区别于备课、上课,形成说理性的主要原因。说课要求教师从教材、教法、学法、教学程序四个方面分别阐述,而且特别强调说出每一部分内容的"为什么",即运用教育学、教育心理学等理论知识去阐明道理。

2. 科学性

课堂教学要求教师以科学的理论为指导,用科学的方法解决教学的矛盾和问题。教师必须遵循教学原则去设计教学程序,以及教材的处理、挖掘及传达程度,具有科学性、逻辑性和思想性。

3. 高层次性

由于说课面对的是懂教材、熟业务并具有一定教研水平的领导和教师,所以说课者要学习先进的教改经验和教学方法,学习有关教育理论,充实说课的理论依据,特别是对教材的处理、教法的选择、板书的设计、语言的推敲,都要比以往备课更为精心,教学结构也要更趋合理。

4. 预见性

说课要求教师不仅讲出怎样教,还要说出学生怎样学。所以,说课者要对所教学生的知识技能、智力水平、学习态度、思想状况、心理特点、非智力因素等方面的差异进行分析,估计学生对新知识的学习可能会存在的困难,分析根据不同情况可以采取的相应措施和解决办法。说课者还要说出自己设计提问的关键问题,估计学生如何回答,以及应该怎样处理。

三、说课的原则

说课和其他形式教研活动的开展一样,也应该在一定的原则指导下进行。

(一) 科学性原则

科学性原则是教学应遵循的基本原则,也是说课应遵循的基本原则,它是保证说课质量的前提和基础。科学性原则对说课的基本要求主要体现在:第一,教材分析正确、透彻;第二,学情分析客观、准确,符合实际;第三,教学目标的确定符号大纲要求、教材内容和学生实际;第四,教法设计紧扣教学目标,符合课型特点、学科特点和学生实际,可行性强。

(二) 理论性原则

说课的核心在于说理,在于说清"为什么这样教"。缺乏理论指导的教学实践,只知道做什么,不了解为什么这样做,永远是经验型的教学,只能是高耗低能的。因此,说课者必须认真学习教育教学理论,主动接受教育教学改革的新信息、新成果,并将其应用到课堂教学之中。

(三) 理论联系实际原则

说课是为课堂教学实践服务的,说课中的一招一式、每一环节都应具有可操作性。如果说课仅仅是为说而说,不能在实际的教学中落实,那就是纸上谈兵、夸夸其谈的"花架子",使说课流于形式。

在说课中,既要避免空谈理论,脱离实际,或者故弄玄虚,故作艰深,生搬硬套一些教育教学理论的专业术语;又要避免只谈做法不谈依据;还要避免为增加理论色彩而张冠李戴,理论与实际不一致、不吻合。应当明确,实践是在理论指导下的实践,而理论则是可以付诸实践的理论。要做到理论切合实际,理论与实践高度统一。

(四) 实效性原则

任何活动的开展,都有鲜明的目的性。说课活动也不例外。说课的目的就是要通过"说课"这一简易、速成的形式或手段在短时间内集思广益,检验和提高教师的教学能力、教研能力,从而优化课堂教学过程,提高课堂教学效率。因此,"实效性"就成了说课活动的核心。为保证每一次说课活动都能达到预期目的、收到可观实效,应做到目的明确、针对性强、准备充分、评说准确。

(五)创新性原则

说课是深层次的教研活动,是教师将教学构想转化为教学活动之前的一种课前预演,其本身也是集体备课。尤其是研究型说课,其实质就是集体备课。在说课活动中,说课人一方面要立足自己的教学特长、教学风格;另一方面,更要借助同行、专家参与评说、众人共同研究的良好机会,树立创新的意识和勇气,大胆假设,小心求证,探索出新的教学思路和方法,从而不断提高自己的业务水平,进而不断提高教学质量。只有在说课中不断发现新问题、解决新问题,才能使说课活动永远"新鲜",充满生机和活力。

四、说课的类型

说课的类型很多,根据不同的标准,有不同的分法。

按学科分,有语文说课、数学说课、音体美说课等;按用途分,有示范说课、教研课、考核说课、应聘说课等。

从整体来分,说课可以分成:

(1)实践型说课。往往是针对某一具体课题的说课。

(2)理论型说课。往往是针对某一理论观点的说课。

(3)研究型说课。这种类型的说课,一般以教研组或年级组为单位,常常以集体备课的形式,先由教师事先准备并写好讲稿,说课后大家评议修改,变个人智慧为集体智慧。这是大范围提高教师业务素质和研究能力的有效途径。

(4)示范型说课。一般选择素质好的优秀教师,先向听课教师示范性说课,然后让说课教师将课的内容付诸课堂教学,最后组织教师或教研人员对该教师的说课及课堂教学做出客观公正的评析。听课教师从听说课、看上课、听评析中增长见识、开阔眼界。示范型说课是培养教学能手的重要途径。

(5)评比型说课。要求参赛教师按指定的教材,在规定时间内独立写出说课稿,然后登台演讲,最后由听课评委评出比赛名次。评比型说课有时除了说课外,还要求说课内容付之课堂实践,将说课的理论和经验结合起来,以便把说课活动推向更高的层次。

(6)检查型说课。即领导为检查教师的备课情况而让教师说课。此类说课比较灵活,可随时进行。

第二节 说课的主要内容

说课的内容一般可以从以下几个方面展开。

一、说教材

狭义的教材,即教科书,是一门课程的核心教学材料,是教和学最重要的资源。一方面,对教材的理解和运用是衡量一位教师学科知识与教学能力的重要依据;另一方面,全面深入地分析和把握教材也是教学设计的基础。在说课过程中,说课者必须向听众说明"教什么",以及"教什么的原因",这就是"说教材"的实质。

说课中的"说教材",并非泛泛来谈整套或某册教材的编写意图、知识结构、优缺点等,而是说课者在认真研读课标和教材的基础上,系统地阐述选定课题的教学内容、它在教学单元乃至整个教材中的地位和作用,以及与其他单元或课题乃至其他学科的联系等,即在高度把握教材的基础上,再结合学段目标、单元训练重点、教材的前后联系、篇章结构特点等进行适度解说。因此,"说教材"应主要围绕以下两个方面展开:

(一)说明教材版本及章节

我国新一轮基础教育课程改革于1999年正式启动。在此之前,我国一直采用国家统一的课程设置,全国中小学基本上沿用一个教学计划、一套教学大纲和一套教材,缺乏灵活性和多样性。实行"课程改革"后,国家放开了教材的编写权,各地可以选用不同的教材教学。因此,为了方便听众对说课内容有整体性的了解,同时能够对本次说课做出公正、客观的评价,说课者首先需要说明的就是所教内容的教材版本,以及本节课具体所在的章节(单元)。

(二)分析教学内容

教材体现了国家的教育目的、学科的理论与实践成果、学科的教育教学规律、编者的理念和思想方法,这就使教材在内容选择、思路设计、呈现方式上具有鲜明的时代特征和编者的思想印记。

既然每本教材都有其编写的思想和体系、方法与技巧,那么教材中的任何内容都是该单元、该教材、该学段的一个有机组成部分,它必然与其前后内容有着学理上、结构上、认知上的内在逻辑联系。因此,分析该内容在该单元、该教材或学段教材体系中的位置与作用,也就成为"说教材"的题中应有之义。

当然,对教材的分析,重点应是全面深入地分析该课教学内容所涉及的学科知识及知识结构、学科思想与方法、内容的呈现方式和特点、情感价值等。一般来说,对教学内

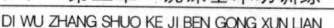

容展开分析后,最好能说明教材处理的设想,以及修改、增减的理由和依据。此外,对教学内容的分析与表述,还应根据学科特征、教材内容特点等有所侧重。所以,对教材内容的分析是通向深刻理解、准确把握、灵活处理教材的必由之路,也是说课时之所以需要首先分析教学内容的原因。

【示例1】《为中华之崛起而读书》是人教版课标实验教材四年级上册第七组的首篇课文。本组课文以"成长"为主题,训练的重点是"引导学生认真阅读,体会课文所表达的思想感情"。本单元的四篇课文从不同的角度讲述了一些人的成长故事,学生在阅读时定会受到感染与启发。此外,通过学习本单元课文,还可以使学生在体验别人成长的历程中,同时思考自己成长中的问题,学习他人是如何立志、如何自立、如何与别人相处的。

《为中华之崛起而读书》这篇课文写的是周恩来少年时代的一件事,他耳闻目睹了中国人在外国租界里受洋人欺凌却无处说理的事情,从中深刻体会到伯父所说"中华不振"的含义,从而立志要为振兴中华而读书,表现了少年周恩来的博大胸襟和远大志向。全文结构严谨,层次清晰。从周恩来耳闻伯父所说的"中华不振",到目睹"中华不振",进而思考怎样才能使中华振兴起来,并在修身课上,为中华之崛起而立下远大的志向。课文过渡自然,三段层次推进。学习这篇课文,一方面要使学生了解少年周恩来立志为振兴中华而读书的志向,引发学生思考自己读书的目的,激励学生将自己的学习生活与国家繁荣和民族振兴大业联系在一起;另一方面,要引导学生继续学习在阅读中体会人物思想感情的方法。

【示例2】《为中华之崛起而读书》是人教版课标实验教材四年级上册第七组中的一篇课文。该教材是以《中共中央国务院关于深化教育改革,全面推进素质教育的决定》的精神为指导,以《全日制义务教育语文课程标准(实验稿)》为依据编写的,供四年级第一学期使用。本册教材在跟前六册教材一脉相承的基础上,体现出以下特点:第一,加强目标意识,全面、准确地落实语文教学目标;第二,继续按专题分组编写,确定专题的思路比前几册有所拓宽,八个专题依次是:自然奇观、观察与发现、中外童话、作家笔下的动物、我国的世界遗产、人间真情、成长的故事、科技成就。第三,教材在编写时,既考虑有利于教师的教,又考虑有利于学生的学,加强导学功能,引导学生自主、合作、探究地学习;第四,加强开放性,密切语文学习与生活实际的联系。因此,将本堂课的教学目标设定为……

以上两个例子,是针对《为中华之崛起而读书》一课于说课过程中对教材的分析。请比较两段内容的优劣,并指出优、缺点所在。

在"说教材"部分,说课者不必简单重复教参中的内容,而是要讲出自己独特的理解,并简要说明是如何处理教材的,从而体现出理解教材的准确性、独创性和实际处理教材的技能。当然,应保证自己对教材的处理和创新是恰当的。相关视频请扫描本章二维码。

二、说学情

同样的教学内容,但如果授课对象不同,那么教学目标、教学方法、学习方法、教学程序、评价方法等也都会出现一定的差异。因此,对教学内容展开分析后,就必须对学情展开分析,以便更科学地制定教学目标,确立教学方法和学习方法,设计更恰切的教学程序。

教学的对象是学生,教学设计过程中关注学情是理所当然的事情。教师在说课时,要将自己对学情的分析作为重要内容,这一方面反映了教师教学设计的基本出发点,另一方面,也体现出教师切实将以学生发展为本的教学理念落到了实处。

学情,就是包括学生年龄特征、认知规律、学习方法及已有知识和经验等在内的总和。它涉及的内容非常宽泛,学生各方面的情况都有可能纳入进来:学生现有的知识结构、兴趣点、思维状况、认知状态和发展规律,学生个性、目前发展状态和发展前景,学生的学习动机、学习兴趣、学习内容、学习方式、学习时间、学习效率,学生的生活环境、学习环境,等等,都是把握学情的切入点。对于上述内容,说课时不必面面俱到,而是要选择那些确实跟本节课教学设计有着密切关联,同时也是自己在教学设计时确实加以考虑的内容,作为分析、阐述的对象。

说学情,不仅要从宏观层面分析学生的年龄特征和认知规律,还要从微观层面具体阐述学生已有的相关知识和经验。而对于学生已有的相关知识和经验,又可从两个方面加以分析:一是学生已经具备的跟本课内容相关的知识和经验,这是学习新知识和新技能的基础,解决"如何学"的问题;二是学生已经学过的相关的课程内容,教师如何利用这些知识和经验,实现学生"旧知"向"新知"的迁移,解决"如何教"的问题。

【示例1】《伯牙绝弦》是学生继《杨氏之子》之后,在小学阶段接触的第二篇文言文。

在搜集资料方面,由于文言文时空跨度太大,学生对故事的历史背景了解甚少,课前可组织学生搜集有关知音的材料,讲发生在伯牙与钟子期之间的故事,进而产生读古文、学古文的欲望。

在学习方法上,六年级学生已初步掌握了通过多读、凭借注释和古汉语词典读通、读懂文言文的基本学习方法。学习本课时,还要能够利用插图并联系上下文,理解每一句话的意思,这为学生提供了自主学习的空间。

在诵读方面,从读正确到读流利,再到读出文言文的音韵,学生随着层层深入的朗读,借助聆听《高山流水》曲子,享受到的是艺术境界。伯牙与子期是一对知音,学生会为这对知音的真诚而感动。但怎样善鼓,如何善听,学生还停留在浅层次上。因此,课堂上如何引领学生,帮助他们搭建自主学习的空间,这是本课教学不可回避的问题。故而在教学重难点的把握上,把通过文言文的语言文字的具体描写感受朋友之间相互理解、相互欣赏的真挚友情,从而理解"知音"的含义,作为教学的重点之一。其中,读出文言文的意蕴是难点,这与学生的理解程度、情感体验关系密切。课堂上,鼓励学生通过体验学习的方式,走近这对知音,体会人们对友情的珍视,感受音乐的无穷魅力。

【示例2】 我班学生总数48人,其中男女生各占一半,智力水平均正常。多数学生学习踏实、认真,善于发现问题,易动情,善于质疑,已掌握了感情朗读等学习方法,也具有积极、善于合作等情感状态,但也存在着质疑无深度和广度,自主性学习的能力较差,朗读缺少情感投入和读写能力较弱等问题。个别学生行为习惯方面有一定差距,有"多动"的倾向。总之,绝大多数学生对语文的兴趣比较浓厚,学习积极性较高,能在教师的启发引导下,完成本课的学习。

以上两个例子,是针对人教版课标实验教材六年级上册《伯牙绝弦》一课于说课过程中对学情的分析。请比较两段内容的优劣,并指出其优、缺点所在。

总之,学情分析就是教师从学生已有的知识结构中去寻找知识的生长点,弄清内在联系的过程。一般来说,说学情就是解决学生"应该是怎样"和"实际是怎样"之间的差距,满足学生求知、情感、表达、应用等方面的需要。

三、说目标

教学目标是指在课堂教学中,学生在教师指导下完成某项学习任务后应达到的质量标准,它在方向上对教学活动设计起指导作用,并为教学评价提供依据。

教学目标是教学的核心要素,制订教学目标的依据主要有三个方面:一是课程标准中的内容标准;二是教学内容及各知识点的作用与地位、能力与情感要求;三是学生的认知水平与思维特征。因此,对于教学目标的阐述固然也可以放在说课过程的第一大版块即"说教材"中,也就是在说明教材版本及章节、分析教学内容后,随即确立教学目标,指出教学重点难点,但是,一般说来,确立教学目标的基础是对课程标准的研读,以及对教学内容和学情深入细致的分析,因而放置于"说教材"和"说学情"这两大板块之后似乎更为恰当。

在设计教学目标时,应注意以下几个问题:

首先,要避免简单抄教参的做法。教参是针对所有用这本教材的学生的,而教师上课针对的是具体的一个班的学生。教师要结合前面对教材和学生的分析,确定教学的目标和重难点。

其次,要注意区分课文或单元目标与课时目标。语文教材中的每一篇课文,数学或英语教材中的每一个单元,都有其自身具体、完整的教学目标。但一篇课文或一个单元的教学任务一般要分成几课时才能完成,而说课往往是针对某一课时所做的教学设计,因此,不能将整篇课文或整个单元的教学目标直接移植成说课中设定的教学目标,而是要将课文或单元教学目标进行分解,具体落实到选定的那一堂课上,设计出本课时所要完成的教学目标。

再次,教学目标的陈述应该是策略性的、可观察和测量的。可测量性应是教学目标的重要特征之一。新课程标准的一个重要特点就是具有"可操作性和可理解性",其"内容标准"把学生当作行为主体,以行为目标的方式进行具体、精确的陈述,使标准具有较高的清晰度,保证了标准的可测性,使课程的评价有了直接的"标杆"。这就要求在设定教学目标时,必须用可以检测,或者能够评价的词语来界定目标属性,如"说出……的名称","用自己的话说明……","对……进行解释",或"陈述……之间的关系"等。根据这样的要求,教学目标的设定必须考虑"ABCD"四个方面的要素:A 为 Audience,在教学中,对象就是学生;B 为 Behavior,即学生的行为;C 为 Condition,即学生达到相应行为的条件;D 为 Degree,即达到相应行为的程度。也就是说,要描述学生在什么情况下能完成什么样的任务,完成的程度怎么样。当然,在具体描述中,通常 A 和 C 被省略而突出 B 和 D。

最后,"三维目标"是一个教学目标的三个方面,而不是三个独立的教学目标,它们是统一的不可分割的整体。教学目标是依据课程目标来设计的,课程目标应贯穿和体现于教学目标之中。因此,教学目标的内容和范围与课程目标应该是一致的,在教育教学过程中应该达到三个目标维度,即:知识与技能,过程与方法,情感态度与价值观。知识是指事实、概念、原理、规律等,技能是指动作技能及观察、阅读、计算、调查等技能;过程与方法是指认识的过程和方法,科学探究的过程和方法,认知过程中人际交往的过程和方法,特别强调在过程中获得和应用知识,学习和运用方法;情感态度与价值观,一般包括对己、对人、对自然及其相互关系的情感、态度、价值判断,以及做事应具有的科学态度、科学精神。需要强调的是,三维目标不是割裂的,说课时应说出三者的关系:通过一定的过程与方法来实现知识目标,在实现这些目标的过程中会产生一定的情感态度。

【示例1】 人教版小学语文六年级上册第 21 课《老人与海鸥》第二课时

教学目标:

1. 有感情地朗读课文,感受老人与海鸥之间深厚的情感。

2. 在感受人与动物真挚情感的同时,学习作者是如何把老人与海鸥之间的真情表达出来的。(第二点应为教学的重点和难点)

我之所以制定目标二,主要有三个方面的原因:

第一,体现《课程标准》的要求。

高年级段——阅读要求之一:初步领悟文章基本的表达方法

高年级段——习作要求之一:感情真实

第二,依据六年级的学情。

六年级学生在习作中,如何表达真情实感,这是习作的难点。为了突破这一难点,我认为应该把阅读教学和习作教学联系起来。在阅读教学中,积累写作方法。具体到这节课,应学习并积累:通过动静结合、细致入微的场面描写表达真实的情感的写作方法。

第三,根据教材的特点。

本单元的读写重点是学习如何写出人与动物的真实情感。

这篇课文是一篇感人肺腑的文章,就是通过若干个感人的场面描写传达出老人与海鸥之间的真实情感的。特别是文章的第二部分,作者描述了海鸥向老人告别的四个场景:

场景1——海鸥围着老人的遗像翻飞盘旋,连声鸣叫

场景2——海鸥轮流飞到老人遗像前的空中

场景3——海鸥纷纷落地,在老人遗像前站成两行,肃立不动

场景4——我们收遗像时,海鸥像炸了营似地扑过来

仔细研读这几个场面,想一想作者是怎样把这个场面写具体的呢?

首先,动静结合(有的场景,写海鸥为动,写遗像为静;有的场景,写了海鸥的静态与动态)。

其次,细致描写(细致描写出了海鸥的表现、老人的遗像)。

基于以上三方面因素,故将本课时的教学目标设定为以上两点。

【示例2】 人教版小学语文二年级上册《识字4》教学目标:

1. 知识与技能

(1) 认识9个生字,会写8个字。

(2) 能正确、流利地朗读"成语童谣",体会其中的韵律感。

2. 过程与方法

(1) 通过教学,使学生初步感知成语的特点,理解"成语童谣"中成语的意思,并产生收集成语的兴趣。

(2) 整合教材内容,借助课后拓展阅读中《骆驼和羊》的寓言故事、课文13《坐井观天》的成语故事,帮助学生理解本节内容中的每组成语,提高教学的实效性。

3. 情感态度与价值观

培养学生热爱祖国优秀文化的思想感情,产生了解成语故事,积累、收集成语的兴趣。

请比较以上两个"说目标"的例子,指出它们的优劣,并分析优、缺点所在。

四、说教法

教学方法是师生为了实现教学目标,完成共同的教学任务,在教学过程中运用的方式与手段的总称。"说教法",就是说课者根据教学要求和所教对象,说清如何运用相应的教学方法来完成教学任务,并运用何种教学手段,来强化教学目标的重点,化解难点,使学生掌握所教知识。

正所谓"教学有法,但无定法,贵在得法"。教学方法不是一成不变的,每一种教学方法都有它们的合理性和科学性。在同一课时中,教学方法可以多样变化,但教学方法的多样性,必须和教学效果相一致。

说教法时,一般会涉及三个方面:一是说明教学理念和教学策略及依据,二是说明教学方法及依据,三是说明教学方法的优化组合及依据。

(一) 说明教学理念和教学策略及依据

教学理念是教学设计的灵魂,统领教学策略和教学方法。每个学科的课程标准中都有对教学理念的阐述,说课时必须向听众讲明。教学策略是为实现某一教学目标而制定的、付诸教学过程实施的整体方案。制定教学策略时,学习者的初始状态是基础,教学目标是决定性因素,教师的自身素质是重要条件,教学环境和教学内容的特点是重要的影响因素,它们构成了教学策略采用的理论与现实依据,在说课过程中应以适当的方式予以反映。

(二) 说明教学方法及依据

教学方法是指为了完成一定的教学任务,师生在共同活动中采用的手段。既包括教师教的方法,也包括学生学的方法,是教的方法和学的方法的统一。它更加具体,操作性更强。任何一种可取的教学方法都可从中体现出某些教学原则的渗透。

我国中小学课堂教学中常用的教学方法主要有讲授法、问题探究法、训练与实践法、基于现代信息技术的教学方法等,每一方法又可细分为一些小的方法。选择教学方法的基本依据是教学目标、教学内容特点、学生实际特点、教师自身素质、教学环境条件等。说课时,应阐明每种教学方法的使用目的,亦即采用此种教学方法想解决什么问题,以及选择该教学方法的依据。

(三) 说明教学方法的优化组合及依据

科学、合理地选择和有效地运用教学方法,要求教师能够在现代教学理论的指导下,熟练地把握各类教学方法的特性,能够综合地考虑各种教学方法的各种要素,合理地选择适宜的教学方法并能进行优化组合。

教学方法具有多样性、综合性、发展性、可补偿性等特点,这为教学方法的优化组合提供了理论基础;而教学活动的复杂性和多样性又为教学方法的优化组合提出了实践上的需要。尤其是在课堂教学中,为了突破教学重点和难点,往往会将讲授、讨论、练习、演示、情境教学、问题驱动等多种教学方法和手段进行优化组合,以达到教育效果最大化的目的。教学方法优化组合的依据是教学目标的地位、教学内容的特点、教师自身特点、学生的认知特点、授课班级文化特点等。

【示例1】 柳州市雀儿山路二小姜柳华老师针对《桂林山水》的教法设计片段:

在山水名城桂林,面对生活在风景如画的桂林的学生,要上好《桂林山水》这一课,确实不容易。通常的教学总是以一两段录像或几幅优美的山水画面来进行教学,如何打破这一定势的教学思维,老课新上,充分地体现当前课程改革的理念与精神,发挥网络教学的功能与优势,上出自己的特色与风格……这,既耐人寻味,又颇具挑战性,确实值得一番探讨。

教法设计旨在坚持"以学生的发展为本"的设计思想,围绕学生各方面及其潜能的发展这一核心,合理统合课程各方面的因素,采用"自主学习与合作学习"相结合的教学模式与方法进行学习。学生是学习的主动参与者,是信息加工的主体,也是知识意义的主动建构者。网络技术(含 Internet 及宽带接入)是学生获取、加工、处理信息资源的最基本的认知工具和学习平台。

我们的教学就是要让学生感受到文学其实是源于生活且无处不在的。语文的学习就应该建立在日常的生活之中,学习语文就是为了更好地解决生活中存在的问题,更好地体验生活,理解学习语文的真正意义和价值。在网络教学中,教师将充分利用网络技术对学生的学习进行适时点拨、引导,在学生需要时,教师将直接参与,和学生一同进行探讨。

学生情感、态度和价值观发展的内涵同素质教育是完全一致的,不仅必须注重全体性、全面性、主动性,而且必须注重发展的差异性、持续性,引导并发挥学生的个性、潜能。并通过上网、查询、浏览、下载等实际操作活动,扩展学生的视野,加深学生的理解,促进学生形成正确的情感、态度和价值观。

在《桂林山水》教法设计中,姜老师以发展学生潜能为本,以教师为主导、学生为主体,采用"自主学习与合作学习"相结合的教学模式与方法进行有效教学。并充分利用网络资源,由学生自主搜集桂林山水的有关信息,提高学生现代信息技术能力。出示桂林山水的相关课件,让学生直观品味、观赏桂林的山的奇秀、水的绿清,扩展学生的视野,加深学生的理解。既让学生获得了知识,提升了实践操作能力,体验了获得知识的快乐过程,又促进了学生正确的情感、态度和价值观的形成。

【示例2】 苏教版小学数学二年级上册《时、分、秒》第三课时《秒的认识》:

数学教学活动必须建立在学生认知发展水平和已有的生活经验基础上,让学生亲身经历体验、探索,将实际问题抽象成数学模型。同时针对低年级学生学习比较积极但不稳定,知识和思维都有一定的局限性,多数学生操作、口述、思考不能很好地结合,缺乏有序性和准确性的这些情况,在教法和学法上,我注重丰富学生对秒的长短的体验,联系实际生活,采用情境教学、直观演示、实验操作、游戏教学、体验感悟等来促进学生对新知的建构和内化。

【示例3】 人教版小学数学二年级下册《1000以内数的认识》:

数学课程标准指出:"数学教学是数学活动的教学,是师生之间、学生之间交往互动与共同发展的过程。"据此,本节课主要采用活动教学法。

(1)将教学内容活动化,让学生在做中学。首先是猜一猜鸟巢体育馆人数的活动;接下来是小组合作数小棒的活动,给学生一大盒小棒,在猜测的基础上,将"到底有多少根小棒"这一问题交给学生,让学生自己在数小棒的操作活动中去体验、感悟,从而发现数数的方法,体会十进关系。然后是议一议的活动,让学生交流:关于数数,你有什么新的发现?最后是练一练的活动,包括接一接、数一数、说一说、估一估、填一填等一系列活动,让学生在活动中完成新知的应用与拓展。

(2) 采用小组合作学习法,让学生在交往互动中学。本节课采用小组合作学习的形式,让学生小组合作数小棒,共同决策,集体解决问题。学生在小组中可以自由学习、充分交往,小组中的每个同学都有操作、发言的机会。学生合作过程中,教师不做过多的启发、引导,学生的学习方式主要是自主、合作和探究性的。

(3) 创设情境,让学生在轻松愉快的氛围中学。兴趣是最好的老师。根据低年级儿童的特点,本节课创设了奥运福娃带来的挑战,让他们在挑战中学得轻松愉快又积极主动。

请针对示例2、示例3在说课过程中对教法和学法的分析,谈谈它们各自的优缺点何在。

五、说教学程序

说教学程序是说课的核心部分,教师的教学思想、个性和风格,很大程度上能在教学设计的程序中反映出来。

(一) 说教学程序的两种形式

说教学程序,即说教学过程的安排,以及为什么这样安排,一般分为说教学过程(流程、阶段)和说教学结构的特点两种形式。在说课的实践中,可以偏于过程,也可以偏重于结构,还可以将过程与结构组合起来说。

1. 说教学过程

学科教学任务是通过精心设计的教学过程来完成的。教学过程一般包括如下几个部分:

(1) 教学总体思路和环节。教师在设计教学过程时,总要站在课程标准和完成教学任务的高度来架构教学过程,按教学内容,配以相应的教学方法和手段来组织教学。传统教学程序一般可分为组织教学—复习旧知识—导入新课—新课讲授—知识应用—巩固小结—练习和布置作业。在新课改中,教师十分重视学生智力和能力的发展,强调重发展教学的三个阶段:

阶段一:设置问题情境——非智力因素(学会参加);

阶段二:引导信息加工——智力因素(学会学习);

阶段三:设计实践活动——能力与技术(学会迁移)。

(2) 教学环节与方法、手段之间的联系。教师为完成教学目标,要说出根据自设的程序、环节,如何处理教材,运用哪些教学方法、手段,使教学过程流畅有效。此外还可适当点明这样安排的目的和将要达到的预期效果。

(3) 教与学的双边活动安排。教师在复习旧知识、讲授新知识时,一般都要安排学生参与。双边活动要体现教法与学法的和谐统一、知识传授与智力能力开发的和谐统一、德育与智育的和谐统一。双边活动可以从不同角度展开,例如:教师准备提出哪些问题,这些问题能起什么作用,学生怎样参与,如何组织;学生可能会出现哪些问题,教师有什么应对措施;有哪些思维定式需要克服,可采取哪些措施等。在说师生的双边活动时,根据需要还可以继续阐述突出重点、突破难点的具体做法。

(4) 归纳总结,拓展延伸。说课者在设计课堂教学时,如果在总结与延伸上有一定创意,或在课堂中占有比较重要的地位,那么可以适当阐述如何归纳知识体系、形成结构,通过怎样的形式与方法实现知识与思维活动的适度拓展。总结阶段,习题设计与课后的作业布置,如有自己独特的创见也可做适当说明。此外,板书是直观教学的组成部分,很能体现教师的教学风格,尤其是颇有特色的板书,更要加以说明,重点说出板书结构和设计的意图。

2. 说教学结构

说教学结构不同于说教学过程,教学结构是教师对教学具体程序的归纳,构成若干板块,而教学过程是教学流程中的步骤。说教学结构可以防止对教学步骤做过细分析。

现代教学强调教与学的互动、情境创设与情感体验。教师在课堂教学中会设计出若干师生互动的板块,如创设情境、架设桥梁;探究新知、自主构建;回归生活、解决问题;布置作业,课外延伸。这就是一种组合式板块状的说课表达。

说教学结构的具体要求是:

(1) 说清教学总体构思和各个教学板块。

(2) 每个板块的表述要充分体现是什么、为什么、怎么样;要突出教与学的双边关系。

(3) 适度交代重点怎样突破,难点如何化解。

(二) 说教学程序的注意事项

1. 注重说明,强调理性思考下的过程设计

说教学程序也要按说课的基本思路:"教什么""怎样教""为什么这样教"来表达。不能简单地理解为教学程序就是教学过程的简述,而缺乏应有的理性分析。教学程序中的"理"在何处?首先是教材展开时自身的逻辑顺序和结构体系;其次是教师所采用的某种教学策略或教学法自身的要求;再次是教师从日常教学所积累的实践经验和教学基本规律中悟出的理性认识。总之,"理"在说教学程序中是不可或缺的,而教学程序自身的说明则是"理论依据"的表现形式和载体。

2. 突出重点,强调教学过程的机理

说教学程序,要求说课者对整个教学过程做详略与主次的处理,突出阶段性和关节点,大胆删除无关紧要或太过繁琐的具体内容。

"教学过程"不仅表现在时间的先后和"阶段"的变换,还表现在教学方法融入其中,教学艺术交汇其中,构成一个充满教与学的整体。因此,无论是说程序,还是说结构,都要将线性思维与多元思维结合起来,将教学程序与教材、教学目标、重难点之间的对应关系,以及所采用的教法等做有重点、有侧重的交代。

3. 恰当引入多媒体应用,做好多媒体与教学过程的整合

教育部制定的《基础教育课程改革纲要(试行)》中指出:"促进信息技术与学科课程的整合,逐步实现教学内容的呈现方式、学生的学习方式、教师的教学方式和师生互动方式的变革";"充分发挥信息技术的优势,为学生的学习和发展提供丰富多彩的教育环境和有力的学习工具"。对此,作为学科教学的执教者,既要避免陷入"技术害怕论",不敢尝试使用新教学技术,又要防止"唯新技术论",成为技术至上的认识论者。教师应当以提高教学效率为宗旨,从实际出发,因人因地因教材而制宜,在充分挖掘和发挥传统教学手段的同时,做好多媒体与教学过程的整合。

【示例1】 昆明市五华区教育科研中心古晓华老师《轴对称图形》说课稿片段:

运用现代教学媒体,创设情境,为学生提供丰富、生动、直观的观察材料,激发学生学习的积极性和主动性。教学过程分为以下三个环节:

1. 观察找特点

课一开始,提出了本节课的学习要求:"认真观察,动脑思考,发现问题,勇于探索。"接着通过计算机创设情境:"吊涓溪流随山而转,满山的枫叶映在清灵的水中,那一片片火红的枫叶随风飘零,在绿茵草地的映衬下显得妖艳似火。"柔美的音乐,舒缓而流畅,声、光、色一体展现在学生面前的诗情画意的大自然,当这片枫叶逐渐放大、定格时,要求学生观察:"这片枫叶,除了颜色美,它的形状有什么特点?"把学生思维的注意力从观察事物的形象引向观察事物的本质特征。在这一过程中,不要求学生急于回答,而是让同学们静静地思考,用同样的方法去观察蜻蜓、天平。当学生充分接受信息后,组织讨论,同学们不难发现三幅图形的特点,那就是"沿中线对折,两侧图形的形状相同,大小相等"。接着让学生列举出周围具有这种特点的物体图形。这一反馈措施,既使学生获得了完整的信息,又实现了信息反馈的全面性和系统性。

2. 操作实验,形成概念

在第一阶段学习成功的基础上,继续利用计算机演示,把一张长方形纸沿中线对折,画上沿中线左右两侧具有对称特点的图案;用剪刀剪开,展开后会是一个什么样的图形? 通过想象激发学生动手操作的欲望,让学生模仿,自己动手制作一幅雪松图,然后给枫叶、蜻蜓、天平、雪松这样的物体图形取名叫轴对称图形。那什么是轴对称图形? 让学生们自己阅读材料,得出结论:"沿直线对折,两侧图形完全重合,这样的图形叫作轴对称图形。"那要判断一个图形是不是轴对称图形,关键是什么? 这时候继续用计算机演示出不同位置放置

的雪松图,让学生通过观察、讨论,自己发现判断一个图形是不是轴对称图形,不是看它位置的变化,而是要看沿一条直线对折后,两侧图形能否完全重合。由于抓住了信息反馈的真实性和发展性,学生独立正确地判断是不是轴对称图形就水到渠成,最后用计算机辅助进行判断练习。本节课的教学难点是找出对称轴,在大量形象生动的演示、观察后,让学生动手操作,自学课本,相互讨论,同学们能弄清"折痕所在这条直线是这个图形的对称轴"。那么是不是所学过的平面图形都是轴对称图形?是不是所有的轴对称图形都只有一条对称轴?从而诱发学生探索的欲望,进入第三阶段的学习。

3. 大胆尝试,寻找规律

概念形成后,让学生大胆尝试,用八个平面几何图形自己做对折实验,去发现规律。在实验过程中要求学生画出这八个图形的对称轴,并完成自学练习卡。通过这一活动,同学们创造性地发现平行四边形或非等腰梯形,无论怎么折,两侧图形都不能完全重合,它们没有对称轴,所以它们不是轴对称图形。与此同时也深刻地认识到轴对称图形的对称轴不仅只有一条,有的有两条,有的有三条,有的有四条,还有的有无数条。难点突破,达到活跃思维、发展个性,使信息反馈的创造性和深刻性达到新的境界。

通过以上环节的教学,结合计算机声、光、色一体的动画演示,打破了时间和空间的限制,把不同场景、不同时间的生活画面糅合在一起提供给学生,使学生学得轻松有趣,并领悟到数学知识的美的感觉就在我们的生活和学习中,生活中的你、我、他要做一个会观察、会思考、会学习、会创造的有心人。[①]

【示例2】 天津市北辰区青光小学孙金彦老师《荷花》说课稿说"教学过程":

(一) 利用媒体,创设情境

整合点:录像引入,整体感知

教学这课时,我首先考虑的是如何让学生入情入境地感受荷花的美,于是在课开始时,(点)我就把一池美丽动人的荷花视频展现在学生面前,并配以《荷花颂》的音乐,大家看,这美丽的荷花呈现了与课文有关的情境,使学生不知不觉融入其中。在这种美的力量的驱使下,他们一定会充满热情地学习课文并感悟课文情感,我相信,有了这种"未成曲调先有情"的课堂基调,学生的学习一定会事半功倍。

(二) 直奔重点,品位美丽

整合点:多元解读,积淀语感

我在教学第二自然段时,(点)抓住重点词语来感受荷叶和荷花的美。

---

① 转引自刘显国编著《说课艺术》一书。

1. 理解"挨挨挤挤"
（1）比较句子
（2）出示画面理解
（3）贴荷叶
（通过这三种方法理解"挨挨挤挤"，体会作者用词准确恰当，以及感受荷叶的茂盛之美）

2. 体会"冒"的妙处
（1）出示句子换词体会，可以换成什么字？（如：长、钻、伸、露、冲）
（2）体会怎样长出来才可以叫作"冒出来"？（使劲地、不停地、急切地、兴高采烈地、激动地）
（3）出示冒出来的荷花图：
大家看，（点）这就是从挨挨挤挤的荷叶之间急切、迫不及待、生机勃勃地冒出来的白荷花。
出示句子
想象写话：白荷花在大圆盘之间冒出来，仿佛＿＿＿＿＿＿＿＿＿＿。
（这样通过多元解读，不仅是想更深刻地理解"冒"，更重要的是想开阔学生的思路，让他们有更多富有个性化的语言）

（三）图文并茂，品味语言
整合点：读中感悟，熟读成诵
1. 了解荷花的三种姿态
在了解荷花的三种姿态时，利用多媒体找出三个句子所写的相应的荷花，图文并茂，直观理解作者的用词。
（1）用手势表示三种姿态的荷花
（2）男生读句子，女生做手势
（3）贴荷花（贴三种不同姿态的荷花）
（4）师生合作读（老师读第一句，全体学生读二、三句，请三名同学分别扮演三种不同姿态的荷花）
（5）指导背诵
（这一环节不仅加深了学生对课文语言文字美的品味，而且促进学生对优美词的积累内化，从而激发了学生的情感）

2. 感受大自然的神奇
荷花的形象是那么美丽动人，荷花的清香是那么幽淡迷人，荷花的魅力是那么令人难忘！难怪作者面对满池的荷花，发出这样的感叹：（点）如果把这一池的荷花看成一大幅活的画，那画家的本领可真了不起！同学们，你们知道这位画家是谁吗？（指名回答）表达了作者怎样的感情？
正是神奇的大自然为我们造就了美丽的画卷，是神奇的大自然让我们感受到荷花那充满向上的精神力量！多么了不起的大自然啊,不由得你不去热爱她！(板书:大自然)让我们热爱大自然的同学一起来与大自然对话,夸夸这位了不起的画家！学生激情朗读。

(这样的设计,既训练了学生的表达能力,又加深了对荷花美的认识,使学生更深地体会到作者对荷花强烈的喜爱之情)

(四) 体会意境,升华情感

整合点:角色换位,突破难点

第四自然段的学习,我将学生自身角色与荷花进行换位,让学生们变成一朵朵的白荷花,整个教室的学生就成了一池的荷花,(点)欣赏着美丽的荷花,伴随着优美的音乐,学生们进入无限的想象之中,这时让学生们想一想会有哪些动物来告诉你什么？

出示句子

蜻蜓飞过来,告诉我清早飞行的快乐。小鱼在脚下游过,告诉我昨夜做的好梦。青蛙跳上荷叶,(　　);蝴蝶落在我身上,(　　)……

我想这时学生会插上想象的翅膀,进入角色,在荷花池中尽情嬉戏,抒发内心情怀。

(这样的设计充分发挥了学生的想象能力并训练了学生的语言表达能力)

第三节　说课中应注意的问题

一、处理好教材与课程标准的关系

课程标准是规定某一学科的课程性质、课程目标、内容目标、实施建议的教学指导性文件。它是教学的依据,具有法定的指导作用。说课者在说课前应认真学习课程标准中的基本理念、课程目标、内容标准、教学原则和要求等,把它作为确定教学目标、重点难点、教学结构,以及教法、学法的理论依据。

教材是根据课程标准编写的,是教师教学和学生学习的主要载体。说课应"以本为本",但不能"照本宣科",要能驾驭教材,发挥教师的创造性。

因此,说课者应在熟练地掌握教材内容的前提下,牢牢把握课程标准和教材的关系,要把课程标准和教材结合起来认真钻研,反复揣摩编者的意图,只有这样才能正确地有分寸地发挥创造性。

二、注意说课稿与教案的区别

说课稿与教案有一定的联系,但又有明显的区别,不应混为一谈。教案是教师实施课堂教学的操作性方案,是教师备课这个复杂思维过程的总结,多是教学具体过程的罗列,是教师备课结果的记录。它重在设定教师在教学中的具体内容和行为,即体现了"教什么"、"怎么教"。说课是教学改革中的新生事物,是教师依据课标,根据教材,结合教育理论,进行深入研究后,把教材、教法、教学过程等向领导或同事进行阐释的一种教研活动。说课稿侧重于有针对性的理论指导的阐述,它虽也包括教案中的精华部分(说课稿的编写多以教案为蓝本,作为参考的第一手材料),但更重要的是要体现出执教者的教学思想、教学意图和理论依据,即思维内核。简单地说,说课稿不仅要精确地说出"教"与"学"的内容,而且更重要的是要从理论和实践的结合上具体阐述"我为什么要这样教"。教案是平面的、单向的,而说课稿是立体的、多维的。说课稿是教案的深化、扩展与完善。

三、说课要注意详略得当,突出"说",切忌"读"和"背"

说课者对所说课内容应做详略取舍,切不可平均用力、面面俱到,对重点难点、教学流程及理论依据等一定要详讲,对一般问题要略讲,若不分详略,不分主次,必然会使听者感到茫然或厌烦。

即使是对教学流程,也要详略得当。对于非重点或次重点的内容,可用概括的介绍一带而过,而对于教学的重点难点,则要详细阐述,说清楚其中蕴含的小的教学环节,以及每个环节中教师是如何指导学生学习的及预测达到的学习效果等。

同时,说课不等于读课,说课者不能拿事先写好的说课稿去读,更没有必要根据事先准备好的说课稿只字不漏地背。说课时,要以平和的心态"说",吸引大家"听",要富有情感地与听众交流,要根据听众的神态调整说课的节奏与内容的详略,引发听众产生共鸣。说课综合运用了上课、演讲、产品介绍等各自的特点,因此,说课具有较强的科学性、艺术性和简明性。

四、注意仪表与细节

(一) 仪表

仪表是指人的外表,包括衣着、容貌、发型、风度等。说课时,教师的仪表必须与其年龄、性别、个性气质等相符合,更要与职业特点、所处氛围相适应。总之,女教师要让人感觉既典雅又平易近人,男教师则要让人感觉挺拔而充满阳刚之气。

教师仪表的总体原则是整洁、素雅、自然大方。这是社会评价教师仪表的基本尺度,也是学校教育教学环境的要求。

1. 着装

小学教师职业对着装的要求是自然、洁净、大方、协调。上装不穿背心、吊带、无袖衣服;下装裙、裤不得高过膝盖15厘米;不穿太响的皮鞋,忌穿拖鞋。服装应整齐、干净、无异味、无异物黏附,色彩不俗艳,不杂乱,款型端正。除非是体育老师,尽量不穿运动服或过于休闲的服装。

着装六忌:忌异、忌短、忌露、忌紧、忌透、忌脏。

不宜穿着的服装:牛仔裤、短裤、T恤、运动鞋、非常随意的鞋子。

2. 发饰与装饰

头发要适时梳洗,发型要大方得体。男教师前发不覆额,侧发不掩耳,后发不及领;女教师前发不遮眼,侧发不掩眼,不染彩色发,不佩戴华丽头饰,发型自然干练,最好扎起来。

女教师要尽量少带或不带饰品,男教师不带任何饰品。指甲要经常修剪,保持清洁,不染彩色指甲,不留长指甲。

3. 化妆

简单得体的妆容是对他人的尊重,在说课时可以化淡妆,千万不能浓妆艳抹。妆容的基本原则为:自然清新,优雅协调,要达到淡雅而传神的效果。

4. 面部表情

目光是最好的教学工具之一。说课时,教师应以平和的目光注视着听众,不时地与听众进行目光的接触,避免眼神飘忽不定。这种温和而有效的沟通方式会让听众感觉你自信大方,内心坦荡。

同时,说课时还要面带微笑。微笑是教师在教学过程中最重要的面部语言。当然,微笑要适当,要自然、端庄、落落大方。

(二)说课时要注意的细节

1. 准备阶段

教师招聘考试及各类教学技能大赛中的说课与在职教师为开展教研活动所进行的说课有所不同,一般无法自主选择说课的篇目,也难以对说课的内容进行精雕细琢的打磨。因此,针对前两种现场说课的情况,在准备阶段要特别注意以下几点:

第一,现场说课的准备时间一般为三十分钟到一个小时,要根据所提供的准备时间决定说课稿的详略。

第二,如果说课稿要求上交,且占据一定的分值,则应严格规范格式,做到字迹工整,书写流畅。

第三,说课时间一般为十分钟左右。十分钟能说多少内容,要做到心中有数,注意教材内容的取舍和时间的分配。

2. 说课过程中

说课过程中,要做到大方、自信,面带微笑。此外,还要注意以下几点(说课视频,详见本章二维码):

第一,要求做自我介绍的,应言简意赅,突出自己的特点。

第二,如果要求不能透露个人信息,则千万不能有意或无意地暴露个人信息。

第三,语言简洁、清晰,语速不要太快,要注意抑扬顿挫和语调的变化。

第四,注意肢体语言与面部表情的使用,结合所讲内容及语言的抑扬顿挫恰当地使用肢体语言和面部表情。

第五,有才艺的说课者可选择适当的场合加以展示。

第六,答辩时,问题回答完后,应礼貌地告知:"回答完毕。"

思考问题

1. 说课是一种教研活动,应该在哪些原则指导下进行?它跟"上课"具有怎样的联系与区别?

2. 说课的内容一般可以从哪几个方面展开?假如你要参加一项说课比赛,规定的时间为十分钟,请任选某门学科的某一课时,写成说课稿,并尝试进行模拟说课练习。

3. 说教学程序是说课的核心部分,即说教学过程的安排,以及为什么这样安排。在说教学程序的时候,有哪些注意事项?

4. 说课对仪表和细节有哪些需要特别注意的地方?

第六章
教学设计基本功训练

教学技能竞赛
评分标准与拓展阅读

本章重点

1. 了解教学设计的概念、意义,把握教学设计的基本特征、基本原理。
2. 明确教学设计所包括的三大部分、九个基本要素,掌握各部分或要素设计的要点、原则、注意事项等。
3. 能够运用教学设计的相关理论,对小学某学科教学内容进行独立设计。

第一节 教学设计概述

教学是人类特有的一种人才培养活动,通过这种活动,教师有目的、有计划、有组织地引导学生学习和掌握文化科学知识与技能,自觉或不自觉地依据一定的教育思想与理念,运用各种方式、方法对教学活动进行计划安排,即对教学过程进行设计。随着教学的发展,尤其是新课标的实施对教学提出的新要求,对课堂教学设计的研究为提升课堂教学效果发挥了越来越显著的作用。

一、教学设计的概念与意义

(一)教学设计的概念

教学设计(instructional design)又称教学系统设计(instructional system design),是根据课程标准的要求和教学对象的特点,将教学诸要素有序安排,确定合适的教学方案的设想和计划。一般包括教学目标、教学重难点、教学方法、教学步骤与时间分配等环节。

美国教育心理学家加涅(Gagne)在《教学设计原理》一书中将"教学设计"界定为:"它是一个系统化(systematic)规划教学系统的过程。教学系统本身是对资源和程序做出有利于学习的安排。任何组织机构,如果其目的是开发人的才能均可以被包括在教学系统中。"

美国著名教学设计专家梅瑞尔(Merrill)在其发表的《教学设计新宣言》一文中,将教学设计界定为:"教学是一门科学,而教学设计是建立在这一科学基础上的技术,因而教学设计也可以被认为是科学型的技术(science-based technology)。"

美国学者肯普给教学设计下的定义是:"教学设计是运用系统方法分析研究教学过程中相互联系的各部分的问题和需求。在连续模式中确立解决它们的方法步骤,然后评价教学成果的系统计划过程。"

教学设计是在20世纪60年代以来逐渐形成和发展起来的,经过半个世纪的发展,在理论与实践中都产生了深远的影响。作为一种系统计划的过程,教学设计在教学理论、学习理论与教学实践之间起着中介作用。它应用系统方法,研究、探索教学系统中各个要素:教师、学生、教学内容、教学条件,以及教学目标、教学方法、教学媒体、教学组织形式、教学活动等之间的本质联系,并通过一套具体的操作程序来协调各要素,使各要素有机结合,从而完善教学系统的功能。

关于我国小学课堂教学设计的一些基本问题可参考张景焕等《小学教师课堂教学设计能力发展特点及影响因素》一文(请扫描本章二维码)。

(二) 教学设计的意义

教学设计的过程实际上就是为教学活动绘制蓝图的过程。通过教学设计,教师可以对教学活动的基本过程有一个整体的把握,可以根据教学情境的需要和教育对象的特点确定合理的教学目标,选择适当的教学方法、教学策略,采用有效的教学手段,创设良好的教学环境,实施可行的评价方案,从而保证教学活动的顺利进行。另外,通过教学设计,教师还可以有效地掌握学生学习的初始状态和学习后的状态,从而及时调整教学策略、方法,采取必要的教学措施,为下一阶段的教学奠定良好基础。从这个意义上说,教学设计是教学活动得以顺利进行的基本保证。好的教学设计可以为教学活动提供科学的行动纲领,使教师在教学工作中事半功倍,取得良好的教学效果。忽视教学设计,则不仅难以取得好的教学效果,而且容易使教学走弯路,影响教学任务的完成。

在各类师范生教学技能竞赛、教师编制考试以及在职教师基本功比赛中,"教学设计"也是经常出现的形式。比如,首届全国师范院校师范生教学技能竞赛(2013年)第一项为"教学设计",单项分值为25分,要求参赛者在90分钟内根据抽取的试题设计完整的一课时教学方案,并制定了明确的评分标准;2013年江西省师范生教学技能竞赛也将竞赛内容的第一项定为"教学设计竞赛"。且在各类竞赛中,模拟授课或模拟课堂教学往往也是在教学设计的基础上进行的。因此,教学设计已成为衡量师范生或在职教师教学基本功的重要标准(竞赛实施方案及评分标准可扫描本章二维码)。

二、教学设计的基本特征

在具体的教学实践中,教学设计者形成的教学设计方案虽各有不同,但教学设计在教学活动中却能体现出一些共同的、普遍的特征。

(一) 指导性

教学设计是教师为组织和指导教学活动精心设计的施教蓝图,教师有关下一步教学活动的一切设想,如将要达到的目标、所要完成的任务、将采取的各种教学措施等均已反映在了教学设计中。因此,教学设计的方案一旦形成并付诸行动,它就成为指导教师教学的基本依据,教学活动的每个步骤、每个环节都将受到教学设计方案的约束和控制。正因为如此,教师在课前进行教学设计时,一定要认真思考,全面规划,提高设计方案的科学性和可行性。只有这样,才能在课堂教学中更好地发挥教学设计的指导功能,使教学取得良好的效果。

(二) 统整性

教学是由多种教学要素组成的一个复杂系统,教学设计则是对这诸多要素的系统安排与组合。以系统科学方法指导教学设计,这是科学的教学设计与实际经验的教学设计的重大区别。从系统科学方法出发,就是要求对由诸多要素构成的教学活动进行综合的、整体的规划与安排。无论教学设计指向什么样的教学目标,它都必须全面、周密地考虑、分析每一个教学要素,使所有的教学要素在达成一致的教学目标的过程中实现有机的配合,成为一个完整的统一体。

(三) 操作性

教学设计为教学理论与教学实践的有效结合提供了现实的结合点,它既有一定的理论色彩,但同时又是明确指向教学实践的。在成型的教学设计方案中,各类教学目标被分解成具体的、操作性的目标,教学设计者对教学内容的选择、教学方法的运用、教学时间的分配、教学环境的调适、教学评价手段的实施都做了具体明确的规定和安排,这一系列的安排都带有极强的可操作性,抽象的理论在这里已变成了具体的操作规范,成为教师组织教学的可行依据。

(四) 预演性

教师进行教学设计的过程,实质上就是实际教学活动的每个环节、每个步骤在教师头脑中的预演过程。这一过程犹如文艺演出中的彩排一样,带有较强的预演性和生动的情境性。它能使教师如临真实的教学情境,对教学过程的每一细节周密考虑、仔细策划,为教学活动的顺利进行提供可靠保证。

(五) 突显性

教师在设计教学方案时,可以有目的、有重点地突出某一种或某几种教学要素,以达到特定的教学目标。如教师可以在教学方案中突出某一教学方法的运用、某一部分教学内容的讲述、某一种新教学环境的设计,从而使教学活动重点突出,特色鲜明,富有层次感。

(六) 易控性

一方面,由于教学设计是对教学活动的预先规划和准备,教师有充足的时间对整个教学过程进行周密计划,反复检查。因此,与在真实的课堂情境中相比,教师在教学设计阶段更容易掌握和控制各种教学要素,能够做到发现错误及时修改,从而使教师在实际教学过程中将出现失误的可能性降到最低程度。另一方面,教学设计要确定明确的教学目标。教学目标对教学活动的诸要素都具有较强的控制作用,它既控制着教学活动的方向,也控制着教学活动的大致进程、内容、程序和活动中主客体之间的动态关系。因此,重视教学目标的设计,是强化教学设计控制功能的一个重要方面。

(七)创造性

创造性是教学设计的一个基本特点,同时也是它的最高表现。教学设计是一项极富创造性的工作。教学设计的过程,实际上就是教师在深入钻研教材的基础上,根据不同的教学目标、不同学生的特点,创造性地思考、创造性地设计教学实施方案的过程。教学设计虽然使得教学程序化、合理化和精确化,但它并不束缚教学实践的自由,更不会扼杀教师的创造性。为了适应教学活动丰富多彩、灵活多变的固有特点,适应学生学习的多种需求,教学设计十分强调针对具体情况灵活设计。另外,由于教学设计同教师个人的教学经验、风格、智慧紧密联系,每位教师设计的教学方案都会在不同程度上带有个人风格与色彩,因而它为教师个人创造才能的发挥提供了广阔天地。

三、教学设计的基本原理

在教学设计的操作性程序中,应当遵循一定的原理。在此借鉴我国教育技术专家南国农、李克东等人提出的教学设计的基本原理。

(一)目标控制原理

在教学过程中,教师应当在教学目标的控制下,经过选择,确定合适的信息内容对学生进行传输;学生在学习过程中除了可能从教师处获得部分有用的信息外,还可能借助于自学等方式去学习,他们通过其他途径获得的信息同样应当符合教学目标的规定。在现代社会中,终身教育成了人们的基本需要,学习者可能会有更多的获取信息的途径。对于各类信息的加工者来说,他们都需要按照一定的目标对内容进行加工设计。

(二)要素分析原理

教学过程本身是一个复杂的系统工程,它涉及的要素很多。因此,在教学设计过程中,我们要对构成这一系统的各个组成部分进行全面分析,把那些对教学系统有重要作用的因素找出来,作为主要因素加以研究,而对于整个系统影响不大的因素,只要进行简单把握即可,有一些因素甚至可以忽略。

(三)优选决策原理

在进行教学设计的过程中,有一些问题可能会有很多的解决方案,谁优谁劣,如何把握和控制,这就出现了一个选取最佳策略方案的问题。在对教学方案进行优选决策的过程中,常常会使用一些模型化的方式,这些模型可能来源于一些专家,也可能来源于设计人员自己组织的,还可能是多个模型的综合,只有这些模型的内在关系得到了全面分析和协调,才能使教学问题在整体上获得最优的解决方案。

(四) 反馈评价原理

教学过程本身就是一个信息传播过程,在进行信息传播的过程中,信息传递者在获得了接收者的反馈信息后,一般需要通过对反馈信息的分析,确定其大概的反应状态,并与预定目标进行比较,从而对信息的传递方式和方法进行修正,利用反馈调控教学。同时,收集到的反馈信息对于评价教学也是十分重要的。评价教学归根到底是为了更好地调控教学。

第二节 教学设计的基本内容

教学设计的内容包括多个方面,但整体上可以归纳为三大部分:一是教学目标的明确,要在对教学对象、教学内容进行分析的基础上,制定出具有整体性、适切性和可操作性的教学目标;二是为实现既定的教学目标所应采取的教学策略,包括对教学的内容和顺序、教学的方式和方法、教学媒体的优化组合等进行设计;三是确定如何分析教学效果,检验达到教学目标的程度,即对课堂教学评价进行设计。

完整的教学设计所包括的三大部分、九个基本要素如图6-1所示:

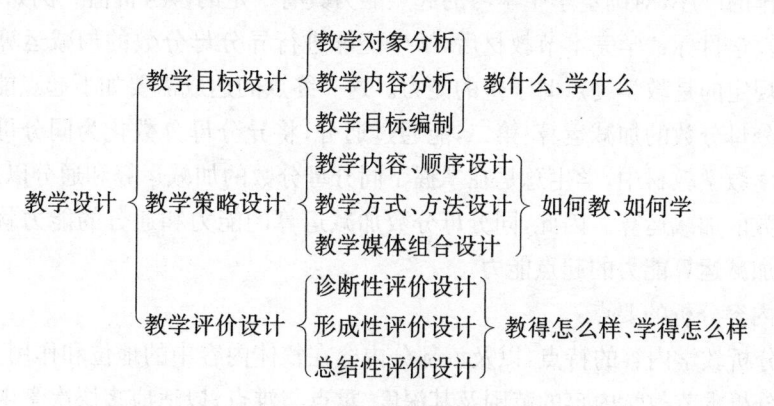

```
                 ┌ 教学目标设计 ┌ 教学对象分析
                 │              │ 教学内容分析 ├ 教什么、学什么
                 │              └ 教学目标编制
                 │
        教学设计 ┤ 教学策略设计 ┌ 教学内容、顺序设计
                 │              │ 教学方式、方法设计 ├ 如何教、如何学
                 │              └ 教学媒体组合设计
                 │
                 └ 教学评价设计 ┌ 诊断性评价设计
                                │ 形成性评价设计 ├ 教得怎么样、学得怎么样
                                └ 总结性评价设计
```

图6-1 教学设计的基本内容

一、教学目标设计

教学目标是指在教学之前,预期教学之后学生将从教学活动中学到些什么。制定教学目标时,教师应以学生的基本特征为前提,在对教学内容进行分析的基础上,明确教师应该教什么,学生需要学什么。

(一) 教学对象分析

教学活动归根结底是以学习者的学习为目的的。教育的任务并不仅仅是完成教学大纲所规定的教学任务,还包括对学生学习需要的分析,以提高学生的学习兴趣,促进他们对知识的理解、消化和吸收,从而达到最佳教学效果。

教学对象分析包括对教学对象已有知识水平的分析,教学对象需要形成的知识水平的构成成分的分析,教学对象在生理、个性心理、智力、能力发展等方面特点的分析,以及教学对象社会背景等的分析。这些内容决定了以后各环节的内容。

教学对象分析的要点:

(1) 分析学生的知识、技能基础水平,为确定教学重、难点、选择教学方法提供依据。

(2) 分析学生认知心理特点及认知发展水平,包括情感、动机、兴趣和意志等心理因素,以及学习能力和智力发展的水平,为制定教学目标提供依据。

(3) 分析学生的社会背景,包括学生的生活经历,以及社会、家庭的影响对教学可能产生的正、负面效应,以便在教学过程中采取补救措施。

(二) 教学内容分析

对教学内容的分析直接影响教师对教材的把握,影响教师对学习者学习水平的确定,以及教学目标、学习目标乃至教学媒体的选择等后续的各个环节。

一般而言,中小学教材都按照"由简单到复杂,由低级到高级"的顺序安排。分析教材内容安排的顺序,对确定学生学习的起点能力具有一定的参考价值。例如,假定我们有这样的教学目标:"学完本节教材后,学生能够进行异分母分数的加减运算。"这一教学目标所规定的是教学终点时学生的能力。这一终点的达成需要如下起点能力:第一,能进行同分母分数的加减运算;第二,能通过通分,将异分母分数化为同分母分数。在现行的小学数学教材中,学生总是在掌握了同分母分数的加减运算和通分以后,再学习异分母分数的加减运算。因此,同分母分数加减运算的能力和通分的能力就是形成异分母分数加减运算能力的起点能力。

教学内容分析的要点:

(1) 分析教学内容的特点,以及该部分内容在整体内容中的地位和作用。

(2) 分析本节教学内容的范围及其深度、重点与难点,以适应多层次学生的需求。

(3) 分析蕴含于知识中的智力因素和情感因素,以促进学生对知识、技能的掌握和智力的开发。

(三) 教学目标编制

教学目标是教师对学生应该达到的期望水平或最终行为的明确规定,是教师和学生从事教学和学习活动的指南和出发点,同时也是评价教与学活动的依据。教学目标不同,目标的层次水平不同,应选择的教学方法也就有所不同。需要特别强调的是,从学习的主体性出发,不仅教师应该有教学目标,而且学生也应该有学习目标,教学目标和学习目标分别作用于两个完全不同的过程,服务于两个不同的主体。

1. 教学目标的分解

美国心理学家布鲁姆(B. S. Bloom)等人从1948年就开始从事教育目标分类工作,在其教育目标分类系统中,教学目标应包括三个基本领域,即认知领域、情感领域和动作技能领域。

(1) 认知领域目标。认知领域目标是指预期教学后,在学生认知行为方面可能产生的改变。它包括有关信息、知识的回忆和再现,以及智力技能和认知策略的形成。认知目标是多种多样的,按智力特性的复杂程度可以分为六个不同的层次,即知识、领会、应用、分析、综合和评价,形成由低到高的阶梯。

(2) 情感领域目标。情感领域目标是指预期教学后,在学生情意方面可能产生的改变。根据价值内化的程序,情感目标可分为五个不同的层次:接受或注意、反应、价值评价、价值观的组织、品格形成。

(3) 动作技能领域目标。动作技能领域目标是指预期教学后,在学生动作技能的行为方面所产生的改变,它包含知觉、模仿、操作、准确、连贯、习惯化等层次。

当然,布鲁姆也反复强调,把学习领域分成这三个方面带有一定的主观任意性,事实上,这些不同的学习领域总是交织在一起的。譬如,学生写字时(动作技能),也正在进行记忆和推理(认知),同时,他们对这个任务会产生某种情绪反应(情感)。因此在教学中,教师往往需要同时设置这三个方面的目标。

根据教育部基础教育课程改革纲要,新课改首先确立了课程改革的核心目标,即改变课程过于注重知识传授的倾向,强调形成积极主动的学习态度,使得基础知识与基本技能的过程,同时成为学生学会学习和形成正确价值观的过程。这就形成了"知识与技能,过程与方法,以及情感、态度与价值观"三位一体的新课程目标体系。"三维目标"是一个问题的三个方面,而不是三个独立的教学目标,它们是统一的不可分割的整体。在课堂教学中,不能完成了一维目标再落实另一维目标,它们是联系在一起的,就像拿一个长方体,不可能只拿起"高"而不拿起"长"和"宽"一样。"三维目标"是具有内在统一性的。

2. 教学目标设计的原则

(1) 整体性原则。按照系统论的观点,教学目标是一个系统,它由教学目的决定,包括课程目标、单元目标和课时目标三个层次。通过逐层具体化,教学目标系统构成了一个上下贯通、有机联系的完整体系。

课堂教学的教学目标主要是指课时目标。要设计课时目标,必须牢牢把握教学总目标和学科教学目标,并且以单元目标为依据。

(2) 适切性原则。教学目标的制定要依据新课标的要求,通常应该选择位于学生的"最近发展区"内,即促进学生经过努力能够达到的层次要求。较高层次教学目标可以考虑设计成动态的、相互联系的若干中间目标,使目标具有发展性。

在课堂教学中,每节课可能都包含三个维度的教学目标,但通常情况下,由于受知识本身及学生实际和学习环境的限制,一节课要实现所有的目标是不现实的。这就要求我们在制定教学目标时,优先选择既重要又具有关键性、迫切性的目标作为主干,对其他目标做出妥善的调整和安排。从知识的记忆目标到理解与运用目标,再到发展能力、解决实际问题和情感体验目标等,由浅入深,层层递进。

（3）差异性原则。教学目标的设计必须考虑学生的个别差异。因为学生之间的差异是一种客观存在,也是一种资源。要面向全体学生,就必须充分认识到这种差异的存在,并针对这种差异制定不同层次和不同要求的教学目标,让学生在各自的基础上通过努力都能够达到。

传统教育理念往往关注的是学生的智力有多高,而现代教育理念则更关注学生的智力类型。因此,教学目标的确定还应该具有甄别性,通过有限的学校教育,为学生的终身发展找到一条比较适合的发展路径,其意义将远远超过课堂教学本身。

（4）操作性原则。只有明确而具体的教学目标,才能在教学实践过程中具有可操作性。要依据课程标准的要求,根据教材的内容和学生的认知结构、能力水平、生活阅历、兴趣、习惯等,把教学目标具体化,能引导师生围绕教学目标的实现有效地开展教学活动,并对教学效果进行准确的评价。

可操作性的教学目标设计应包含两方面要求:其一,教学目标能表明可观察到的学生学习的过程与结果;其二,教学目标能表明学生学习行为结果的衡量条件与标准。一个好的目标体系,实际上已蕴涵了学习结果的测量和评价标准。所以在制定教学目标时,应该准确地选择和使用相应的行为动词,使其具有可操作性和评价功能。

二、教学策略设计

教学策略是指以一定的教育思想为指导,在特定的教学情境中,为实现教学目标而制定并在实施过程中不断调适、优化,以使教学效果趋于最佳的系统决策与设计。它包括对知识技能教学内容的安排;对认识活动过程中的系统问题和期望的学生反应的安排;对教学的组织形式和媒体呈现信息方式的安排。

教学策略主要是解决教师"如何教"和学生"如何学"的问题,是教学设计研究的重点。确定了教学目标,还不能立即进行具体的教学活动,必须考虑教学的指导思想及教学的具体安排。教学策略的制定是一项系统考虑诸教学要素、总体上择优的富有创造性的设计工作。也就是说,在可达到教学目标的诸方法和方案中,针对不同的教学情况,选择和确定被认为是相对最合适的教学途径,决定实施的教学方案应是根据具体实际情况确定的结果。例如,依据教学内容、学习者和班级特征、教学媒体和学习环境等,考虑选择什么教学方法和手段,确定什么教学程序和组织形式来实现教学目标。这种选择的过程也就是教学策略的设计过程。

对于如何使小学课堂教学设计更具科学性、创造性,进而实现课堂的快乐、高效,可参考李吉林《学习科学与儿童情境学习——快乐、高效课堂的教学设计》一文(请扫描本章二维码)。

教学策略设计主要包含以下三个方面：

(一) 教学内容、顺序设计

教师组织教学内容时，应注意以下问题：

1. 要根据教学目标选择教学内容

教学内容不等于教材内容，一般来说，教材是教学内容的主体，但仅仅依据教材来安排教学内容是不够的。教学内容广义上讲是学生应该掌握的知识、技能，应该获得的思想、观点，以及良好行为习惯形成的总和。这就要求教师在深刻领会课程标准精神实质的基础上，深入钻研教材，并对教材进行适当的处理，精选教学内容，并在注意知识传授的同时，充分挖掘教材中蕴涵的智力因素和情意因素，培养学生的能力和非智力品质。

2. 教学内容的容量、深度和广度要恰当

在选择教学内容时，既要避免容量过大，完不成教学任务，又要力戒容量小、密度疏，学生因吃不饱而"开小差"。同时，教学内容的深广度还必须恰当，既要有利于发展学生的"潜在水平"，又要与学生的"现有水平"相衔接。

3. 教学内容重点突出，难点有突破措施

对多数学生熟悉、理解的内容，教师只做提示和点拨，引导学生调动自身认知结构中的有关知识即可；对重点内容则不惜采取多种形式和方法调动学生的注意力，使其能充分理解教材；对难点内容应分析其产生的原因，提出针对性的解决措施。

4. 教学内容的组织、排列、呈现方式要恰当

在确定了教学内容后，如何将这些内容传递给学生？哪些内容先教，哪些后教？各知识单元之间的相互关联程度如何？这些问题都涉及教学活动的顺序安排。教学内容的组织、排列要以恰当的顺序和方式呈现，既要按照知识的逻辑结构进行排列，又要依据学生的认知次序来加以安排，从而使得教学设计具有显著的可操作性，便于教师上课、备课和修改课程，有利于教师把握整体，在头脑中形成比较清晰的教学活动网络。

(二) 教学方式、方法设计

在实际教学中，教师能否正确地选择一定的教学方法使之适合学生的学习，是提高教学质量的关键。教师要综合考量各种教法的特点及优劣，最大限度地发挥和调动学生学习的积极性和主动性，尤其要重视新的教学理念的贯彻，重视学法指导，把学法指导渗透到课堂之中。

1. 常用的教学方法

教学方法有各种不同的分类模式，此处不做赘述。常用的教学方法主要有：

（1）讲授法。讲授法是教师通过简明、生动的口头语言向学生传授知识、发展学生智力的方法。它是通过叙述、描绘、解释、推论来传递信息、传授知识、阐明概念、论证定律和公式，引导学生分析和认识问题。

讲授法的优点是，教师容易控制教学进程，能够使学生在较短时间内获得大量系统

的科学知识。但如果运用不好,学生学习的主动性、积极性不易发挥,就会出现教师满堂灌、学生被动听的局面。

(2)讨论法。讨论法是在教师的指导下,学生以全班或小组为单位,围绕教学的中心问题,各抒己见,通过讨论或辩论活动,获得知识或巩固知识的一种教学方法。

讨论法的优点在于,全体学生都参加活动,可以培养合作精神,激发学生的学习兴趣,提高学生学习的独立性。但是,这种教学方法的运用需要学生具备一定的基础知识、理解能力和独立思考能力,因此在高年级运用得比较多。

(3)自主学习法。为了充分拓展学生的视野,培养学生的学习习惯和自主学习能力,锻炼学生的综合素质,教师通常给学生留思考题,或对遇到的一些现象生成问题,让学生利用网络资源,通过自主学习的方式寻找答案,提出解决问题的措施,然后提出讨论并加以评价。

自主学习法主要应用于课程拓展内容的教学,锻炼学生提出问题、解决问题和文学写作的能力。

(4)练习法。练习法是学生在教师的指导下巩固知识、运用知识、形成技能技巧的方法。在教学中,练习法被各科教学广泛采用。

练习法一般可分为语言的练习、解答问题的练习、实际操作的练习等。

(5)直观演示法。直观演示法是教师在课堂上通过展示各种实物、直观教具或进行示范性实验,让学生通过观察获得感性认识的教学方法。

这是一种辅助性教学方法,通常要和讲授法、讨论法等教学方法结合使用。

(6)任务驱动法。教师给学生布置探究性的学习任务,学生查阅资料,对知识体系进行整理,再选出代表进行讲解,最后由教师进行总结。任务驱动教学法可以以小组为单位进行,也可以以个人为单位组织进行,它要求教师布置任务要具体,其他学生要积极提问,以达到共同学习的目的。

任务驱动教学法可以让学生在完成"任务"的过程中,培养分析问题、解决问题的能力,培养学生独立探索与合作精神。

2. 教学方法选择的依据[①]

(1)依据不同的课型。课型,即课的类型,它是在对各种课进行分类的基础上产生的。在教学中,有的课主要是传授新知识,有的课主要是复习巩固应用知识,有的课要进行实验操作,培养学生的动手能力……课型不同,所采用的教学方法就要因"课"制宜。

例如,新授课,可以采用"创设情境、导入新课→自主探究、合作学习→成果展示、汇报交流→归纳总结、提升拓展→反馈训练、巩固落实"的教学环节,在此过程中配合适宜的教学方法;复习课,则可采用"问题驱动、自主学习→重点难点、合作探究→知识梳理、

[①] 本部分借鉴了郭友主编《新课程下的教师教学技能与培训》(首都师范大学出版社 2010 年版)第六章中的部分内容而有所改动。

点拨归纳→典例评析、深化提高→变式巩固、拓展完善"的教学环节,并配合以恰当的教法;讲评课,往往通过"自查自纠→合作交流→问题汇报→教师点拨→梳理巩固"的课堂流程及相应的教法组织教学。

(2) 依据教学目标。不同的教学目标与教学任务需要不同的教学方法去实现和完成。如果是完成传授新知识的教学任务,就应该选择语言传递信息的方法或直接感知的方法;如果是使学生形成或完善技能,则可选择以实际训练为主的方法;如果是为发展学生的智力并形成一定的能力,就应采取探索、研究的方法。总之,方法是为目标服务的,它与目标之间的关系如表6-1所示。

表6-1 教学方法与教学目标之间的关系

教学方法＼教学目标	记忆事实	记忆概念	记忆程序	记忆原理	运用概念	运用程序	运用原理	发现概念	发现程序	发现原理
讲授	3	1	4	1	3	4	2	2	4	2
问题	3	1	2	1	1	4	2	2	4	2
演示	1	4	2	4	4	1	4	1	1	2
讨论	2	3	3	2	1	2	1	4	3	2
练习	4	2	1	1	1	1	2	3	4	3
实验	1	3	2	4	2	3	2	2	4	1

注:"1"最好,"2"较好,"3"一般,"4"差。

(3) 依据教材内容的特点。一般来说,学科不同,教学方法就有一定的差异,而某一学科中的具体内容不同,也要采取不同的方法与之相适应。如理论课的教学中,多采用讲授法、演示法、探究法,在实践课中一般采用联系法等。而综合课又有各自的特点和要求,有些部分可用讲授法,有的部分要用讨论法,还有的部分须用演示或练习法等。总之,必须根据学科的性质和教材内容的具体特点,选择适当的教学方法。

(4) 依据学生的实际情况。教师的教是为了学生的学,教学方法要适应学生的基础条件和个性特征。因此,选择教学方法时,教师要考虑学生对使用某种方法在智力、能力、学习方法、学习态度和学习风气诸方面的条件及学生的个体差异。当然,这并不意味着只是消极地适应学生的现有水平,而是应当注意从学生的实际出发,选择那些能促进和发展学生学习独立性的方法。

(5) 依据教师自身的素质。任何一种教学方法的选用,只有适应教师自身的素质条件,能为教师所理解和掌握,才能发挥作用。有的方法虽好,但如果教师缺乏必要的素质条件,自己驾驭不了,仍然不能在教学实践中产生良好的效果。因此,教师的某些特长、弱点及运用某种方法的实际可能性,都应成为选择教学方法的重要依据。如有的教师形象思维水平高,可以用形象生动的语言把问题的现象和事实描绘得生动具体。依据这一特长,可多选择以语言传递信息为主的方法。而有的教师不善于用语言描述,但善于运用直观教具,在直观教具的配合下能有效地传递信息,就可多选择以直观感知的方法进行教学。总之,教师选择教学方法,应根据自身的实际优势,扬长避短,采取与自己条件相适应的教学方法。当然,作为教师,还应努力克服自身的缺点,不断提高运用各种方法的能力。

(6)依据教学的设备和条件。不少教学方法的运用需要一定的设备条件。如演示教学法需要一定的直观教具,实验教学法需要一定的仪器、材料,程序教学法需要有程序教材和教学机器,等等。在选择教学方法时,也应充分考虑现有的教学设备、条件等客观制约因素。

(三)教学媒体组合设计

教学媒体是传播知识或技能过程中显示信息的手段或工具。合理运用组合媒体,是实现教学最优化的重要措施。

一般认为,在一次教学活动中如果应用了两种以上的教学媒体,并且对此次教学活动进行了精心设计,就可以看作多媒体组合教学设计。多媒体组合教学设计更加强调在进行教学设计过程中对现代化教学媒体的应用,因而明显地具有推广现代教育技术的色彩;但必须明确的是,教学媒体组合设计同样强调传统教学媒体与现代教学媒体的有机组合,两种教学媒体应各展其长,互为补充,相辅相成,构成教学信息传输及反馈调节的优化教学媒体群,共同参与课堂教学的全过程,达到课堂教学的最佳效果。

不同的教学媒体有不同的特点。幻灯、投影以静止的方式表现事物,让学生详细地观察放大的清晰图像或事物的细节;电影、电视则以活动的画面、鲜艳的色彩、动听的旋律呈现出事物变化的过程;计算机辅助教学软件能模拟逼真的现场、事物发生的进程,且动静结合,表现力强。各种媒体各有自己的适应性与局限性,因此在可能的条件下最好采用多媒体组合教学。研究表明,在不同感觉通道中呈示的信息在信息有联系的情况下,同时给予两种感觉通道的刺激,会提高学习效果。同时,媒体的运用必须做到适时、适量、适度、有效。

选择教学媒体,最基本的判定标准应当是看有没有需要。只有按需选择,才能实现改善教学过程与效果的目的。这种需要的最终归宿应是对整体教学效果的优化与教学效率的提高。教学媒体的选择应当依据具体的教学任务和教学内容,根据学生的水平和需要的不同,在教学条件允许的情况下,根据教师对媒体的掌握情况选择合适的教学媒体。

三、教学评价设计

教学评价也是教学活动中不可缺少的一个重要环节。所谓教学评价,是指以教学目标为依据,制定科学的标准,运用科学的手段和方法,对教学活动的过程及其结果进行测定、衡量,并给予价值判断。教学评价的最终目的是评定学习者通过学习是否达到预期的目标,并通过反馈信息,发现教学中存在的问题,为今后的教学活动提供参考。

（一）教学评价的类型

根据不同的需要，可能会出现不同的教学评价方式。评价的类型很多，各种类型之间也常常会相互渗透。根据评价在教学活动中发挥作用的不同，可将教学评价分为诊断性评价、形成性评价和总结性评价三种类型。

1. 诊断性评价

诊断性评价是指在教学活动开始前，对评价对象的学习准备程度做出鉴定，以便采取相应措施使教学计划顺利、有效实施而进行的测定性评价。诊断性评价的实施时间，一般在课程、学期、学年开始或教学过程中需要的时候。这种评价的目的在于了解学生在学习活动开始前的知识、技能、心理的准备情况，也就是通常所说的"摸底"，并依据诊断结果对学生进行"定位"，确定教学起点，进行教学设计。

2. 形成性评价

形成性评价是在教学过程中，为调节和完善教学活动，保证教学目标得以实现而进行的确定学生学习成果的评价。它能及时了解评价对象各阶段学习情况和存在的问题，及时修改和调整教学计划，采取必要的补救措施，或结合个别学生实际情况安排学习。教学设计活动中进行的评价主要以形成性评价为主，即对教学方案进行评价，一般都是在方案进行过程中进行评价，目的是为修改方案提供有说服力的资料和数据。

3. 总结性评价

总结性评价是以预先设定的教学目标为基准，对评价对象达成目标的程度即教学效果做出评价。总结性评价注重考查学生掌握某门学科的整体程度，概括水平较高，测验内容范围较广，常在学期中或学期末进行。其目的在于检查学生通过学期或学年的学习，教学目标的达到程度。

（二）教学评价的指标

教学评价既包括对教师"教"的评价，也包括对学生"学"的评价。在教学评价过程中，应建立合理的评价指标体系。教学的组织形式类型多样，其评价的指标体系必然有所不同。

例如，课堂教学的评价指标，是指与教师、学生和教学目标等有关的评价指标。对于教师而言，主要是从课堂组织能力、课堂控制能力、教学行为能力及教学技能四个方面来确定指标；对于学生来说，一般通过面部表情的变化来分析学生对讲课的适应性，并从课堂提问中分析学生对知识的理解程度，从课堂秩序上分析学生对学习的注意或投入程度，以建立相适应的评价指标；对于教学目标来讲，常常从认知领域、动作技能领域和情感领域等方面来建立评价指标体系。

在建立课堂教学评价指标的过程中，还可从教材体系方面来研究其与学生水平相适应的程度，如知识体系是否完整，是否有助于培养逻辑思维能力，选材是否根据学生兴趣和学科特点等。在教学方法上主要应考虑能否保持学生的注意和兴趣，能否促进学生的记忆和理解等。在教学组织管理方面，要考虑学生是否有学习的需求，学生是否

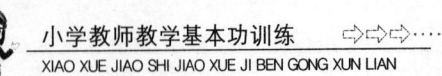

愿意在教师的指导下学习,课堂秩序是否稳定等。

第三节　教学设计优秀案例赏析

一、特级教师于永正执教《望月》实录

第一课时

师:今天我们学习一篇课文,题目是《望月》。

(板书:望月)和我一起写课题,注意"望"的第三笔是竖提。齐读课题。(生齐读)

师:课文预习了吗？读了几遍？

生:七遍。

生:五遍。

师:这篇文章写谁在哪儿望月？

生:写作者和小外甥在江轮上望月。

师:一定是作者吗?

生:写课文中的"我"和小外甥在长江江轮的甲板上望月。

生:还写了他们一起背古诗,一起谈论月亮的事。

师:课文读了五六遍,能有这么多收获,就很可以了。

[自评]:学生预习了,对课文内容已经有了大概的了解。通过交谈可以了解学生掌握得怎么样。这也是让学生初步从整体上把握课文。

(老师出示生字:甥、瞳、烁、斑、沐、仁、喻、絮、锁、呵、欠)

师:这课的生字比较多,同位互相读读听听,看谁预习得好,读得准,都认得。

(同位的同学互相读给对方听,互相纠正。)

师:请班长读一读。(师指生字,班长读。读得很正确。)不愧是班长。——谁再读？(对班长耳语一番,由他指定几位同学读,无一错误。)预习得真好,每课都能这样预习吗？

[自评]:因为是借班上课,对学生不了解,所以只能请班长指定部分学困生来读。他们认得了,其他学生问题就不大了。我经常说,教学一定要关注学困生。

生:老师说,您要给我们上课,所以要求我们好好预习。

师:下了死命令的,是不是？(笑)因为你把"好好"说得特别实在,特别重。(笑声)

生:我们平时也是这样预习的,都是"好好预习"的,当然这次更认真一点。(笑声)

师:实话实说。如果我是你们中的一员,我也会像你们一样比平常多读几遍。为什

么？为了给班级争光，为了让于老师满意呀！养成预习这个习惯非常好。课文读得怎么样？

生：我能流利地读下来了。（该生是男同学）

师：那我就请你，你再邀请两位同学一起读读课文，好吗？（该生邀请了两位男同学）

师：你不能都请男生，也要给女同学一次机会嘛。再换一位女同学——咱们不换了，再增加一位女同学好吗？

[自评]：当时我想，不能换！否则被换下的男同学也会不好受的。于是决定再增加一位。善待学生应体现在方方面面，尤其是小的方面。小的方面，学生感受更真切。

（该生又请了一位女生。老师为他们做了分工，四人一起把全文从头至尾读了一遍。个别读得不好的地方，做了纠正，有些句子还领读了一下。初读课文很实在。）

[自评]：著名教育专家张庆、高万同老师常说，阅读教学要"强化初读，延迟开讲"；还说，"课文不读熟不开讲"。把课文读正确、读流利是基础，是"保底工程"。书面语言是怎么学来的？是读。语感是怎么培养的？还是读。在这方面花时间是值得的。在初读中，我不放过任何一点错误，不达到正确、流利的目标，决不罢休。做到这一点不容易。但只要我们严格要求，严格训练，多多鼓励，人人都可做到。

师：听我读一遍行吗？——请听好。看看哪些地方你认为读得好，值得你学习，哪些地方读得不好，你认为不可取。（老师把课文范读了一遍，老师读得绘声绘色，把学生带入了一个如诗如画的境界。读完，掌声雷动。）

[自评]：范读我都是选择在学生"尝试"过之后。美文要美读。我体会到，教师读好了，就会使自己的语文教学富有生气。不但使教学有成就，而且省力气。

师：我备课时，至少读了五六遍，但我今天读得还不太好，有两个地方读得不连贯。大家为我鼓掌是鼓励我。同学们，课文读好了，真是一种享受。大家再读读看。（学生读书的兴致十分高涨。）

[自评]：学生是很爱自己的老师的。我对学生表达的对我的爱，一定向学生发出"我知道，而且领情"的信息。此外，还要表示感谢，因为师生是平等的。我范读过之后，学生的读书热情总是很高涨的。声情并茂的范读有激情激趣的作用，有使学生顿悟的作用。

师：下面还有点时间，请全班同学把生字写一写。先在书上，把生字描红一遍。然后拿出写字本来仿影、临帖。

（学生按要求写字，最后，老师强调了"甥、瞳、锁"三个左右结构的字的左右各占的比例，并做了示范。）

（下课休息）

第二课时

师:下面我找同学读课文1、2两段。

(一学生起来后开始读,读完课题后被叫停。)

师:读完课题以后要注意停顿,读课题声音要响亮一些,你再读一下。(该生按要求读了,然后请那位学生继续读课文。)

师:读得正确、流利。——你读了几遍?

生:二三遍。

师:"二三遍"不顺嘴,改为"两三遍",把课文读得正确流利不容易。文中的这段文字,写出了月色下景物的宁静,你能不能试着把这种宁静的感觉读出来。不要快,要体会"宁静"。全班同学都练一练。

(学生练读,人人声音很轻。)

师:(指着一个练读时表情特别好的男同学)你的表情特别好,能到讲台前读一下吗?

(该生动情朗读,众鼓掌。)

师:这两个自然段中有不懂的词语吗?

生:"芦荡"。

师:谁知道?

生:江边长了很多芦苇。

师:应当再加三个字——江边长了很多芦苇的地方。

生:什么叫"剪影"?

师:刚开始我也不太明白,后来看了几幅照片,特别是到了雁荡山看夜景,才真正理解了。请同学们看几幅雁荡山的照片。(投影出示群山剪影的画面,两幅是日落以后山和树的剪影,一幅是月色下"犀牛望月"的剪影。)什么叫"剪影",懂了吗?月光下,那山、林只留下了黑色的轮廓,真像用黑色的纸剪下来贴在远处似的。

[自评]:"剪影"是个实词,对于类似的词语,最好的理解方法是把它所表达的客观事物展示在学生面前,或者通过叙述,激活学生头脑中的图像。

师:词语理解了,我想你们会读得更好。刚才读书的那位女同学再读一下好吗?(指第一位学生)

(该生有感情朗读,读得比第一次更好。)

师:大有进步。于老师读读可以吗?谢谢大家给我这次机会。

(师配古筝音乐朗读。生热烈鼓掌。)

师:这两个自然段写的是(板书:? 月)什么月?请你思考。看谁能把这两个自然段读成几个字。

生:明月。

生:亮月。

师：你们怎么知道月是明的，月是亮的？

生：用眼睛看到的。

师：对，这两节写的都是作者用眼睛看到的月，是什么月呢？——是"眼中月"。（擦掉问号，在横线上板书："眼中"。）

[自评]一次，我和高林生先生一起听一位老师执教这一课。评课时，我们把这一部分概括为"眼中月"。老师们觉得有点道理。于是我在执教这一课时，就引导学生这样去概括。概括是一种很重要的能力，我很重视这种能力的培养。但不是课课都这样训练，要因文而异。

师：这部分写的是看到的月。你接下去读3～12自然段，思考一下这一部分写的是什么月。（学生朗读）

师：读懂了吗？

生：懂了。

师：我们暂不讨论这个问题。先找同学来读读这一部分，找两个人分角色读。

（找同学分角色读"对诗"那一部分。）

[自评]概括能力虽然很重要，但较之朗读，还是次要的。所以我还是让学生朗读。

师：接下去，齐读第12段。（学生齐读。读完，老师又动情地复述了一遍："诗，和月光一起，沐浴着我们，使我们沉醉在清幽旷远的气氛中。"）

[自评]语文的"人文性"很大程度上体现在一个"情"字上。读要有情，说也要有情。

师：多好的境界啊！下面我来当文中的"我"，谁来当我的外甥？这可是千载难逢的机会啊。（众笑）

师：谁能做我的外甥，请你（师指一名男同学）推荐一下。

（学生推荐一位男同学到前边和于老师分角色读。师生读得都有感情。同学鼓掌。）

[自评]我之所以充当文中的"我"，一是从年龄上考虑的，二是从情趣上考虑的。师生融为一体的境界是很美妙的。

师：（对"外甥"）今天月色这么好，我们来对诗好吗？可以用书上的，也可以不用。但必须是写月亮的诗句。

生：好。

师：你先说。

生：明月几时有，把酒问青天。

师：但愿人长久，千里共婵娟。（众笑）

师：你们笑什么？

生：你们背的是一首词里的句子。

师：可以吗？

生：可以，都有月。

生:床前明月光,疑是地上霜。

师:举杯邀明月,对影成三人。

生:可怜九月初三夜,露似珍珠月似弓。

师:梨花院落溶溶夜,柳絮池塘淡淡风。

生:老师背的句子中没有月!不能算。

师:没有?"溶溶夜",说的就是月色溶溶!有吗?

生:有!

师:你再接下去背。

生:秦时明月汉时关,万里长征人未还。

师:月儿弯弯照楼台,楼高又怕摔下来。

(生大笑,说不是古诗,是老师胡编的!)

师:是古诗!这是京剧《望江亭》中的杨衙内作的诗!后面两句是:"今天遇见张二嫂,给我送条大鱼来。"杨衙内也是古人嘛!——你再背。(生笑声不止)

[自评]:我是故意背杨衙内的歪诗的,不是为了别的,为了让学生感到有意思。这种调侃,相信老师们也会接受。——至于学生,是肯定接受的,而且会长时间不忘的。课后,他们围着我,说上我的课真有意思(我不是第一次在这个班上课了)。俗而不伤大雅,这是我"幽默"的底线。一旦学生喜欢老师,喜欢上我的课了,就成功了一大半。

生:……

师:他被我的歪理邪说搞得有些晕头转向,背不出了。刚才我也有点晕头转向,所以才憋出一首歪诗来的。说实话,这位同学很不简单,大庭广众之下,应对得这么好。下面我们同学分两部分,这一半当"舅舅",那一半当"外甥"。来个比赛好吗?(师把全班学生分成两部分,比赛背诗。)

(学生背诵踊跃。)

师:第一轮,"舅舅"败了,因为没接上茬儿。再给一分钟时间准备,然后再比。

生:能不能背山水类的?

师:可以。

(两部分学生争相背山水诗,气氛更活跃。)

师:(发现一个学生背诗吐字不清。)请你到前面来,你虽然刚才吐字不太清晰,但是你会的诗很多,很活跃,你能不能认真背一首?

(学生认真地、有感情地背诵着杜甫的《望岳》,博得大家的掌声。)

师:这一轮比赛,不分上下,棋逢对手,平起平坐。同学们,如果说1、2两段写的是"眼中"的月,那么这一部分写的是什么月?(板书:? 月)

生:(异口同声)诗中月!(师擦掉问号,在横线上写上"诗中"。)

师:如果眼中月只是看到的月亮的样子,那么诗中月就融入了人的感情。眼中月是美的,诗中月更美。

[自评]:这两句话是对一、二部分的概括。课后有老师说,于老师,您的语言很美,

应了一句话："腹有诗书气自华。"我说,有些关键的话,比如对一、二部分概括的话,我是备课时就想好了的。

下面请同学读课文后一部分,看看这一段又写的什么。

(学生读课文,然后进行交流。)

生:想中月。

生:幻中月。

师:为自己鼓掌吧。但是不要为了和上边的一致,非说成三个字不可。这是写的幻想中的月,或者说想象中的月。(板书:幻想中的月)

[自评]:眼中月,诗中月,幻想中的月,都是我和高林生琢磨出来的。

师:这一部分能读好吗?

生:能。(学生练读。)

师:先找个男同学来读。

(学生朗读,教师相机指导,尤其强调人说话时的语气。)

师:同学们注意,"不假思索"为什么用"假"而不用"加"?

生:"假"是借用的意思,是不用大脑思考的意思。

师:对的。注意不要写错这个字。大家把这个词书空一下。"假"和"加"读音就不一样,只要读准了,就不会写错。再齐读一下。(生齐读"不假思索"。)

[自评]:中学语文老师常常对我说:于老师,您教的学生进了中学,作文错别字较少,字写得较端正,我们就感谢不尽了。是啊,小学语文老师干什么?不就是教学生认字、写字、读书、作文吗?这些基本功扎实了,真是功莫大焉!

师:小外甥的话该怎么读,他说月亮困了,实际是表示什么呢?该用什么语调呢?大家练一下。

(学生用心练读。练读过之后再请那位男生读,读得有昏昏欲睡的感觉。)

师:我们一听就知道小外甥也困了,他想睡觉了。再找一位女同学与前面的男同学比赛。(一女生读第三部分。)

[自评]:指导朗读也应该而且能让学生感到有情有趣,就看我们读没读好,会不会启发。

师:(读到"又冒出了一个问题"打断读书女同学)为什么说"又"冒出一个问题,为什么用"又"呢?

生:因为他前面提过问题了。

师:那为什么用"冒"?

生:他突然又提出了一个问题。

师:有道理。除了"突然"外,第二个问题比第一个问题提得怎么样?

生:更有价值,更让人没想到。

师:对了,所以说"冒出了一个问题"。——接着读。

(该生读完。)

[自评]：实际上我是告诉学生读书要思考，要注意前后照应。但我没直说。有时候，直说反而不如不说。

师：读得真好，把我们带到了童话的境界中去了。

（又找一名同学把最后一节读完。）

师：读得真是有梦幻的感觉。你们也幻想一下，闭上眼睛想象一下月亮。（学生闭目想。片刻之后——）你们想象中的月肯定也很美。这篇文章写了眼中月、诗中月、幻想中的月。幻想中的月十分奇特，孩子们幻想中的月是最美的。（指三名同学分角色读第三部分。）

师：文章写得美不美？

生：美！

师：写得美，读得也美。大作家罗丹曾经说过一句话："美是到处都有的，对我们的眼睛来说缺少的不是美，而是发现。"比如月亮吧，"今人不见古时月，今月曾照古时人"，从古至今都是这一个月亮，但是那么多作家、诗人笔下的月亮为什么都不一样，都那么美呢？今天作业就是：在有月亮的晚上，同学们观察一下月亮，再观察一下周围的景物：山、树、人、房屋都是什么样。你仔细观察，用心幻想，你的笔下一定会有一篇篇优美的文章诞生。于老师期待着。

[自评]：有句谚语叫"灯不拨不亮"（过去点油灯）。学生们潜能很大，但需要点拨，需要激发。

（下课）①

【赏析】对于这两堂课，任何鉴赏、评价性的语言都是浅显而直白的。我们只需借鉴于永正老师2006年3月17日刊登在《中国教育报》上的这篇文章：

课上得不怎么样，没想到孩子从此对月亮这么钟情。月亮、星星、太阳永远是个说不尽、写不完的话题。让我们的学生热爱生活，热爱大自然，不正是语文教学的一个重要目标吗？我想，如果说这两节课取得一定的成功的话，那么它的成功就在于此。我很喜欢这篇课文。我是动情地读，动情地设计，动情地和学生对诗，动情地激发学生去关注月亮的。我读的时候，我执教的时候，真的觉得和月，和诗，和学生融在一起了。就教法而言，真的没有什么惊人之举，但情是真挚的。这又回到了一个老话题：有情有义有趣是教学。也许正是由于一个"情"字吧，学生们才动情了，对月亮有了一份诗意的感觉了。当我决定和学生一起"对诗"的时候，我是做了一些准备的，背什么、怎么能打趣一下，使课堂气氛活跃活跃，我都考虑了，虽然没写进教案里。还有最后作业——观察月亮，写月亮，也是认真思考过了的。作业不能多，我反对多做题。现在我再也不让学生做那些"哈达卷"了。我过去让学生做过，让学生受苦不说，还把他们教厌了，教死了。现在终于觉悟了。感谢斯霞老师，她常对我说，不要让学生做无用的题；感谢《课标》中的"少做题，多读书"的论述，正是这些至理名言，使我醒悟了。

---

① 该案例是于永正老师在徐州市金山桥寄宿学校五年级(4)班上的两节公开课的教学实录，由林雪莹整理。

二、特级教师华应龙执教《圆的认识》实录

师:同学们都带圆规了吗?

生:带了。

师:那就请你们把圆规拿出来,再拿出准备好的白纸和一本练习本,本子可以垫在白纸下面。其余的都放到桌子里面去,数学书也用不着。

(生整理桌面上的东西。)

师:我看到有人的桌子上有橡皮,谁把橡皮借我?

(一生递了上去。)

师:谢谢!还有吗?借我。

(又有几位递了上去。)

师(神秘地):老师借橡皮,干什么?

生:擦。

师反问:擦黑板?(全班都笑)

生1:用橡皮画圆。

生2:擦掉画的圆。

师(呵呵地笑):我借橡皮是为了让你没有橡皮!(全班错愕)没有橡皮下笔就会更慎重,想清楚了再写,但如果万一写错了,也没关系,就好好欣赏一下自己错的地方吧!

师:现在我们可以开始上课了吗?(学生起立)

师:同学们好!

生:老师好!

(当老师要求学生坐下时,发现学生们正要向客人老师问好,华老师马上改正过来,说:哦!错了!重来。)

师:同学们好!

生:老师好!(转向听课教师)客人老师好!

师(谦虚地):这么一群有礼貌的孩子,碰到一个不礼貌的老师,那肯定是改变不礼貌的老师!

(一) 情景中创造"圆"

师:同学们请看题目:"小明参加奥林匹克寻宝活动,得到一张纸条,纸条上面写的是:宝物距离左脚三米。"宝物可能在哪呢?

(生思考。)

师:有想法,你的桌子上有张白纸,上面有个红点,你们找到了吗?

生:找到了。

师:那个红点代表的是小明的左脚,如果用纸上的1厘米代表实际距离的1米的话,能把你的想法在纸上表示出来吗?想,开始。

(学生动手实践,师巡视。)

师:真佩服,真佩服,我们西安的小朋友真棒!会动脑子。除了你表示的那个点,还有其他可能吗?

(生思考。)

师:好,很多同学都想好了,我们来看屏幕。红点代表小明的左脚,(课件演示:在红点右侧找出一距离红点3米的点。)刚才我看到,很多同学都找到了这个点,找到的同学举手。

(生纷纷举手。)

师:除了这一点,刚才我看到,还有的同学找到了这一点。(课件演示:在红点左侧找出一个距离红点3米的点。)还有这一点,这一点。(课件演示:分别在红点上下的距离为3米的点。)我看有的同学还画了这些斜点,是吗?还有其他的可能吗?(课件演示:越来越密,最后连成了圆。)

师:想到圆的举手。哇,真佩服,刚才我看有的同学都画出圆了,是吗?看屏幕,这是什么?认识吗?

生:认识,圆。

(二) 追问中初识"圆"

师:那宝物可能在哪里呢?

生:在圆的范围内,在圆的这条线上。

师:你刚才的说法很有意思,先说"在圆的范围内",后来改成"在圆的这条线上"。如果在范围内,距离不够3米,如果在圆上,距离够3米。那你们怎么告诉小明呢?如果宝物在圆上,怎么表达告诉小明呢?

生:可以这样对小明说:"以你的左脚为圆心,画一个半径为3米的圆。在这个圆的周长上取任意一点,这个地方也许就是埋宝物的地方。"

师:同意吗?真厉害。刚才她说到两个词,一个是以左脚为"圆心",还有一个是半径多少?(板书:圆心,半径)

生:3米。

师:就用上这两个词,就很准确地表达出了圆的位置,对吧。如果只说以左脚为圆心,不说半径3米,告诉小明,宝物啊就在以你左脚为圆心的圆上。行不行?

生:不行。

师:为什么不行?

生:如果只告诉左脚是圆心的话,那圆可以无限延伸。就没法掌握圆的周长是多少。

师:那个圆可以无限延伸。我理解他的意思了,你理解了吗?

生:理解了。

师:也就是说圆的半径没定,圆的大小就没定。对不对?

生:对。

师:这样的话,可以画多少个圆,可以无限延伸,对不对?那如果不说"以左脚为圆心"行不行?

生:不行,那样圆的位置就可以无限延伸。

师:除了说"以左脚为圆心,半径为3米的圆上",还可以怎么说? 生活中听说过吗?

生:也可以说直径是6米。

师:同意吗?

生:同意。

师:可以说:"以左脚为圆心,直径为——"

生:6米。

师:对。这个"直径"也能表达圆的大小。(板书:直径)

师:为什么宝物可能所在的位置会是一个圆呢?

生:因为在一个圆内,所有的半径都相等。

师:哦,他说了这个。为什么宝物可能所在的位置会是一个圆呢?

生:因为以他的左脚为圆心,他可以随便走一圈,就变成圆了。

师:哦,可以随便走一圈。方向没有定,是吧。这也是另外一个角度看问题。刚才两个同学说的都很有道理,不过要很好地说明这个问题我们可以用"圆的特点"来说明。你觉得圆有什么特点呢?

生:我觉得圆有无数条半径,无数条直径。

生:圆心到圆上任意一点的距离都是相等的。

师:我们说图形的特点的时候,一般要和以前学过的图形做比较。一句话,有比较才有结论。(课件:三角形、正方形等)以前我们学过三角形、正方形等。我们以前说图形的时候往往从"边"和"角"两个角度来说明,那你看,从边和角的角度来看,圆有什么特点呢?

生:它既没有棱也没有角。

师:同意吗? 同意的请点点头,她说圆没有棱也没有角,对吗?

生:对。

师:没有棱是什么意思?

生:没有棱是说它没有边,它不像正方形有4条边。

师追问:那它是没有边吗?

生:不是,有边。

师:有边,几条边?

生:1条。

师:那你们说圆的边和我们以前学过的图形有什么不同?

生:以前学过的图形的边是直线,而圆的边是曲线构成的。

师:同意?

生:同意。

师:看来我们从角来看,圆是没有角的。从边上来看,圆有没有边?

生：有！

师：有，几条边？

生：一条边。

师：这是圆很特别的地方。其他图形，最起码有3条边，而圆呢？只有1条边。并且它的边怎样？

生：是曲线的。

师：是曲线的。其他的是直线或者说是线段围成的。

师：圆，我们从边和角来看是这样的特点。我们的祖先墨子说：圆一中同长也（板书）。知道这句话什么意思吗？"一中"指什么？

生：圆心。

师：同长，什么同长？

生：半径。

师：半径同长，有人说直径也同长。同意古人说的话吗？

生：同意。

师："圆，一中同长也。"难道说正三角形、正四边形、正五边形不是"一中同长"吗？认为是的举手，认为不是的举手。为什么不是呢？

生：这些图形中心到角的距离比到边的距离要长一些。（上前面指着说。）

师：这些图形是不是一中同长？

生：不是。

师：不是的理由就是：从这个中心到边上的点跟到顶点的点的距离就不一样。那有没有一样的？正三角形里有几条一样的？

生：3条。

师：正方形呢？

生：4条。

师：正五边形呢？

生：5条。

师：正六边形？

生：6条。

师指圆。

生：无数条。

师：无数条？（板书）为什么是无数条？

生：圆心到圆上的半径都相等。所以有无数条。

师：我们解决的是什么问题？

生：我们解决的问题是相等的半径有无数条。

师：为什么有无数条？

生：圆心到圆上的距离都相等。

师：圆周上有多少个点？

生：无数个。

师：这些点和圆心连起来当然就有无数条，是吧！圆周上有无数点，请问：从这到这有多少个点？（指圆弧线）

生：无数个。

师：这些图形一中同长的条数是有限的，而圆从圆心到圆上的距离都是一样的。古人说的"圆，一中同长"，你认同吗？

生：认同。

师：经过我们讨论更认同了，不过刚才有同学说圆是没有角的。圆只有1条边，边是曲线。究竟哪个更重要呢？我们来看（课件出示椭圆）这个图形是不是没有角的？是不是只有1条边，边是曲线？它是圆吗？它一中同长吗？所以说"一中同长"是圆最重要的特征。墨子的这一发现比西方早了1000多年，谁能学古人的样子读一读？

（生读。）

师：圆有什么特点？

生：一中同长。

师：我们来看小明的宝藏在什么范围？我们第二个问题解决完了吗？

（三）画圆中感受"圆"

1. 从不圆中，感悟圆的画法

师：孩子们，想自己画一个圆吗？画圆用什么？

生：用圆规。

师：古人说：没有规矩，不成方圆。大家看，规就是圆规，矩就是带着直角的尺。规是用来画圆的，矩是用来画方的。

师：既然大家都会画，画一个半径为4厘米的圆。

（生自己画圆）

师：画好了吗？

（展示学生的作品，学生此时的作品都不怎么标准。）

师：从这些圆里，我们是否可以想象，它们是怎样创造出来的？

师：看来画圆并不是一件很容易的事，小组里交流一下，怎样画圆才能标准？

（生小组交流）

师：大家交流完了，好了。那现在你们说一下是怎么画的？

生：用圆规。

师：（了解圆规的发展。）现在圆规的优点在哪里？

师：用这样的圆规画圆，手必须拿着哪儿，圆规就不动了？

生：拿着圆规的头，捏着它的两条腿。

师：对，就是拿住圆规的头，捏着它的两条腿。

（课件出示：再画：一个直径是4厘米的圆。）

（生画，师巡视。）

师：哎呀，老师在巡视时，我发现你们画的较规范的圆，大小不一样，为什么？

生：这里要我们画的是直径4厘米的圆。

师：你知道什么是直径吗？顾名思义，它和半径是什么关系？

生：直径是半径的2倍。

师：定好距离，就是圆的半径。

师：孩子们，谁愿意上来画一画。这个机会老师留着了。

（师展示画圆，故意出现破绽一：没有"圆"上；破绽二：没有画完。）

生：两脚之间距离变化了；粗细不均匀。

师：你们真仔细，我把汗都画出来了。

2. 标上半径、直径

（学生标直径和半径。）

师：你说在画半径时特别注意什么？

生：在画半径时特别注意对齐圆的圆心，画完后标上字母r。

师：半径有两个端点，一个端点在圆上，另一个端点呢？

生：圆心。

师：再画一条直径。刚才他画的时候你注意到了吗？应该特别注意什么？那位戴眼镜的小伙子。

生：一定得通过圆心。

师：直径用字母d表示。d和r是什么关系？

生：2倍，d＝2r。

师：画圆是怎样画的？

师：先确定一条半径，也就是两脚之间的距离，然后确定一个圆心，再旋转一圈。为什么随手就能画出一个圆呢？

生：圆规画长是半径。

师：为什么这么做呢？先确定圆心，半径长度。

生：圆心到圆上的距离就不相等了。

师：圆的特点：圆一中同长。知道圆的特点太重要了。

（四）球场上解释"圆"

1. 出示篮球场

师：是什么？中间是什么？中间为什么是个圆？不知道篮球比赛是怎么开始的，不能回答这个问题，我们一起来看。

2. 播放篮球开赛录像

师：为什么中间要是个圆呢？

生：刚开始比赛要往对方场地传球，这样中间画圆比较公平。

师：队员在圆上，球在中心。圆一中同长，比较公平。

3. 探讨大圆的画法

师:这个圆怎么画?

生:先找到圆心,两点间距离固定好,再画。

师:大圆,再大,超大呢?没有圆规可以画?

生:用大拇指当圆心,用食指画。

师:画大圆?

生:确定圆心半径再画。

师:这个大圆,没有圆规怎么画?

(生自由交流。)

4. 追问大圆的画法

师:不是没有规矩不成方圆吗?怎么没有圆规也能画圆?

生:规矩不一定单独指圆规,指的应该是画图的工具。我们可以用不同的工具来画。

师:我们这句话还是对的。

(五)回归情景突破"圆"

1. 出示爱因斯坦的名言

"我没有什么特别的才能,不过喜欢寻根刨底地追究问题罢了。"

2. 追问中提升认识

师:一定这样吗?宝物一定是在以左脚为圆心,半径是3米的圆上吗?(课件:西瓜)宝物可能在哪里?

生:地下。

师:拿西瓜说事。我们就想到球了,球也是一中同长。圆和球有什么不同?

生:圆是平面图形,球是立体图形。

(六)课后延伸研究"圆"

依一天时间顺序,配乐出示各种各样的圆。

(下课)

【赏析】从生活情景中创造"圆"——追问中初识"圆"——画圆中感受"圆"——球场上解释"圆"——回归情景突破"圆"——课后延伸研究"圆",华应龙老师立足学生认知基础,关注"数学思考",突破了教学"圆的认识"时通常可能存在的三个问题:"第一,注重组织学生通过折叠、测量、比对等操作活动来发现圆的特征,不重视通过推理、想象、思辨等思维活动来概括出圆的特征;第二,注重让学生学会'用圆规画圆',不重视让学生思考'为什么用圆规可以画出圆';第三,注重数学史料的文化点缀,不重视数学史料文化功能的挖掘。"整堂课以"寻宝活动"为切入点,以"一中同长"为主线,让学生经历思考、辩论、明晰的过程,将圆的本质特征定位于"一中同长"上,这是一个全新的视角,也是对这类课型教材处理的一个突破。对于圆的半径、直径的特点,华老师不仅关注"是什么"和"怎样做",还注重引导学生去探究"为什么"和"为什么这样做"。正如著名特级教师张兴华对这堂课的评价："浑然大气铸成圆！"的确,一堂充满了智慧、灵气、思辨,敢于思考、敢于创新的课,怎么可能不是"大气"的课呢！

华应龙老师的"课前慎思"围绕"'圆的认识'这节课究竟要讲什么"这个问题提出了自己的几点思考：

  我思考——"特征"是指"一事物区别于其他事物的特别显著的征象、标志"(《辞海》)。那么,圆的特征究竟是什么？曲线围成、没有角、半径是直径的一半,是不是特征？"一中同长"的特征是不是需要下发空白研究报告,组织学生小组合作研究？这是不是为了"研究报告"而组织研究？这是不是教学上的形式主义？

  我思考——半径和直径是不是应该"浓墨重彩"去渲染？"圆"的概念都没有给出,是否需要咬文嚼字地概括出"半径"和"直径"的概念？揭示两者概念后,让学生从一个圆内各个不同的线段中挑出"半径"和"直径",有没有哪位老师见过学生有错？学生都不会有错的活动,要不要组织？这样的活动是不是教者自作多情、自娱自乐？

  我思考——半径和直径的关系是不是教学难点,要不要研究,是否"顾名思义"就可以理解？得出关系后的填表练习,究竟是练习的两者关系,还是练习的乘以2和除以2的口算？我们是不是总是好为人师,以为我们不讲学生就不会？是的,熟能生巧,但熟还能生厌,那熟是不是还能生笨呢？现在的学生在课堂上是不是很少"不懂"装"懂",而更多的是精明地"懂"装"不懂"？

  我思考——量出半径都相等,就科学、深刻吗？在一个圆内,半径和直径真的画不完吗？画不完就能说明"半径有无数条"吗？"半径都相等"和"直径都相等"要不要加上前提条件"在同一个圆中或等圆中"？我们说"正常人的两条腿是一样长的",怎么不加上前提条件"在同一个人身上"？以后再说"正方形的四条边都相等",还要不要加上"在同一个正方形中"呢？数学上的严谨就是这样的吗？要加上前提条件"在同一个圆中或等圆中",这是不是教学内容上的形式主义？

  我思考——圆的画法是应该教,以促进学生更好地学,但应该一、二、三地教吗？是不是在学生容易疏忽的两个地方"手拿住哪里"、"两脚之间的距离是直径还是半径"点破就可以了？学生或老师画出的不圆,是否就该随手擦掉？那些"不圆"的作品,是不是课堂中的生命体？是否应该珍惜？

  我思考——我们的小学数学教学是否应该不仅关注"是什么"和"怎样做",还应该引导学生去探究"为什么"和"为什么这样做"？这样是不是才凸显出"数学是思维的体操"这一学科特色？是不是应该带领学生经历从现象到本质的探究过程,促使学生养成研究问题的良好意识？"问题是数学的心脏",我们数学老师是否可以给学生一个问题模式,让学生"知道怎样思维",让学生掌握作为一种"非言语程序性知识"的思维？

我思考——"圆"的意蕴实在是丰富，借着这么"圆满"的素材，我们是否可以在培养学生批判思维和突破常规的创新思维上做些文章，引导学生思考"一定这样吗"？柳暗花明、曲径通幽、殊途同归的心理体验，是否更有利于学生的可持续发展？

我思考……

其实，这方方面面的问题何尝不是我们为了备好、上好每堂课而在进行教学设计时所应当关注的。

思考问题

1. 教学设计是教学活动得以顺利进行的基本保证。在具体的教学实践中，教学设计者形成的教学设计方案虽各有不同，但教学设计在教学活动中却能体现出一些共同的、普遍的特征。请分析教学设计具有哪些基本特征。

2. 教学目标设计可以从哪几个方面展开？在进行教学目标设计时，要遵循哪些基本原则？

3. 教学策略设计主要包含哪些方面？在实际教学中，教师能否正确地选择一定的教学方法使之适合学生的学习，这是提高教学质量的关键。那么，常用的教学方法有哪些？教学方法选择的依据是什么？

4. 根据不同的需要，可能会出现不同的教学评价方式。如果根据评价在教学活动中发挥作用的不同，可将教学评价分为哪些类型？

第七章
课堂教学基本功训练(一)

配套资源

本章重点

1. 了解课堂教学导入与结课技能的作用,把握这两种教学技能的常用方法、运用要领,能够较好地运用这两种教学技能组织课堂教学。

2. 了解课堂教学提问技能的含义、作用,把握提问技能的类型,能够在课堂教学中实施有效提问。

3. 了解课堂教学讲授法的含义、特点及其基本形式,理解讲授技能的应用原则与一般要求,能够较好地运用讲授技能组织课堂教学。

4. 了解板书的内涵、功能与意义,把握教学板书的类型,掌握板书设计的原则与要求,能够在课堂教学中熟练运用板书技能。

课堂教学是教育教学中普遍使用的一种手段,是在课堂这一特定情境中的一种目标明确、按计划、有组织、有步骤的教师的教与学生的学相结合的双边活动过程。课堂教学基本功主要是指在课堂教学实施过程中教师应具备的基本技能。例如,如何导入新课?当一节课的教学任务终了时,有哪些结课技巧或注意事项?如何设计并引导课堂提问?如何在课堂上使学生了解、理解和掌握所学知识,并激发学生的学习兴趣?如何设计教学板书?如何利用各种积极因素组织课堂、管理纪律、创设课堂情境,从而提升教学效果?如何控制或消除学生的消极行为,克服课堂中的各种干扰,保持学生的有意注意?这些都是我们在本章及下一章所要关注的内容。

第一节 课堂教学导入与结课技能

上好一堂课,就像演奏一曲美妙的乐章,整个演奏过程固然都不能有丝毫的松懈倦怠,然而乐章的开端和结尾处尤其值得好好地拿捏、酝酿。开头处理得好,就为整个演奏定下了合适的调子,才能引人入胜,才能令后面的演奏水到渠成;结尾把握得好,才能"余音绕梁",令听众回味无穷。因此,一堂课的开头和结尾处就显得尤为重要。

一、课堂教学导入技能

导入是课堂教学中的重要的一环,是指教师在一项新的教学内容或教学活动开始前,引导学生做好心理准备和认知准备,并让学生明确学习目标、学习内容及学习方式的一种教学行为。

(一) 课堂导入的作用

作为课堂教学的第一环,导入是一堂课的开始。精彩的课堂导入具有以下作用:

1. 吸引学生注意

教学过程对学生来说是一种心理认识过程,需要感觉、知觉、记忆、思维、想象等多种心理活动的参与,而注意力是否集中则是这种认识过程能否顺利进行的必要条件和重要保证。课堂刚开始的时候,学生还处于课间的放松状态,兴奋点不一定都在课堂上,注意力会游离在外,这时候教师直接授课,教学效率必定会降低。巧妙地导入新课,可以起到先声夺人的效果,吸引住学生的注意力,将学生的兴奋点转移到课堂上来,集中到教学的内容上。学生的注意力越集中,学习效率越高;注意力集中得越持久,课堂效果越好。

2. 激发学习兴趣

教育家第斯多惠说:"教育成功的艺术就在于使学生对你所教的东西感到有趣。"被动接受在记忆时长和理解程度上远不如主动学习获得的知识。有趣的课堂导入会激发学生的学习兴趣,使其产生求知的欲望,由对知识的被动接受变成对知识的主动探究、总结、理解、接受。

3. 开拓学生视野,拓展其思维

历史典故、寓言笑话、传说故事、演示实验等内容的课堂导入,可以增加学生的知识,开拓学生的视野,增长学生的智慧。问题情境的课堂导入,可以激发学生解决问题的欲望,促使其不断探索和思考。问题的解决可以让学生掌握知识,问题的解决过程可以让学生掌握解决问题的方法,拓展学生思维。

4. 明确教学目标

目的性是人类实践活动的根本特性之一,教学有无明确的目的,以及学生是否明确目标,是衡量教学成功与否的重要标准。有经验的教师总是在课堂导入过程中让学生预先明确学习目标,让学生知道本节课需要掌握的知识和技能。当学生的积极性调动起来、思维处于活跃状态时,教师就要适时地讲明学习的目的和意义,从而激发其学习动机,使学生保持旺盛长久的注意力,并自觉地控制和调节自己的学习活动,积极主动地参与课堂教学。

5. 设置伏笔

优秀的课堂导入会为整节课甚至整个章节、学科的教学设置伏笔,整个课堂会围绕这个伏笔展开,开端、发展、高潮、结局依次有序且精彩地演绎下去。导入中的伏笔将引导学生去寻求答案,经过师生共同努力,最终解决好问题、处理好矛盾,整节课堪比一篇优美的小说,环环相扣,别具匠心,波澜起伏,引人入胜,最终豁然开朗,令人回味无穷。

6. 沟通师生感情

初始阶段的课堂导入会让学生对教师产生第一印象。教师的一个眼神、一个动作、一抹笑容、一句话语,如果一下子博得了学生的好感,那便取得了通往学生心灵的通行证,为教与学之间的信息交流、情绪反馈打开了通道,铺平了道路,使教师的授课建筑在学生期待、信赖、尊重、理解的基础上。高明的教师总是善于运用独特的开场白来活跃气氛,以达到师生心理相容的目的。这种良好的教学氛围,既有利于教师的教,也有利于学生的学。

(二) 课堂导入的方式

1. 直接导入

直接导入是最简单和最常用的一种导入方法。上课伊始,教师直接阐明学习目标和要求,以及本节课的教学内容和教学安排,通过简短的语言叙述、设问等引起学生的关注,使学生迅速地进入学习情境。例如教学《狐狸和乌鸦》一课的导入:

同学们,看这个题目我们就知道讲的是狐狸和乌鸦的故事。在一棵大树上住着一只乌鸦,它找到了一块肉,非常高兴,嘴里叼着肉站在树上。这正好被一只狐狸看见了,它很馋,想得到这块肉,于是,它就使用计谋骗了乌鸦。你想知道狡猾的狐狸是怎么骗了乌鸦的吗?下面就让我们在文章中寻找答案。

这样的导入简洁清晰,能让学生快速进入学习状态,开始新课的学习。

2. 直观导入

直观导入是指教师通过实物、标本、挂图、模型、图表等直观教具,以及幻灯、投影、电视、录像、电脑等媒体对与教学内容相关的信息进行演示的一种导入方法。这种导入方式以强烈的视听效果、逼真的现场感受吸引学生进入学习情境。例如教学《平行四边形的面积》时的课堂导入:

师:(拿一个长方形框架)大家认识这个吗?

生1:这是制作风筝的一个普通的框架。

生2:长方形框架。

师:如果这个长方形长10厘米,宽8厘米,那么它的面积是多少?

生:80平方厘米。

师:你能在不破坏这个框架的基础上改变它的形状吗?

生1:拉长方形的对角。

生2:捏住这个长方形的一组对角,向外拉,它就变了。

师:变成什么图形?

生:平行四边形。

师:这时的平行四边形,你能猜出它的面积吗?

生1：它的面积不变，还是80平方厘米。

生2：它的面积比80平方厘米小了。

生3：比80平方厘米大了。

师：哪位同学的答案是正确的呢？相信你们学了"平行四边形的面积"后就会茅塞顿开了。（板书：平行四边形的面积）

小学生的思维特点是以具体形象思维为主，抽象逻辑思维在很大程度上依赖于感性经验。因此，新课的导入可利用实物演示，变抽象概念为具体的实物。这不仅能激发学生的学习兴趣，而且也培养了学生的观察和思考能力。

3. 故事导入

故事导入是指教师利用小学生爱听故事、爱听趣闻轶事的心理，通过讲述与教学内容有关的具有科学性、哲理性的故事、寓言、传说等，激发学生兴趣，启迪学生思维，创造情境引出新课，使学生自觉进行新知识学习的一种导入方法。例如教学《小数点移动》时可采用故事导入法：

在数学王国里，有很多很多的数，其中有一对兄弟，他俩长得非常相似，（板书：257.6、25.76）你能分辨出它们的大小吗？如果这兄弟俩能相互团结、和睦相处那该多好呀。可是257.6依仗自己大，对25.76不仅不爱护，反而经常欺负它。这件事被生活在它们身边的小数点知道了，小数点决定要为25.76讨回公道。机会终于来了，这天257.6又在耍威风，那神气劲儿就别提了，就在它得意扬扬的时候，小数点悄悄地从"7"的右下角来到了"2"的右下角（教师操作橡皮泥小数点），大家再看这个数（手指2.567）还能神气吗？为什么呢？从上面这个故事，我们可以看出一个什么问题呢？那就是小数点位置移动能使小数的大小发生变化。那么，发生了怎样的变化呢？今天，我们就来研究这个问题。

采用故事导入新课，可以把相对枯燥的内容变得生动有趣，从而激发学生的学习兴趣，同时又能生动地表现"小数点位置移动引起小数大小的变化"，学生的思维从抽象思维过渡到直观性思维。

4. 实验导入

实验导入是指教师通过演示生动有趣的实验，引导学生认真观察、积极思考实验中的各种现象，使学生进入学习情境的一种导入方法。实验导入能够有效地吸引学生的注意力，激发学生学习的兴趣和愿望，促进学生仔细观察、积极思考，培养学生科学研究的态度。例如课文《乌鸦喝水》一课的导入：

师：（把盛有半瓶水的瓶子放在讲桌上，然后慢慢往瓶子里放小石子。）同学们观察一下瓶子里的水有什么变化？

生：水越来越多，水面越来越高了。

师：有一只聪明的鸟就是用这样的办法喝到水的，这一节课让我们一起来学习《乌鸦喝水》这篇课文吧!

采用直观的实验,能使抽象的知识具体化、形象化,为学生架起由形象向抽象过渡的桥梁。

5. 问题导入

问题导入是指教师提出富有挑战性的问题使学生顿生疑虑,引起学生的回忆、联想、思考,从而产生学习和探究欲望的一种导入方法。问题导入的形式多种多样,可以由教师提问,也可以由学生提问;可以单刀直入,直接提出问题,也可以从侧面提问设置悬疑;可以由直接问句形式来呈现,也可以由"谜语"等形式来呈现。例如《蜘蛛》一课的导入:

师:同学们,老师出一则谜语,看你们能不能猜出谜底是什么。"远处有座葫芦山,山头两根小树桩。几支竹子山坡长,弯着腰儿对着看。"(老师边诵边画,学生一看,很快就猜出谜底来了。)

师:蜘蛛会干什么?它结网是为了什么?(接着,老师边诵边画:"摆下一张八卦网,专等美餐送上来。"几句儿歌,早把孩子们逗乐了。)

师:蜘蛛是怎样利用这张网来捕捉虫子的呢?我们学完了《蜘蛛》一课就明白了。

这样的导入开拓了学生的思维,激发了学生学习的兴趣,大大活跃了课堂气氛,并能使学生以最佳的思维状态进入到学习中来。

6. 情境导入

情境导入是指教师通过音乐、图画、动画、录像或者满怀激情的语言创设新奇、生动、有趣的学习情境,使学生展开丰富的想象,产生如闻其声、如见其形、置身其中、身临其境的感受,从而唤起学生情感上的共鸣,使学生情不自禁地进入学习情境的一种导入方法。例如《Shopping》一课的导入:

T:You know, I'm new here. I thought it would be hot in Zhuhai. But today it is cold. I'm just in a blouse.

Now I'm feeling a little cold. So I want to go shopping and buy some warm clothes. (Read the title "shopping".)

(课件:显示屏上出现一些碎片,碎片慢慢扩大,变成一件毛衣。)

T:What am I going to buy? What do I want? Just guess and say:"You want ... "

(课件:教师走进一家服装店,与售货员进行交谈。)

T=the teacher　C=the computer　Ss=the students

C:Can I help you?

(Learn to say:"Can I help you?")

T:I want a sweater, sir.

C：How about this one?

（课件：售货员拿出一件很大的毛衣。）

T：I think it's too big.

C：How about this one?

（课件：售货员拿出一件很小的毛衣。）

T：How about this one? What do you think?

Ss：It's too small.

C：How about this one?

（课件：售货员拿出一件对教师来说大小合适的毛衣。）

T：I think the size is OK. Do you think so?

Ss：yes!

教师通过创设情境，并借助相应的课件，使学生仿佛身临其境，很自然地融入"Shopping"的语言氛围，从而更快地进入课堂教学的情境之中。

7. 温故导入

温故导入是指教师通过帮助学生复习与即将学习的新知识有关的旧知识，从中找到新旧知识的联结点，从而合乎逻辑、顺理成章地引出新知识的一种导入方法。它由已知导向未知，过渡流畅自然，适用于导入前后连贯性和逻辑性较强的知识内容。例如教学《圆的面积》时的课堂导入：

师：同学们，我们以前都学过哪些图形的面积计算？

生1：长方形、正方形。

生2：三角形、平行四边形、梯形。

师：还记得它们的面积是怎样推导出来的吗？

生：长方形和正方形是用数方格的方法来推导的；三角形、平行四边形和梯形是把它们转换成其他图形来推导的。

（师板书：数方格　转换）

师：那我们今天学习圆的面积计算，看看能不能用我们前面的方法来推导它的计算方法。

通过复习长方形、正方形、三角形等图形面积计算的推导方法，唤起了学生的原有知识和学习方法，为学习新知识做好了铺垫，很快将学生引入到对新知识的探究活动中去。

8. 悬念导入

悬念导入是指在教学中，创设带有悬念性的问题，给学生造成一种神秘感，从而激起学生的好奇心和求知欲的一种导入方法。悬念总是出乎人们意料，或展示矛盾，或使人困惑，常能造成学生心理上的焦虑、渴望和兴奋，想尽快知道究竟，而这种心态正是教学所需要的"愤"、"悱"状态。例如课文《惊弓之鸟》的课堂导入：

师：现在空中飞着一只大雁，大家想想用哪些办法能把它打下来？

生：用箭射，用枪打……

师：你们所用的方法都可以。可是，古时候有个射箭能手更羸，却是只拉弓，不用箭，嗖的一声把这只大雁射下来了，这究竟是什么缘故呢？答案就在课文中。请大家仔细阅读课文，看谁先把答案找到。

由于悬念的诱惑，学生立即对课文产生了浓厚的兴趣，一种强烈的好奇心驱使他们主动认真地读书、思考。值得注意的是，制造悬念要从教材和学生实际出发，如果故弄玄虚，那就失去了悬念的意义，有的甚至会把学生弄糊涂。

9. 经验导入

经验导入是指教师以学生已有的生活、学习经验作为切入点，通过激活与将要学习的教学内容有关的学生的亲身经历，引导学生学习新知识的一种导入方法。任何知识都源于生活，又服务于生活，从生活实际出发，利用学生的成长经验导入新课，会使学生产生亲切感，更易激起其学习兴趣。例如教学《两位数加一位数》的课堂导入：

师：小朋友们，你们逛过商店吗？谁来说一说逛商店的一些经历和体会？（指名学生发表自己的经历和感受。）

师：这个星期天，我们的好朋友淘气和妈妈一起来到商店买玩具，妈妈给淘气挑了一个标价24元的玩具，淘气自己挑了一个价格在6元至9元之间的玩具，可以怎样买？请你们同桌合作选一选，看有哪些不同的买法；然后，一个同学扮演售货员，几个同学扮演顾客去买东西，其余同学帮忙算一算，共花了多少钱？（学生按照要求和提示进行合作互动。）

教师设计一个与学生生活经历接近、学生感兴趣的选择购物的情境，在解决问题的过程中先进行抽象，抽取数学模型，而后自主研究如何计算，可以增强学习的实效性，提高学生学习的积极性。

10. 活动游戏导入

活动游戏导入是指教师通过组织学生做与教学内容密切相关的活动或游戏，激发学生的学习兴趣，活跃课堂气氛，使学生在既紧张又兴奋的状态下不知不觉地进入学习情境的一种导入方法。例如教学《平均数》时的课堂导入：

师：同学们，我们今天来搞一次拍球比赛，请6名同学上来，分成两个队，在规定的时间内看哪个队拍球的总数最多，哪个队就获胜。大家觉得怎么样？

生：（异常兴奋）好！

师：这6名同学分成甲乙两队，每人拍5秒钟，请其他同学当裁判，老师把各队拍球的数量写在黑板上。比赛开始？（两个队的同学都开始拍球，同学们纷纷鼓掌、加油。）

师：甲队分别拍了9个、14个、12个。乙队分别拍了8个、13个、10个。现在请同学们以最快的速度计算出每队的结果。

师：通过计算，甲队拍了35个，乙队拍了31个，甲队获胜。但是，乙队的同学好像有点不服气，那么你们可以再找一位同学来支援你们队。（一名同学加入乙队，现场拍球10个，使乙队拍球总数达到41个。这时老师又宣布乙队获胜。乙队欢呼，甲队则没有反应。）

师：大家真的没有什么想法吗？

生：我们队3个人拍球，乙队4个人拍球，这样比赛不公平。

师：哎呀，看来人数不相等，用比总数的办法来决定胜负不公平。难道就没有更好的办法来比较这两队总体水平的高低吗？

（学生在认知思维冲突中，在解决问题的需要中，提出"平均数"。）

游戏是儿童喜爱的活动形式，根据小学生活泼、好动、好奇心强的特点，为体现"课堂教学要为学生创设轻松愉快的学习氛围"的新课程理念，在新课导入时，教师可以通过组织学生做各种新颖有趣的游戏，或进行一些别出心裁的小竞赛，融知识性、趣味性于一体，寓教于乐，让学生在轻松、愉快的教学氛围中积极参与到新课的学习中来。

以上是几种常见的课堂导入方法，教师还可以根据学科特点和教学内容的需要，设计更多的导入新课的方法，诸如歌曲导入、笑话导入、诗词导入等。总之，导入有法，但无定法，贵在得法。课堂导入没有固定的格式和方法，但无论用何种形式和方法导入新课，都是为了激发学生求知的兴趣。因此，一定要以学生为中心，紧扣教学目标，讲究知识性和趣味性，富于启发性和激励性，因时而变，因势而改，以达到课堂教学的最优化。

（三）课堂导入环节应注意的问题

教师在设计课堂导入时，要注意"三宜三忌"。

1. 宜简洁明快，忌冗长拖沓

导入只是课堂的一个开头，它的作用是为教学打开思路，不能喧宾夺主。这里的简约明快，不是简单敷衍，而是指抓紧课堂时间，用短短几分钟引导学生很快地进入对新知的探寻，不要在导入上花费大量时间，影响了新知识的教学。且教师用来导入的语言假如冗长拖沓，学生就会抓不住重点，不能很好地进入学习状态。因而教师的导入时间一般不宜超过5分钟。

2. 宜灵活多变，忌千篇一律

心理学研究表明：精彩的课堂导入，往往能给学生带来新奇感，不仅能使学生的思维迅速地由抑制到兴奋，而且还会使学生形成一种自我需要，自然地进入学习新知识的境界中。在导入过程中，教师应根据教材及学生的特点灵活处理，调动学生的多种感官，把学生引向新知识，使整堂课有血有肉，充满活力，充满创造。切忌千篇一律，平铺直叙，否则只会扼杀学生的积极性，消磨掉学生课堂学习的热情。

3. 宜回归本真，忌牵强附会

新的课程理念认为：当教学中创设的情境生动有趣时，学生才会把课堂当成"乐园",才会产生探究的欲望。然而情境创设过于追求生动有趣,就不免会哗众取宠,牵强附会。导入不能脱离教学内容和学生的实际,要从教学内容的整体出发,服从整体,为整体服务。课堂教学过程应突出教师"教"与学生"学"的主体过程,无论课堂导入的方法多么精彩,最终必须落脚在教学效果上。教师要用教学自身的魅力引领学生步入教学的神圣殿堂,由此而产生的兴趣,才能持久不衰。

总之,我们要在瞄准教材的重点、难点的前提下,根据学生的心理特点与教学内容,灵活设计,巧妙运用,使"导入"这个教学的"第一锤",敲在学生的心灵上,迸发出迷人的火花。

关于课堂教学导入技能,可参考姜志刚《教学导入:师范生应具备的课堂教学技能》一文(请扫描本章二维码)。

二、课堂教学结课技能

俗话说:"编筐编篓,重在收口;描龙画凤,难在点睛",一堂课的结尾就是"收口"和"点睛"的工作。如果说,引人入胜的开头能产生"课伊始,趣亦生"的效果,那么巧妙的结尾亦能收到"课虽终,趣犹存"之功效。

结课技能是教师在一个教学内容结束或一节课的教学任务终了时,有目的、有计划地通过归纳总结、重复强调、实践等活动使学生对所学的新知识、新技能进行及时的巩固、概括、运用,把新知识、新技能纳入原有的认知结构,使学生形成新的完整的认知结构,并为以后的教学做好过渡的一种教学行为。

结课技能不仅应用于一节课的结束、一章知识学习的终了,也经常应用于相对独立的教学阶段的结尾。

(一)运用结课技能的作用

巧妙合理的结课方式,能使学生对全课的教学内容获得明晰的印象,或开拓学生视野,引起联想和思索,产生画龙点睛、巩固知识、启迪智慧的作用。正如袁微子先生所说:"成功的结尾教学,不仅能体现教师的技巧,而且学生会主题更明,意味犹存,情趣还生。"课堂教学结课技能运用得好,能发挥以下几方面的作用:

1. 总结教学内容,埋下教学伏笔

在全课结束时,教师可对教学中的知识内容进行概括总结,使学生对所学的知识有一个完整的印象。同时,还可以围绕单元教学目标向学生提出有关问题,为讲授以后的新课题创设教学情境,埋下伏笔,诱发学生继续学习的积极性。

2. 形成知识网络,梳理教学脉络

一般来说,一堂课要经历几个教学阶段,每一阶段都有各自的特点和任务,其中有主有次,且后面的教学活动往往冲淡了前面的学习内容,学生一时难以形成完善的知识结构。通过恰当的结课,可以帮助学生进行简要的回忆和整理,理清知识脉络,便于学生把握教学重点,使其更容易从复杂的教学内容中简化储存信息,从而对新知识的学习更加清晰、明确、系统。

3. 总结思维过程，促进智能发展

在全课结束时，教师运用巧妙的结课方法，既能引导学生总结自己学习本课内容时的思维过程和解决问题的方法，又能促进学生智能的不断发展。同时，小学阶段是学生逻辑思维、抽象思维形成的重要阶段，结课的主要思维形式是概括、归纳，因而也有利于学生抽象思维能力的培养与提升。

4. 领悟内容主题，进行思想教育

在全课结束时，教师可通过精要的总结或揭示本质的提问，使学生领悟到所学内容主题的情感基调或知识核心，做到情与理、前因与后果的融合。同时，又能激励学生将这些体验和知识转化为指导学生思想行为的准则，达到对学生进行个性陶冶、品德培养或唯物主义教育的目的。

5. 巩固所学知识，强化学习技能

结课其实是一种"及时回忆"。知识的再次重复、深化，会加深记忆。在全课结束时，教师可通过设计一些口头或书面的练习思考题、实际操作或评价活动等，训练学生的行为技能，从而达到对所学知识复习、巩固和运用的目的。

(二) 运用结课技能的原则

1. 目的性原则

结课是为实现课时教学目标服务的。因此，教师必须以课时既定的教学目标为依据来确定结课的实施方式与方法。结课要紧扣教学目标，抓住教学重点，针对学生实际情况，把握课堂教学情境，采取恰当的方式，把所学新知识及时纳入学生已有的认知结构中，以利于学生的回忆、检索和运用。

2. 启发性原则

根据小学生好奇、好动、好胜的特点，教师的结课形式应新颖别致且能有效激发学生的学习动机，要给学生以启发，以激起他们努力探索的积极性。要"点而不透，含而不露，意味无穷"。

3. 迁移性原则

课堂教学的时间毕竟是有限的，学生在课堂上学到的内容不应成为他们知识体系的全部。这就要求教师在教学结束时，要引导学生根据课堂教学的内容，通过联系实际或创设情境，对所学的知识进行有效迁移，使其形成灵活的学习技巧和能力。

4. 多样性原则

结课的形式应多种多样，不仅不同科目的结课方式各异，而且不同课型也须选择不同的结课方式。例如，对揭示概念的课型一般可采用画龙点睛、概括要点的结课形式；对法则、定律推广练习一类的课型，可采用讨论、总结、归纳的结课形式。此外，对不同年级的学生，要根据他们心理、生理的特点选择不同的结课方式。低年级一般采用"启发谈话，回顾复述"的结课形式；高年级较多地采用"抽象概括，整理归纳"的结课形式。同时，还可结合学生的年龄特点，安排一定的实践活动，如练习、口答、实验操作等。

5. 适时性原则

结课要严格控制时间,按时下课,既不可提前,也不可"拖堂"。由于计划不周或组织不当,课堂教学节奏过快,留给结课的时间过多,学生无事可做,教师随心所欲,生拉硬扯一些与本节课毫无关系的杂事来应付,既浪费宝贵的教学时间,也会冲淡或干扰本课的主题,影响学习效果。而拖堂延点同样得不偿失。下课铃一响,学生的注意力就不集中了,此时继续讲课、结课都不会取得好效果。

(三) 结课的方法

结课的方法多种多样,教师可以根据不同科目、不同课型、不同教学内容,以及学生不同年龄段等特点灵活选用。概括地说,小学教学中常用的结课方法有以下几种:

1. 归纳法

归纳法是教师引领学生以准确精练的语言对课堂讲授的知识进行归纳、概括、总结,梳理讲授内容,理清知识脉络,突出重点和难点,归纳出一般的规律、系统的知识结构等的方法。根据学生的程度,教师可以自行总结,提纲挈领,加深学生的记忆;也可以引导学生总结,教师给予及时的补充和提示,培养学生的概括能力。它可以在一节课结束时进行,也可以在有联系的几节课结束后运用。例如,教学译林版新教材 3A Unit7 "Would you like a pie?" Story time 第一课时,结课部分教师是这样设计的:

T:Today we've learned a lot. Now, let's summarize. 当我们认识新朋友时,我们该怎样打招呼呢?

S:Nice to meet you.

T:Great! 当我们询问对方,你想要一根热狗吗?用英语怎么说呢?

S:Would you like a hot dog?

T:当你不想要某样东西时,应该怎样委婉地拒绝对方呢?

S:No, thank you.

T:当你问别人要不要蛋糕时,你可以怎么说呢?

S:Would you like a cake?

T:Yes. We also say …

S:What about a cake?

T:Yes, you are so clever.

归纳结课虽然看起来顺理成章,但是若运用得过于频繁或者运用不当,则会给学生死板枯燥的感觉。

2. 比较法

比较法是教师对教学内容采用辨析、比较、讨论等方式结束课堂教学的方法,意在引导学生将新学知识与原有认知结构中类似或对立的内容进行分析、比较,既找出它们各自的本质特征,又明确它们之间的内在联系或异同点,使学生对内容的理解更加准确、深刻,记忆更加牢固、清晰。例如,有位教师讲授峻青的《秋色赋》,在结课时将欧阳

修的《秋色赋》和毛泽东的《沁园春·长沙》一并在PPT上呈现,引导学生比较、思考和讨论:

"其色惨淡,烟霏云敛;其意萧条,山川寂寥。"——这是欧阳修的秋。

"绚丽缤纷","眼花缭乱","不是人生易老的象征,而是繁荣昌盛的标志。"——这是峻青的秋。

"万山红遍","漫江碧透","万类霜天竞自由。"——这是毛泽东的秋。

通过比较,北宋文人、现代作家和伟大无产阶级革命家笔下的秋,其色、其光、其形、其情操、其胸怀、其精神的差异,给予学生认识上的不同感受,让学生在联想、想象、审美体验中,去实现对美的判断与理解。

3. 悬念启下法

即在课堂教学即将结束时,教师结合教学内容提出一些富有启发性的问题,但不做答复,制造悬念,引发学生探究的欲望。这种方法能激发学生的求知欲,能以此课之尾为彼课之头,使整个教学过程密切联系,新旧知识衔接起来。例如,一位教师在教学《卖火柴的小女孩》尾声时这样设计:

今天,我们学习了《卖火柴的小女孩》,知道了卖火柴的小女孩悲惨命运的原因。那么,假如卖火柴的小女孩来到我们中间,来到我们这个充满温情的国度,我们的社会将会怎样对待她?我们的同学将会怎样关心她呢?这些问题请同学们认真思考一下,明天的作文课我们来解决这些问题。

课堂在扣人心弦处戛然而止,教师打出"欲知后事如何,且听下回分解"的招牌,引发学生产生继续探究的强烈愿望,为后续教学奠定了良好的基础。

4. 练习法

即在教学活动即将结束时,教师抓住教材中的关键性问题和主要训练任务,精心设计练习、作业,让学生当堂完成。这是最简单、最常用的一种结课方式。教师通过精心设计的练习题,趁热打铁,既能使学生巩固所学知识,促使技能的形成,又能加深对教学内容的理解,还能及时给教师提供教学反馈信息。例如,小学数学特级教师吴金根在教学《小数点位置移动引起小数大小的变化》一课的末尾设计了几组练习题:

第一组:① 把0.2扩大1000倍,是多少? ② 把20.9缩小1000倍,是多少?

第二组:① 0.45×10 0.45×1000 2.8×10 28×10 2.8×100 28×1000
② 0.45÷10 2.8÷10 28÷1000 8.5÷100 850÷1000 0.85÷100

第三组:下面我们来做一个算年龄的题目。(略)

这三组练习题,难度逐层递进,既巩固了所学知识,为学生创设了展示才能的机会,使其享受到成功的快乐,同时又为下一课伏笔设疑,令人余兴未已。

5. 游戏法

游戏法是一种把练习内容寓于游戏之中的结束课堂教学的方法。小学生往往对大量的、枯燥的练习缺乏兴趣，甚至容易产生厌倦心理，学习处于被动状态。采用游戏法结课能帮助他们从厌倦情绪中解放出来，唤起他们主动参与练习的激情，收到事半功倍的效果。例如，一位教师在教学《最大公约数》时设计了"猜电话号码游戏"来结束课堂教学：

王老师家的电话号码是一个七位数，从高位到低位依次是：① 最小的合数；② 最小的自然数；③ 最小的既是奇数又是素数；④ 既是偶数又是素数；⑤ 只有三个约数的偶数；⑥ 既是5的倍数，又是5的约数；⑦ 6和12的最大公约数。你能说出王老师家的电话号码吗？

这种结课方式使新课在轻松愉快的气氛中结束，寓知识的巩固、思维的发展于轻松的游戏之中，从而使学生提高了学习兴趣，增强了自信。

6. 点题法

点题法是教学即将结束时，在学生对教材进行了认真研读，对一些问题做了深入思考的基础上，教师对教学内容直接或间接地说明、点拨，以表现和揭示主题的结课方法。例如，有位教师在结束课文《只有一个地球》时，就采用了点题法：

我们只有一个地球，人类与大自然是互相依存的关系，地球是我们的家园，人类只有保护好自己赖以生存和繁衍的大自然，保护好生态环境，才能有幸福美好的发展前景；反之，如果我们不珍惜地球上的山山水水、森林草原，比如污染水源、毁坏树木等，则会受到大自然的惩罚。因此，我们每个人都要自觉地爱护大自然的一草一木，为保护、改善、美化人类的生存环境做出自己应有的努力。

既照应了课题，又揭示和升华了文章的主题。

7. 质疑法

即在课堂教学活动接近终点时，让学生结合教学内容提出自己在学习中还没有弄懂的问题，由学生讨论或教师讲解，从而解决学习中的疑难。这种方法能准确掌握反馈信息，及时查漏补缺，使教学工作不留后遗症。同时还能培养学生的质疑问难能力和创造思维能力。例如，有这样一个案例：

特级教师于漪在教学《宇宙里有些什么》一课临近结束时让学生看书、提问题。有位同学站起来问："课文中有这样一句话，'宇宙里有几千万万颗星星'，老师，'万万'等于多少？"话音刚落，全班学生都笑了。提问题的同学脸红了，似乎是在后悔自己怎么问了这样一个愚蠢的问题，谁不知道，"万万"就是"亿"呢？这时只听于漪老师笑着说："这个问题不用回答，大家都知道了。可是我要问，既然'万万'是'亿'，作者为什么不用一个'亿'字，反而用了两个字

'万万'呢?"教室里顿时安静下来,学生们开始积极思考,发表着不同的意见。过了一会儿,一个学生站起来说:"不用'亿'用'万万'有两个好处,第一,用'万万'听起来响亮,'亿'却听不清楚;第二,'万万'好像比'亿'多。"这时同学们又笑了,其实这个同学的回答是正确的。于老师当即给予肯定,并表扬说:"你实际上发现了汉语修辞中的一个规律,字的重叠可以产生两个效果,一是听得清楚,二是强调数量多。"这时同学都用钦佩的眼光看着那个学生,而老师却说:"大家可以想一想,我们今天学到了这个新的知识,是谁给予我们的呢?"这时大家都将目光集中到第一个提出问题的同学,这个学生十分高兴,这对他以后敢于大胆提出问题,起到了很好的作用。

运用这种方法结课,要求教师具有较高的教学调控能力,能引导学生提出与教学内容相关的问题,并能引导学生对所提问题做出贴切的回答。

8. 拓展延伸法

即在课堂教学即将结束时,教师利用教学的某些契机,把课尾作为联系课内外的纽带,把课堂教学向课外延伸的方法。这种方法将本学科与其他科目或以后将要学到的内容或生活实际联系起来,能开拓学生的视野,丰富学生的知识,激发学生学习、研究新知识的兴趣。例如,特级教师于永正执教《望月》,在学生分角色朗读后,是这样结课的:

写得美,读得也美。大作家罗丹曾经说过一句话:"美是到处都有的,对我们的眼睛来说缺少的不是美,而是发现。"比如月亮吧,"今人不见古时月,今月曾照古时人",从古至今都是这一个月亮,但是那么多作家、诗人笔下的月亮为什么都不一样,都那么美呢?今天作业就是:在有月亮的晚上,同学们观察一下月亮,再观察一下周围的景物:山、树、人、房屋都是什么样。你仔细观察,用心幻想,你的笔下一定会有一篇篇优美的文章诞生。于老师期待着。

这就将学生的视野由课文引向了古今中外表现"月亮"的优秀文学作品,将书中的"月亮"过渡到周围的山、树、人、房屋,同时也将课文教学延伸到课外写作。

除了以上所举,另外还有串联式、自然收束式、首尾照应式、活动操作式等多种结课方法。结课的方法虽多,但归纳起来主要有两类,即封闭型结课和开放型结课。封闭型结课的目的是巩固学生所学的知识,把学生的注意力集中到课程的要点上,这种方法是对教学内容的归纳总结,对结论和要点的进一步明确和强调,并尽可能地引出新问题,把学生学到的知识应用到解决新问题中去;开放型结课是在一个与其他学科、生活现象或后续课程联系比较紧密的教学内容完成后,不仅限于对教学内容、要点的复习巩固,而是把所学的知识向其他方面延伸,以拓宽学生的知识面,引起更浓厚的学习兴趣,或把前后知识联系起来,使学生的知识系统化。在实际教学中具体采用什么方式结课,要根据教学内容的性质和学生的年龄特点等灵活掌握。

课堂教学导入与结课技能实训

1. 人教版小学语文三年级下册《燕子》一课全文如下:

请选择两种以上的导入方式进行模拟课堂导入,并谈谈选择这些导入方式的出发点及其优缺点所在。

2. 在人教版小学数学五年级下册《分数的意义》课堂教学中,不同的教师采用了不同的结课方式:

【例1】 师出示习题:通常,冰山露在海面上的部分只占整座冰山的（　　）。

   A. $\dfrac{1}{2}$ B. $\dfrac{1}{10}$

师:瞧,善于观察,善于联想,分数的确就在我们身边。不过,老师最后还有一个问题:除了冰能浮在水面上外,还有什么东西也能浮在水面上?

生:塑料、泡沫、木板……

师:这些东西如果浮在水面上,露出水面的部分还会是整体的$\dfrac{1}{10}$吗?

生:不一定。

师:它们又分别占整体的几分之几呢?请回去查查资料,相信你们一定会有新的发现。

【例2】 师:同学们,回顾这节课,你有哪些收获?

生:(略)

师：同学们的收获可真多。让我们一起来看：课的开始我们了解了分数是怎样产生的。然后通过找四分之一，理解了单位"1"。接着又通过在10个三角形中找不同的分数，概括出了分数的意义。在学习的过程中，我们还用了一种非常重要的数学思想——数形结合。同学们，随着我们年龄的增长，以后大家还将学习更多关于分数的知识。

【例3】 师：同学们这节课表现得都很棒，收获也很多。最后，我们一起来做个游戏，看看谁最聪明。假设一只手的五根手指一样长：

请你拿出一只手的手指的五分之一来评价一下自己的表现。（第一，最棒）

请你拿出一只手的手指的五分之二来庆祝一下自己的收获。（成功，耶）

请你拿出一只手的手指的五分之三来表示你是否同意下课。（OK）

请分析以上三个例子分别运用了哪种结课方式，其各自的优点何在？

第二节 课堂教学提问技能

学起于思，思源于疑，学习和思考都是从疑问开始的。

提问是一项具有悠久历史渊源的教学技能，我国古代教育家孔子就常用富有启发性的提问进行教学。他认为教学应"循循善诱"，运用"叩其两端"的追问方法，引导学生从事物的正反两方面去探求知识。古希腊哲学家、教育家苏格拉底的"产婆术"的核心也是提问。

一、课堂提问技能的含义

课堂提问是在教学过程中，教师运用提出问题，以及对学生回答的反应的方式，以促使学生参与学习，了解他们的学习状态，启发思维，使学生理解和掌握知识，发展能力的一类教学行为。

提问技能是一项基本教学技能，既渗透于各项教学基本技能的运用之中，如语言技能、反馈技能、观察技能、倾听技能、课堂组织技能等，又统领各项教学基本技能共同实现教学目标。

二、课堂提问的作用

美国心理学家布鲁纳指出："教学过程是一种提出问题和解决问题的持续不断的活动。"在课堂教学中，提问是保证课堂教学有效性的重要方式。

（一）增加师生交流，活跃课堂气氛

教学活动是教师和学生共同参与的双边活动，在这种活动进程中，师生之间不仅存

在知识的传递,而且还存在着感情的交流。一个好的问题犹如一条纽带,会将师生间的认识和感情紧密联系起来,架起师生双向交流的桥梁,而且能活跃课堂气氛,促进课堂上教与学的和谐发展,使课堂保持活跃、轻松、和谐的良好氛围。

(二) 集中学生注意力,激发学习兴趣

课堂提问给学生以外部刺激,防止了注意力的分散,并使学生经常保持有意注意;同时,又能激发学生的好奇心,使他们的兴趣和注意力集中到某一特定的专题或概念上,从而生成探究的欲望,迸发学习的热情,产生学习的需求,进入"愤"、"悱"的状态。而好的提问,好比水中投石,激起千层浪花,能打破学生脑海里的平静,使之涟漪阵阵,甚至波澜迭起。

(三) 开阔学生思路,启迪学生思维

宋代朱熹说:"读书无疑者,须教有疑,有疑者却要无疑,到这里方是长进。"思维始于问题,没有问题就没有认知的困惑,从而没有思维。问题就是矛盾,提问就是摆出矛盾,而解决矛盾的过程就是思维的过程。实践证明,提问是开启学生思维器官的钥匙,是思维启发剂。

(四) 获得信息反馈,提高教学质量

通过教学提问活动,教师和学生可分别从中获得对各自有益的反馈信息,以作为进一步调整教与学活动的重要参考。如教师可以通过提问,了解学生学习的情绪、心态,了解学生掌握知识的情况,探明学生知识链条上的漏洞和产生错误的原因,从而针对每个学生和自己教学中存在的问题,不断调整自己的教学,做到对症下药,因材施教,切实地改进和提高教学质量。同时,学生也可以通过答问,从老师那里获取评价自己学习状况的反馈信息,在学习中不断审视自己,改进自己的学习态度、方式等,使自己后继的学习活动更富有成效。

三、课堂提问的类型

根据不同的分类标准,课堂提问可以分成不同的类型。这里主要介绍以下几种:

(一) 根据答案层次分类

1. 判别类问题

主要是对事物加以判定。代表性词语是:"是不是"、"对不对"、"行不行"、"好不好"、"能不能"、"会不会",等等。

2. 描述类问题

主要是对客观事物加以陈述和说明。代表性词语是:"是什么"、"怎么样",等等。

3. 探索类问题

主要是对事物的原因、规律、内在联系加以阐释。代表性词语是:"为什么"、"你从中能发现什么"、"你该如何",等等。

4. 发散类问题

主要是从多角度、多方面、多领域去认识客观事物。代表性词语是:"除此之外,还有哪些方法"、"你从中体会到了什么"、"你是怎样理解的"、"说说你的看法",等等。

(二) 根据提问技巧分类

1. 诱导提问

这是启发学生学习积极性,创设问题情境,使学生形成问题意识,开展定向思维的提问。一般在某个新课题的起始阶段,教师为了引起学生的学习兴趣,进行定性思维,常常使用这一类型的提问,或为学生营造学习氛围,或将学生的注意力集中到某一特定内容。

2. 疏导提问

这是学生在学习过程中,思路受阻或是偏离正确方向时,教师进行点拨、疏导的提问。它是在难题的陡坡前面筑起台阶,降低坡度,或在学生思维的阻滞处予以点拨,进而攻克看似难以逾越的障碍。

3. 台阶提问

这是将一组提问像阶梯一样由简到繁、由浅入深地进行排列,引导学生一阶一阶地攀登,以达到教学目标的提问。设计这种类型的提问,应层次递进,符合学生的认知规律,即由浅入深、由具体到抽象、由现象到本质、由局部到整体的认知规律。

4. 迂回提问

也称作"曲问",即为了解决一个问题,折绕着提出另外一个或几个问题的提问。这种类型的提问旨在增加思维强度,引导学生自己去解决重点和难点,使学生处于主动学习的地位。

(三) 根据认知水平分类

按照美国心理学家布鲁姆的教学提问模式,不同的提问对应不同的思维水平,对学生的要求也不同。

1. 知识水平的提问

包括判断提问和回忆提问,是考查识记能力的提问。对于这类提问,学生只需凭记忆回答。知识水平的提问对发展学生的思维作用不大,因而不宜多用。一般用在课的开始,或对某一问题论证的初期,为学习新的知识提供材料。教师常用的关键词是:是否、对吗、谁、什么、哪里、什么时候等。

2. 理解水平的提问

这一水平的提问是用来检查学生对已学的知识及技能的理解和掌握情况的提问方式,多用于某个概念、原理讲解之后,或阶段课程结束之后。学生要回答这类问题必须对已学过的知识进行回忆、解释或重新组合,对学习材料进行内化处理,组织语言,然后表达出来,因此,相对于知识水平的问题,难度较大。教师常用的关键词是:用你自己的话叙述、比较、对照、解释等。

3. 应用水平的提问

这一水平的提问,往往建立一个简单的问题情境,让学生运用新旧知识来解决新的问题,以达到强化记忆、透彻理解、灵活运用的目的。它不仅要求学生将已知信息进行归纳分析,而且还要进行加工整理,达到透彻理解和系统掌握的目的,其心理过程主要是迁移。教师常用的关键词是:应用、运用、分类、选择、举例等。

4. 分析水平的提问

要求学生通过要素分析、关系分析和原理分析,识别条件与成因,或找出条件之间、原因与结果之间的关系。学生仅靠记忆、仅凭教材并不能回答这类提问,必须通过认真的思考,组织自己的思想,运用批判思维,分析提供的资料,寻找根据,进行解释、鉴别或推论,确定原因。这种水平的提问可用来分析知识的结构、因素,弄清事物间的关系或事项的前因后果,是一种较高层次的思维活动。教师常用的关键词是:是什么、为什么、怎么样、证明、分析等。

5. 综合水平的提问

综合水平的提问是要求学生发现知识之间的内在联系,并在此基础上使学生把教材内容的概念、规则等重新组合的提问方式。这类提问强调对内容的整体性理解和把握,要求学生能进行预见,把原先个别的、分散的内容以创造性方式综合起来进行思考,找出这些内容之间的内在联系,形成一种新的关系,从中得出一定的结论。它有利于培养学生的思维能力,发展学生的概括能力,尤其能刺激学生进行创造性思维,常用于书面作业和课堂讨论。教师常用的关键词是:预见、创作、如果……会……、总结等。

6. 评价水平的提问

评价水平的提问是一种要求学生运用准则和标准,对观念、思想、作品、方法、资料等进行评判并给出评判的理由,或者进行比较和选择的提问方式。它需要学生运用所学内容和各方面的知识和经验,并融进自己的思想感受和价值观念,进行独立思考,才能做出回答。进行这类提问之前,必须让学生建立起正确的价值思想观念,或者给出判断评价的原则,以作为其评价的依据。最常见的评价型提问是要求学生答出对有争议问题的看法、评价他人的观点、判定历史价值,等等。教师常用的关键词是:判断、评价、你对……有什么看法、证明等。

以上六种水平的提问,又可分为两个层次:一是低级认知层次的提问,主要用来检测学生是否掌握了已学过的知识,理解程度如何,其答案通常只有一种。学生用所记忆的知识即可回答,不需要更深入的思考;教师判断学生的回答也较容易,只需要简单地分为正确或错误。该层次包括知识水平提问、理解水平提问和应用水平提问三种。二是高级认知层次的提问,是用来培养学生诸如创造性思维的高级思维的提问,其答案往往不是唯一确定的,学生须在原有知识的基础上,对所学对象进行分析、综合、概括等组织加工,才能得出正确的答案;教师对答案的评价也不是简单的对与错,主要根据提问的意图,判断答案是否有道理,有无独创,更侧重于答案的优与劣。该层次包括分析水平提问、综合水平提问和评价水平提问三种。

在小学课堂教学中,不同水平问题的教学效果具有显著的差异。对此,可参考张春莉、宁丽曼《不同水平问题的小学课堂提问实证研究》一文(请扫描本章二维码)。

四、课堂提问的有效性

课堂提问的有效性就是指有效提问。有效提问就是以有效的策略提出有效的问题,它包含两个层面的内容:一是有效的问题,二是有效的提问策略。

(一)区分有效提问和无效、低效提问[①]

有效提问是针对无效和低效提问而提出的。

1. 无效提问

无效提问主要是指教师提出的问题是无效的,这类问题主要包括以下几种:第一,愚蠢的问题。判断这类问题的标准,一是其问题对学生的想法不关注;二是其问题对学生所表达的感情或想法不敏感;三是其问题与学生无关或不尊重学生;四是低估学生的认知水平。第二,太复杂的问题。这种问题超越学生的理解力或认知水平,或者范围太大,因素太复杂,众说纷纭。第三,教师会给出答案的问题。即由于教师上课的习惯,学生猜到教师接着就会回答的问题。第四,令人难堪的问题。如"你怎么就不知道呢?""你的记性有问题吗?"这类问题往往会让学生自尊心受到极大的伤害。

2. 低效提问

低效提问所提出的问题往往是琐碎的问题、抽象的问题、模糊的问题、没完没了的问题,等等。这类问题虽然很简单,但如果教师没完没了地问下去,势必会让学生感到无从说起,导致学生的回答越来越复杂,越答越糊涂,而这种复杂的答案并不是教师所期待的。

3. 有效提问及其标准

相对于无效提问和低效提问,有效提问就是指教师清楚明了、有目的、有组织地提出简短的、发人深省的问题,以引起学生的回应和回答。这类问题的标准是:

第一,它能产生更复杂的心理活动的效果,不是简单的记忆、复述,而是需要分析、综合、评价和解决问题的活动。

第二,它能清楚地描述问题,使学生更容易理解教师问什么。

第三,所提出的问题能使学生明确地、创造性地做出回应。

第四,这些问题是一种恳请式的,而不是威胁式的,能令学生坦然地说出他们最好的想法。这种尊重学生情感和意见的问题能产生一种真诚的气氛,使学生发表自己观点之后感到安宁和轻松。

第五,它要求学生思考重要的问题。

第六,它要求学生呈现自己是怎样从材料中推导问题的,允许他们使用所知道的知

---

① 本部分内容参考王雪梅《课堂提问的有效性及其策略研究》一文并有所改动,西北师范大学 2006 年硕士学位论文。

识去理解主要的概念。

第七，它往往带有"为什么"的字眼，可以帮助学生专心思考主要的问题。

第八，它通过把问题变成描述性的陈述，可以使刚性的问题更加"软化"。

第九，它可以是一种评价性的回应等。

(二) 有效提问应遵循的原则

1. 目的性原则

任何问题都要有一定的针对性，教师应清楚地知道所提问题的目的何在，必须紧扣教材，针对教学内容的重点与难点来设计。这就要求教师在知识结构的关键处提问，在学生思维发展的转折点提问，在学生理解知识的疑惑处提问，尽量避免问题的盲目性和随意性。

2. 启发性原则

启发思维，激活智慧，应是课堂提问的核心。提问是引发思想交流的一种方法，它应该成为一种思考的"酵母"，使学生的思维充分活跃起来，最好能引出不同见解——鼓励发散，并引导不同见解的争论——思维碰撞。因此，提问要提那些发人深省的问题，有启发性的问题，以及教学中的重点、疑点、易混点之类的问题。要少问"是什么"，多问"为什么"；少问教材中现成的东西，多问与教材相关的潜在的东西，以提高学生思考问题、分析问题和解决问题的能力。例如："养花都需要什么条件？"这样的问题就不如改为"给你一粒花籽，为了能让它开出美丽的花朵，你需要为它创造哪些条件呢？"回答这种问题不仅需要记忆，还需要分析、对比、归纳、综合的能力，无疑会促进学生的创造性思维。

3. 适时性原则

提问要问在当问之处、当问之时。教师何处当问？一般说来，教师可对重点之处、需要追根溯源之处或学生有疑之处(包括学生自知有疑和学生自觉无疑而实际有疑的地方)进行提问。教师何时当问？当发现学生听课走神时，可借助提问暗示他们专心听讲；当学生面露难色时，可通过提问及时解惑；当学生对所学内容众说纷纭时，可通过提问明辨是非。总之，提问要把握火候，讲究时机。

4. 适宜性原则

提问要考虑到学生原有的知识水平和思维水平，适应学生的年龄特点。要根据不同层次学生的特点，准确把握教材和每堂课的教学目标，所提问题不能超出学生的理解水平和知识基础，但也不能难度太低，应当以全班三分之一到三分之二的学生经过思考能够回答出来为依据。另外，教师创设问题的难度要略高于学生原有的认知水平，把问题巧设在学生跳一跳能够摘到果子的"最近发展区"，这样才能够促进他们的思维发展。

5. 适量性原则

提问"适量"，一是提问的总量要合适。教师提问要抓住知识的关键和本质，能用一个问题解决的就不提两个问题；能直通主旨的就不绕弯子。在设计课堂提问时，教师要注意运用归纳和合并的方法，尽可能设计容量大的问题，以提高学生思维的密度和效度。二是要控制好提问的频率。要把讲授与提问有机结合起来,使学生的思维有张有弛,使课堂气氛活而不乱。总之,课堂提问要做到当问则问,疏密有致。

(三) 课堂有效提问的策略①

提问要讲究策略,不讲策略的提问是无效的、低效的。离开了策略,提问就可能变成一系列缺乏连贯性和目的性的简单问题的流水账。因而,精心设计和选择提问策略是完全必要的。对此,可参考沈小碚、袁玉芹《影响小学教师课堂提问效能的因素分析及其策略研究》以及卢正芝、洪松舟《教师有效课堂提问:价值取向与标准建构》(请扫描本章二维码)。

1. 提问要有明确的目的

提问只有做到有的放矢才能真正达到教学的目的。在具体的教学过程中,教师应根据每堂课的教学目的、任务提出不同类型的问题。提问前,教师必须对提问的目的、范围、程度、角度,反复设计,加以限定。如问:"雪化了以后是什么?"学生就会有好几种答案——"水"、"春天"等。但假如限定必须从物理学角度回答,那么答案就比较明确,"雪是固态的水,化了以后变成液态的水"。无论提哪一类的问题,都应当立意鲜明,具有一定的针对性。

2. 提问要认真准备、精心设计

教师在课堂提问之前必须做好一切与提问有关的准备,应考虑以下几个方面:

第一,各种类型的问题都应有所准备,加大高认知水平问题的比例。根据布鲁姆的认知目标分类理论,可将问题按认知水平由低到高划分为知识性问题、理解性问题、应用性问题、分析性问题、综合性问题和评价性问题六类。不同认知水平的问题本身并无好坏之分,它们在课堂教学中各司其职,相互补充。因此,教师在提问时应兼顾各类问题。高认知水平的问题往往能够激发学生的创造性思维,促进学生思维能力的发展。但并不是说高认知水平的问题越多越好,低认知水平的问题也有其价值。

第二,提问方式上的准备。教师以什么样的语气、语调提出问题,对于激发学生的好奇心和培养学生的学习兴趣是有很大影响的。教师以饱满的热情、挑战的语气提出的问题显然要比教师以平淡的、实事求是的语气提出的问题更能激发学生的学习热情。当然,教师不能每时每刻都以高度的热情来提问,所以教师要不断地变换提问的语气和语调,时而热情,时而冷静,时而充满疑问,这样的提问才能使得课堂教学丰富多彩、生动活泼,并使学生的思维和情感得到进一步的锻炼和升华。

第三,提问对象和应答方式的准备。课堂提问要面向全体学生,内容要有梯度,要有层次;选择学生要不拘一格,要坚决避免让少数优秀学生或喜欢表现的学生独占课堂上回答问题机会的现象。教师所提出的问题,对优秀的学生可以合理地"提高";对中等的学生可以逐步"升级";对学困生可以适当"降低"。教师在做准备的时候,把学生和问

---

① 本部分内容参考王雪梅《课堂提问的有效性及其策略研究》一文并有所改动,西北师范大学2006年硕士学位论文。

题都进行归类,哪些问题让哪些学生回答都应有所考虑。此外,教师对问题的应答方式也须有所设计,可以是个别回答,可以是抢答,也可以是经过小组讨论后由代表回答。这样可以使得每一个学生都有机会参与,都体验到成功的感觉,使课堂教学变成学生主动参与、施展才华、相互促进的活动,从而使课堂提问发挥出更大的效用。

第四,问题设计"少而精"。教师提问的主要目的不在于检测学生对知识的拥有量,而在于激发学生的学习兴趣和主动思维。因此,首先,问题的数量不宜过多。过多的问题就会使教学整体出现分散化倾向,冲淡了教学过程的逻辑性,淹没了教学重点和难点;而且过多的问题必然会缩短学生的思考时间,学生不能进行深入的思考,开启学生思维的目的也就无法达到。其次,所设计的问题要"精"。这主要是指问题的提出要有利于学生发展思维的深刻性、变通性和独创性。而那些理解、记忆层次的问题,除去为高认知水平问题作铺垫外,大多可以略去。

第五,问题设计有条理、有顺序。问题的设计要按课程的逻辑顺序展开,要考虑学生的认知特点,循序渐进,步步深入。可以先提认知理解性问题,然后是分析综合性问题,最后是创设评价性问题。这样安排提问可以大大降低学生学习的难度,使教学活动层层递进,提高教学的有效性。如学习《狐狸和乌鸦》时,可以先设计认知型问题,从整体上帮助学生理解课文内容:狐狸见到乌鸦嘴里叼着一块肉后,它对乌鸦说了什么话?乌鸦对此是如何反应的?再设计理解、分析型问题,提高学生的理解、分析能力:狐狸用什么方法骗到了乌鸦嘴里的肉?你如何看待狐狸?最后设计综合、评价型问题,提高学生的思维与创新能力:乌鸦发现自己被骗后,会想些什么呢?

3. 提问中要运用到的几种策略

(1) 发问。教师要用清晰的语言,自然地表达出所要问的问题。问题的措辞要精练、具体、明确,一次只提一个问题,这样的问题不至于引起学生的迷惑,学生才会给出明确的观点和答案。

(2) 候答。候答就是指教师在提问后停顿几秒钟的时间,让学生思考和组织答案。有研究者将这种等候时间进行了区分,第一类等候时间是指:在刚开始问一个问题时教师让学生考虑回答的时间。根据问题的认知水平和具体的情境,一般以3~5秒钟为宜。第二类等候时间是指:在一个学生回答之后直到教师或其他学生肯定或否定其答案,然后教师再继续下去,这之间的间隔。这一时间间隔保持在1~3秒。当教师提出一个问题后,如果学生不能在1秒钟之内做出回答,教师就会重复这个问题,或加以重新解释,或提出别的问题,或叫其他的同学来回答,根本不考虑学生是否有足够的时间去思考、去形成答案并做出反应;如果学生在1秒钟之内成功地做出反应,教师就会迅速地提出另外一个问题。这种高强度的教师提问频率与学生回答的积极性和效率成反比。在这种充满言语评价和测试的高压的课堂气氛下,学生很少有时间或者是不情愿去思考和表达他们的观点。

(3) 叫答。教师要尽量保证每个学生都有尽可能多的且均等的思考和回答问题的机会。在叫学生回答时要有随机性,让学生始终有一种悬念,他们可能随时被叫到,要让学生始终保持注意和警觉。在提问之前,如果教师点名让某一学生回答,或者提出问题后立刻叫学生回答,那么就只有被点名的学生思考,其他学生努力回答问题的可能性就会减少。教师尤其要注意不光叫自愿回答问题的学生,还要照顾那些不愿主动回答问题的学生,给这些学生机会回答,使得每一名学生都参与到学习的过程当中。

(4) 反馈。教师在学生回答或其他行动之后使用的反应行为带有反馈信息。它能告诉学生他们的回答或其他行动的正确、充分或恰当程度,从而帮助他们调整和获得控制他们未来行为的尺度。教师的反馈对激发学生和让他们认识到自己的学习情况非常重要。教师要根据学生的个体差异性,对不同的学生做出有效的、针对性的反馈。

教师在做出反馈时要注意以下几个方面:第一,教师的反馈要与学生的回答或行为相适应。反馈与学生的行为在时间和地点上联系得越快、越近,则会越有效。第二,教师的反馈应该是明确的。要能准确地指出表扬的是什么,需要改正的又是什么,明确的反馈能为学生扬长避短提供实实在在的指导。第三,教师的反馈应该是诚实的和真诚的。教师言不由衷的反馈会迅速被学生所摒弃。

(5) 探问。所谓探问,是指紧随学生的回答之后,教师提出另一相关的问题以刺激学生透过先前的答案进行更深入思考的一种策略。该策略要求学生提出更多的论据,观点更加清晰、更为准确,做更加具体的说明,或提出具有独创性的观点,以促使学生提高回答的质量。这种问题的作用主要体现在如下几个方面:第一,探问可避免学生仅对问题做"对与错"或"是与否"的表面回答,使学生明确应答的根据,反思先前的思维过程,增加应答的深度,提高参与的质量。第二,探问能使学生从不同角度或更多方面考虑问题,通过重新审视原有答案与相关信息的关系,扩展最初的回答,使回答更全面。第三,探问能够挖掘出问题背后所隐含的知识点,帮助学生加强新旧知识之间的联系,促成新旧知识系统化,培养学生举一反三、触类旁通的能力。如语文课上让学生回答:"什么叫烘云托月?"学生往往回答不好。这时教师可让学生联想"武松打虎"的片段,问:"写武松,为什么把老虎描写得那么凶残?"学生会豁然开朗。第四,探问能够向教师反馈学生的某些学习信息,教师可以从中了解学生的思维方式和思维过程,诊断学生的学习问题,采取相应的补救措施。

(6) 引导学生提问。教师要引导和鼓励学生提问题,让他们学会抓住问题的关键,进而提出尖锐的问题。教师在课堂教学中,首先要营造出一种自由、轻松的课堂气氛,让学生感到他们的意见和观点在课堂中会受到尊重和理解,那么学生就会提出越来越多的问题。其次,教师要为学生提问留出一定的时间,让他们有机会在课堂上提出问题,与老师、同学进行探讨。最为关键的一点是,教师要教会学生如何提出问题,提出什么样的问题才算是好问题,教师在平时的课堂教学中要有意识地加强这方面的训练。

4. 提问要及时地进行反思

教师在课堂教学中,还应注意培养自己的反思习惯,提高对自身教学行为有效性的自我评价能力。对于提问的反思,应该集中在以下几个方面:提问的目的有没有达到;有没有准备之外的问题出现,这种问题是怎么提出的,对于学生的发展有没有更加积极的意义;在课堂提问中有没有从学生那里生发而成的问题,怎么提出来的,自己当时是如何考虑的,学生是怎么回答的;对学生回答的反馈是否及时准确,诸此种种。教师关于这些问题的反思实际上就是一种对提问有效性的反思,从这些问题中得到的答案不仅能帮助教师有效地改进课堂教学,而且能促使教师成为真正的研究自己课堂教学的研究者。

5. 提问要避免的问题

(1) 教师要避免自己急于给出正确答案。有时候,教师提出问题,学生正在思考或学生已经答对了一半还在思考另一半,教师就迫不及待地说出了答案,这样只会挫伤学生的积极性,让学生感到沮丧,不愿意积极主动地参与课堂。

(2) 教师要避免用提问作为惩罚学生的手段。有些学生在课堂中注意力不集中,他们往往就会成为教师提问的对象,而学生根本无法回答教师的问题,教师会借此来惩罚学生,让学生在课堂上难堪。这很容易影响学生积极地参与有意义的学习,伤害学生的自尊,引起学生对教师的抵触情绪,不利于师生积极感情的培养。

(3) 教师要避免提出过多"是"与"否"的问题。这种问题的局限性在于:一方面,鼓励学生猜测。因为即使学生不知道正确答案,也会有50%的概率猜对。如果教师此类问题问得太多,学生很容易揣摩教师并找到正确答案的提示,而不是集中于问题本身。另一方面,选择性问题的分析含量低。因为具有猜测性质,学生对这类问题的回答并不能说明他们真正理解了学习内容。

(四) 提问后的评价策略

评价是指教师对学生回答问题的反应。要对学生的回答做出正确的反应,必须对学生的回答进行正确的分析,而这种分析判断是在转瞬间完成的。

1. 对学生的应答进行分析

分析学生的回答包括以下几种情况:

其一,分析学生回答的正确程度。学生的回答可能是:完全正确;基本正确;完全错误;答非所问,文不对题;回答与预想答案有距离;回答超前,即教师计划两三步才能达到目的,而他一步到位;学生对提问没有反应等。

其二,分析学生回答的思路和误答的原因。不管学生的回答正确与否,都应重视对学生思路的分析。要弄清楚学生在思考过程中,在什么地方偏离了正确方向,以致远离预想的答案;还要分析偏离正确方向的原因——或忽略了某些内容,或对某些内容理解不恰当,或没有弄清题意,或判断、推理不合逻辑,等等。只有找准了误答的原因,才会有相应正确的措施。即使学生回答完全正确,也要分析其思路。这样做既能帮助回答者本人明确得出答案的思维过程,挖掘其思维潜力;同时又能促成其他学生对思维过程的了解,明确怎样思考才是正确的。

其三,分析个别学生的回答与全班大多数学生的理解是什么关系。这种分析的目的是既要考虑全体学生,又要照顾到个别学生。个别学生回答得好,那么班上大多数学生的理解是否也达到这一水平;个别学生的回答存在问题,需要采取相应的措施,那么他的问题是否也是班上大多数学生的问题。只有搞清楚这些关系,才能采取恰当的措施,否则,或是为了个别人的问题而耽误了大家的时间,或是忽略了全体存在的问题。总之,既要面向全体,也不能忽视个别学生。

进行过以上分析后,教师应立即做出反应,或是对学生的回答进行恰当的评价,或是对问题本身做调整,再次提问。

2. 对学生应答的评价

教师对学生所做回答的评价主要从以下两个方面展开:

一方面是确认,即学生的回答是可以接受的,教师要予以确认。确认的方式有重复学生的回答内容;对学生的回答加以转化;对回答做概括;对回答做进一步扩展;对回答思路做分析;对回答方法做出确认。除教师确认外,还可调动学生群体,师生共同确认。

另一方面是有分寸地肯定或否定,并予以纠正。评价学生的回答应遵循表扬为主的原则,鼓励学生积极思考,主动参与。即使回答是完全错误的,也要注意发现其中的积极因素,给学生以某一方面或某种程度的肯定。

在提问过程中,教师的及时评价是非常重要的,然而做好并不容易。那种只会简单地肯定或否定,不善于从多方面做确认的反应,缺乏思维的导向;那种语言分寸感差,肯定少否定多,不善于多角度地运用语言的反应,在一定程度上影响了学生的学习情绪。这些现象应尽量避免和克服,使教师的反应更有价值。在评价活动中,教师应尽量鼓励学生互相交流,同龄人之间更容易相互理解,同时,在交流中还会撞击出智慧的火花。

课堂提问技能实训

1. 以下是全国第八届小学语文阅读教学观摩活动特等奖案例——由张玉栋执教人教版五年级上册《落花生》一课的课堂教学实录片段。请着重观察教师的课堂提问及提问技巧,选择其中的部分问题,谈谈这样提问的意义何在,并尝试分析教师的设计意图。

导入:质疑笔名,以问题引起动机

师:"落花生"不仅仅是这种农作物的名字,还是我国现代作家、学者许地山的笔名。有的孩子要问了:老师,我们的资料上写,他的笔名是"落华生"啊!——因为在古代还有许地山生活的那个年代,人们常常把"花"写成"华",所以"落华生"其实就是"落花生"。你对这个笔名有什么疑问吗?

生:好端端的一个人,干嘛起个落花生的笔名啊?

师:问得好!今天这节课,我们就来学习许地山的散文名篇(板书课题)。

师:咱们看看能不能通过这节课的学习了解许地山笔名的含义,同时还要看看,这篇著名的散文到底好在哪里?

检查预习:找准起点,夯实基础(略)

略读"种"、"收":引导发现,主动求知

师：还是这段话。第二关还没过完呢！老师想请大家再读读这段话，看你能发现什么问题？（课文的第一自然段。之前作为检查预习的第二道题目，考察多音字及区分"园"、"院"。）

（学生有困难，教师提示）看，读着读着，哪个标点符号，哪个词，突然就跳进你的眼睛里了？

生：跳进我眼睛里的是那个"居然"。我觉得收获应该是很平常的事情，为什么要用"居然"这个词呢？

师：从"居然"你看出来收获以后他的家人是想到还是没想到？

生：没想到。

师：没想到，所以用居然。但是为什么就没想到呢？别着急回答，看你们能不能联系上下文找找答案。（学生稍读书后举手）

生：因为没过几个月就收获了。

师：这个时间比他们想的——

生：要短。

师：还有别的原因吗？看看母亲说的话，你能发现原因吗？

生：因为它本身是亩荒田。

师：你瞧瞧，他特别会读书，是什么地？

生：荒地。

师：荒地啊！那能种出来是不容易。没想到！

生：我们姐弟几个这是第一次种花生。

师：又是荒地，又是第一次种，没经验，结果种出来了。意外不意外？

生：意外。

师：仅仅是意外？心情如何？

生：高兴。

师：意外的高兴用个词叫什么？

生：激动。

生：喜出望外。

师：瞧，他说的词多好，喜出望外。那是惊喜啊！就让我们带着收获之后的惊喜来读读这段话。（师起，生齐读）

师：看还能发现什么问题吗？

生："买种，翻地，播种，浇水"它们之间应该是顿号，不应该是逗号。

师：他根据以前的学习经验判断，并列词语之间是顿号，这里却用的是逗号。问得好，为什么呢？猜猜看。

生：我想可能这些事情是间断的，所以才要用逗号。

师：你的意思是，每件事情都隔了一定的时间。那买种啊，翻地啊，播种啊，这几件事本身是一下就能完成的吗？

生：不是。也持续了一定的时间。

师：说得好，这么一猜就有答案了。其实标点符号的使用是根据语言表达的需要产生的。如果想要表达语气舒缓、时间较长的感觉，就用——

生：逗号。

师：是的。如果你们在写作文时有这样的需要，并列词语之间也可以用逗号，而不是顿号。恭喜大家，两关都通过了。

师：这一段话，寥寥数语，就交代了种花生、收花生两件事。接下来请大家打开书，快速浏览课文，看除了这两件，还围绕花生写了哪几件事？（生自由读文寻找答案）

生：还写了尝花生。

师：你们找找看，文中真正写"尝花生"是在哪儿？

生："今晚我们过一个收获节，请你们的父亲也来尝尝我们的新花生。"

师：这会儿尝了没？（学生摇头）还没呢！真正写尝花生的，看看课文的结尾，就那么一句话。说花生做的食品都——

生：吃完了。

师：是啊，就那么一句。还写了什么事？

生：还写了议花生。

师：是。其实那天晚上我们是边尝边议，可是经过刚才大家的寻找，发现种、收、尝都是寥寥几笔，而议花生却用了那么多的笔墨。作者为什么要这么写呢？

生：因为是议花生这件事，让作者获得了终身的启示。

师：这是这篇文章的什么？

生：中心思想。

师：我给你个词——重点。

师：重点的部分作者写得详细、具体，而次要的部分写得？

生：少。

师：不详细不具体叫什么？

生：应该是略。

师：简略。

师：这是这篇著名散文的第一个特点，你看咱们已经看出来了，就是主次分明、详略得当。咱们平时写文章也不能平均用力，也得分主次，主要的详写，次要的略写。

精读重点：质疑问难，变教为学

师：下面我们就直奔重点，看看那天晚上父亲和我们在一起关于花生都谈论了些什么。请大家默读课文的3～15自然段，有疑问的地方做上标记。

（生默读课文后自由质疑）

生：为什么天色不大好，可是父亲也来了？
师：后边怎么说的？
生：非常的难得。
师：你的问题是什么？
生：我的问题是天色既然不是特别好，父亲为什么也来？
师：父亲回家那不是应该的么？问题在哪？
生：为什么父亲来实在很难得？
师：你问得多好，父亲跟孩子一起吃饭是很平常的事，对不对？可是作者却说父亲来了很难得，实在很难得。猜猜这是为什么？
生：因为父亲工作太忙了。
师：他根据生活经验猜想，父亲可能工作很忙。孩子你猜对了！可忙什么？快速地翻一翻课后的资料袋，看你能不能猜出来他忙些什么？
生：他的爸爸是一位爱国志士，可能……在和台湾交流。
师：呵呵，倒不是。因为大家不了解背景，我简单地介绍一下。中日甲午战争失败之后，许地山就跟随他的父亲来到了大陆，那个时候许地山的父亲在广东一带做知县，平时为老百姓的事情奔走忙碌，所以很难跟家人在一起团聚。而那天晚上天色还不大好，父亲也来了，所以说——
生：实在难得。
师：是的，让我们带着对父亲的敬意来读一读这段话。
（生齐读）
师：是的，父亲和把花生做成了好几样食品的母亲一样爱孩子。你还有什么问题吗？
生：父亲说，花生的好处很多，有一样最可贵。这个可贵指什么？
师：我可以这样理解吗？孩子，你是在问，父亲说花生的好处有一样最可贵，为什么说它最可贵，是这个意思吗？
生：对。
师：你瞧瞧这个孩子问的问题，多重要。他抓住了父亲的话来思考："为什么父亲说花生有一样最可贵？"我想要解决这个问题先得知道父亲说花生的什么最可贵？然后再想一想为什么父亲说可贵。（归纳问题，板书）
师：问题提出来了，靠谁解决？
生：靠自己。
师：我最欣赏自己提出问题，自己解决问题的孩子。为了更好地读书思考，老师这儿有个友情提示，先围绕问题读课文，就读第十自然段，边读边勾画，再把自己的理解简单地批注在旁边。写完了可以和同学交流，说说自己的看法，听听别人的意见。

（生默读课文，勾画批注）

师：好了，孩子们，我看大家都写的差不多了。谁来说说，父亲说花生的什么最可贵？

师：呦，瞧瞧你们，刚才读书很有效率，这么多人都举手了。我最喜欢看到课堂上你们林立的小手。你来说。

生：我觉得花生的品格最可贵，父亲就是要我们像花生一样朴实无华、默默无闻、不炫耀自己。

师：一连说了这么多词。有两个词我特别喜欢：朴实无华，默默无闻。谁能读读课文的原文？父亲说花生的什么最可贵？

生："它的果实埋在地里，不像桃子、石榴、苹果那样，把鲜红嫩绿的果实高高地挂在枝头上，使人一见就生爱慕之心……"

师：她读了原文，很好。老师有个问题不明白，你们也想想：父亲说花生吧就说花生，扯上桃子、石榴、苹果干什么呀？

生：因为桃子、石榴、苹果的果实都非常漂亮，而且是挂在高高的枝头上，如果像桃子、石榴、苹果这样，张扬自满，我觉得很不好。

师：其实大家想一想，桃子、石榴、苹果高高地挂在那儿，就是在炫耀吗？——摇头了。不是。那是它生长的特点呀，对不对！它就长在那！你说苹果要是长土里去那还叫苹果吗？

师：刚才这个孩子的发言有一点我很欣赏，就是她发现了父亲其实是在拿花生跟和它的生长特点截然不同的桃子、石榴、苹果干什么？

生：作比较。

师：聪明！对比啊！对比的结果就是让我们更加体会到花生虽然不好看，可是它像刚才那位孩子说的：朴实无华、默默奉献。外表不好看的花生却能默默地给人带来好处，真的是更可贵，更让人钦佩。让我们来读读这段话，读出花生的这份可贵。

师：先自己练一练。

师：看来练得差不多了。谁来读？

（一生读）

师：读得很流利，孩子。请坐。特别是你有勇气读，这就很好。老师刚才听她读有点心痒痒，我也想读，可以吗？

生：可以。

师：你们允许了，我就试试。

（师读）

（孩子们鼓掌）

师：看起来读得还不错。你们能像我这样读吗？

生：能！

师：相信你们比我读得更好！

(生读).

师：刚才同学们说了，父亲说花生可贵是因为它朴实无华、默默奉献的品质可贵，这也正是父亲为什么说它最可贵的原因(擦去黑板上的问题)。

深化主题：品词析句，联系实际；正确理解，深刻体悟(略)

布置作业：读写结合，读活用活(略)

2. 以下是某教师对人教版小学数学一年级上册《九加几》问题情境的创设：

师：课外活动时间快到了，张老师决定带同学们去大操场做运动。

(话音刚落，教师随即播放幻灯片)

师：小朋友们，快来看，我们已经来到学校的大操场！从图片中你都发现了什么啊？

(生认真观察屏幕上的主题图，踊跃举手)

生1：我发现大操场上有很多小朋友。

生2：我发现操场的跑道是红色的，其他地方都是绿色的。

生3：我发现操场上有个球门，可是没有小朋友踢球。

生4(异常兴奋)：老师，我发现了，踢毽子的那些小朋友围在中间的那个踢得特别好，她会倒着踢⋯⋯

在这个教学片段中，教师对问题情境的创设是否合理、恰当？假如由你来上这堂课，你将在导入阶段设置哪些问题？

第三节　课堂教学讲授技能

讲授教学法伴随着教育的产生而产生，是教学中应用最普遍的方法。讲授技能是最基本的教学技能之一。

一、课堂教学讲授法的概念与特点

(一)讲授法的含义

讲授法是指教师运用教学语言,辅以各种教学媒体,引导学生理解教学内容并进行分析、综合、抽象、概括,进而形成概念、认识规律和掌握原理的教学行为方式。

讲授法的优点:一是信息量大。它能使学生通过教师的说明、分析、论证、描述、设疑、解疑等教学语言,短时间内获得大量系统、准确且全面的知识,因而适用于传授新知识和阐明学习目的、教会学习方法和进行思想教育等教学范围的运用。二是灵活性大,适应性强。无论是在课内教学还是课外教学,也无论是感性知识还是理性知识,讲授法都可运用。它使学生通过感知、理解、应用而达到巩固掌握,在教学进程中便于调控,且随时可与组织教学等环节结合。三是有利于教师主导作用的发挥。教师在教学过程中要完成传授知识、培养能力、进行思想教育三项职能,同时要通过说明目的、激发兴趣、教会方法、启发自觉学习等调动学生的积极性,这些都适用讲授方法来体现自己的意图,表达自己的思想。讲授法也易于反映教师的知识水平、教学能力、人格修养、对学生的态度等,这些又对学生的成长和发展起着不可估量的作用。

讲授法的主要缺点:首先,过分强调教师的主导作用,忽视学生的主体地位,通过单向方式传输教学信息,学生没有足够的时间、机会对学习内容及时做出反馈,因而不易调动学生学习的积极性、主动性,不利于培养学生的主动探究意识和创造性品格。其次,讲授通常面向全体学生,无法照顾学生的个别差异,不利于学生个性的发展,因材施教原则不易得到全面贯彻。此外,空泛的讲授,不能有效地唤起学生的注意和兴趣,易陷入注入式教学的泥潭,不利于启发学生的思维和想象,不利于学生解决问题能力的提升。

在教学过程中,知识的综合、概括和总结阶段,讲授是必要和有效的。应用知识时,通过讲授,引导、定向也是有益的。讲授技能要与其他教学技能相配合,综合应用,才能构成完整的课堂教学的有机整体,才能圆满地完成教学目标,讲授技能的效用才能充分得以发挥。

(二)讲授法的特点

其一,讲授法在行为方式上的特点是"以语言讲述为主",即主客体信息传输(知识传授)中的主要媒介是语言。

其二,讲授法在教学功能上的特点是"传授知识和方法、启发思维、表达感情、渗透思想方法",即信息传输由主体传向客体,且具有单向性。

其三,讲授法在教学活动方式上的特点是"教师讲,学生听",学生学习的方式是接受式学习。

二、课堂讲授的基本形式

讲授法通常有讲述、讲解、讲读和讲演四种基本形式。概括地说,讲述是陈述知识,讲解是分析知识,讲读是读解知识,讲演是发挥知识。

(一) 讲述

讲述是指教师用生动形象的语言,对教学内容进行系统叙述或描述,从而让学生理解和掌握知识的讲授方式。

讲述的方式有叙述和描述两种。前者语言简洁明快,朴实无华;后者语言细腻形象,生动有趣。两者的相同之处在于,都是说事,而不是说理。采用讲述法要求教师对教材原文进行必要的删、增、改,即删去与讲授任务无关的内容,增加必须补充或更新的内容,使学生更容易理解。把教材语言、教案语言转换成讲述语言:变繁为简,变深为浅,变抽象为具体,变呆板为生动,变书面语言为口头语言,变一般交际语言为学科讲述语言。总之,讲述要保证说话明白、通俗易懂,既要从语音上保证学生听得清,又要从语义上保证学生听得懂。

讲述不仅要做到通俗易懂,还要力求生动有趣。讲述任何学科知识都要使用该学科的专业术语,它在学科范围内有其确切的含义,用专业术语讲述才能准确地传递信息,不致产生歧义和出现错误。即使是幽默风趣的讲述也应服从和服务于教学目的与教学内容,避免与专业术语相矛盾,做到真善美统一,而不是荒唐失真,轻薄失态,分量失度。

【示例】 全球水圈总量约13.86亿立方千米,其中淡水2.53%,淡水中能被人类利用的淡水资源约占全球淡水储量的0.3%。如果我们把全球水圈总量比作1桶水,那么淡水就是其中的1杯水,而可利用的淡水资源则是1杯水中的1小匙水。

(二) 讲解

讲解是指教师对教学内容进行解释、说明、阐述、论证的讲授方式,通过解释概念含义、说明事理背景、阐述知识本质、论证逻辑关系,达到使学生理解和掌握知识的目的。

与讲述不同的是,讲解不是讲事,而是讲理,侧重于发展逻辑思维能力。其主要任务是使学生理解教学内容,培养学生分析问题和解决问题的能力。讲解常有三种方式:一是解说式,一般用来讲解无须定量分析的理论知识,在文科教学中运用较多,如对古文、外语、专业术语进行准确的翻译,对疑难词语给出恰当的解释等;二是解析式,解释和分析规律(定律)、原理(定理)、法则(公式)等,在理科教学中运用较多;三是解答式,解答教材中的例题、思考题、练习题和生产生活中的实际问题。

讲解的特点是思考性强。从教学内容角度来讲,它要求:第一,要把知识关系讲清,要清晰有序地勾勒出本学科的横断面和纵行图,使学生掌握的不是零碎的、散乱的知识,而是整体性、结构性的知识,这样才能保证思维畅通;第二,要挖掘和揭示知识所蕴含的思想方法观点,使学生在掌握知识的同时,也相应地形成学科的思想观点,并掌握学科的思维方法。

从教师角度来讲,它要求教师既讲知识,又讲思维方法和思想观点,同时把自己的教学思路,以及提出问题、分析问题和解决问题的过程自觉地、有意识地解剖给学生看,使学生理解教学过程,从而既获得知识,又掌握了获得知识的思维方法。

从学生的角度来讲,它要求学生积极主动地听,而不是盲目被动地接受,要在思考中聆听、聆听中思考,把听与思有机结合起来,使思维处于积极活动状态,争取做到当堂听,当堂思考,当堂消化。此外,学生在听课时,不仅要跟着教师的思路走,又要经常自己设疑问自己,对一些问题进行超前思考,并自行分析对与不对的原因。这样会大大提高听的主动性,长此以往,必然会极大提升独立思考能力和创造性思维能力。

【示例】 (导入):大家见过鱼、吃过鱼,也可能捕过鱼,那么什么是鱼呢?

(实例分析):要认识什么是鱼,需要分析一下鱼的特点,鱼有些什么特点呢? 鱼是动物,在水中生活,有鳞、尾和鳍,用鳃呼吸……例如,海里的带鱼、黄鱼,河里的鲤鱼,以及供人观赏用的金鱼等都有上述特点。

那么鲸是鱼吗?鲸在水中生活,有鳞、尾,但鲸用肺呼吸,所以不是鱼。

鳄鱼是鱼吗?鳄鱼在水中或陆上生活,有鳞无鳍,用肺呼吸,因此,鳄鱼也不是鱼。

泥鳅是鱼吗?泥鳅在水中生活,有鳍、尾,无鳞,用鳃呼吸,泥鳅是鱼。

(总结概括):通过上面分析、比较可以看出,用鳃呼吸是鱼的特有属性,在水中生活,有鳞、鳍、尾是鱼的一般属性,所以可以得出如下结论:鱼是有鳞、尾和鳍,并用鳃呼吸的水生生物。像金鱼、鲤鱼等终生生活在水中,身体表面大多覆盖着鳞片,用鳃呼吸,用鳍游泳,心脏有一心房一心室的动物都属于鱼。

(三)讲读

讲读是在讲述、讲解的过程中,把阅读材料的内容有机结合起来的一种讲授方式。通常是以讲导读,以读助讲,边讲边读,随读指点、阐述、引申、论证或进行评述,主要用于语文和外语教学,其他课程有时也可用于教材中的某些重点段的教学。

讲读中的"读"包括"教师读"和"学生读"两种方式:教师读要根据课文内容,用不同的语调、语气、语速、重音和停顿表达不同的情感,同时充分运用自己的面部、手势和体态表情。表情有力则能引起学生的注意,调节学生情绪的紧张度,排除学生的不良情绪,发挥移情作用,实现师生情感共鸣。这样就能以情动人,文道统一,激发学生的学习兴趣。学生读有预习性的默读和朗读,体验性的重点朗读和表情朗读,鉴赏性的齐声读、分组读和扮角色读等。学生的读也要求其对课文进行情感体验,进入角色,心入其境。

【示例】 窦桂梅执教《卖火柴的小女孩》第一课时教学片段:

师:现在就让我们走进课文的第一自然段,来,放开声音读读。(生齐读第一自然段)

师:再读读第一句话。(重点品味第一句)

生:(齐读第一句)"天冷极了,下着雪,又快黑了。"

师：瞧，读到一个"冷"字，（课件突出"冷"）就自然会想到这个"冷"字背后的信息，这是告诉我们——

生：天气冷极了，"冷"字，交代了天气。

生：再往下读我们会发现还有一个字——"雪"呢，（课件突出"雪"）它也告诉我们一个信息：季节。

师：这是什么季节？（学生答"冬天"）

师：那"黑"呢？

生：这个"黑"字交代了故事发生的时间。

师：瞧，当你细读每句话，读到重点词的时候，你就会发现词后面传递给我们的信息。现在，再读这句话，味道就不一样了，来读读。

生：（读出两种不同的形式。一种是语调越来越高，一种是语气越来越深沉。随着老师的手势齐读。）

师：还是这句话，我们再读。读到"冷"，什么感觉？

生：我们感觉到冷，再加上"冷极了"，说明真的很冷。

师：注意紧跟这"冷"后面又出现了一个"雪"呢？

生：这两个词放在一起，就让人感觉更冷了。

师：再注意，这两个词后面又多了一个"黑"，又是什么感觉呢？

生：已经是三个"冷"了！让我感到那不是一般的冷，那是冷极了！

师：我们在"冷"的前面加上一个什么字，才能体现这不一般的冷呢？

生：加一个"极"，就是"极冷"。

生：不，我觉得加一个"寒"更好，"极冷"是说冷的程度，而"寒冷"的寒，不仅让我们体会到冷的程度，更让我们感到寒气逼人，令人觉得冷得可怕。（板书：寒）

师：你看，还是这句话，我们又读到了一层意味，再读更不一样了。来，我们把阅读到的滋味送到句子中去，读读。

生：（学生再一次以两种形式朗读这句话，语气一种是由弱到强，一种是由强到弱。）

师：（课件展示教师阅读批注的文本内容）我发现咱们班同学真会阅读。你看，阅读一句话的时候，抓住重点的词语反复咀嚼，不仅读出了词语背后的信息，还读出了词语内在的感受。

师：现在我们回过头来再看，这句一句也没有写小女孩，去掉可以吗？

生：不成，这是环境描写，很重要。通过细读，我们感觉故事发生的环境如此恶劣，预示着故事的悲惨，小女孩的不幸。（掌声）

师：是啊，就这样慢慢地读啊，细细地品。看，小女孩就这样向我们走来。那就细读这段后几句话的描写，哪个词语触动了你，就把你读出的信息或感受等分享给我们。（学生默读，而后发言）

生:我觉得"光着头、赤着脚"说明了小女孩的穷苦,大冬天却是"光着头、赤着脚"。

生:是啊,小女孩从头冷到脚。我还想补充,这里说是"大年夜","大年夜"本来是一家人快快乐乐温暖地在一起,而"光着头、赤着脚"的小女孩还在街上走着,我眼前仿佛看到这可怜的小女孩就这样光着头赤着脚向我们走来。

生:"一向是她妈妈穿的"也说明小女孩非常穷,没有属于自己的一双鞋。

师:(教师因势利导)那就是说,小女孩一向就没有鞋穿。好啊,就这样细细地读,慢慢地品。

生:我从课文的最后一句"小男孩说他有了孩子可以拿它当摇篮","摇篮"一词说明小女孩的鞋非常大,这是安徒生用夸张的写法。

师:你看他多会读书,安徒生多有童话趣味啊。他发现了"摇篮"背后的信息和修辞方法。你再读读这句话,看看在"摇篮"中你还体会到什么?

生:"男孩捡起来拿着跑了,他说将来他有孩子的时候可以拿它当摇篮"——我觉得这个男孩太调皮了,也不懂事,说的话挺气人的。

生:本来小女孩"光着头、赤着脚"就已经很冷了,再加上我又读到的"又黑又冷",我体会到,天简直冷到了极点。

生:小女孩已经够可怜的了,"她在穿过马路的时候,两辆马车飞快地冲过来,吓得她把鞋都跑掉了"——我从这个"吓"字看出小女孩当时一定很害怕,所以她拼命地跑,把鞋都跑掉了。

生:我还想补充,"两辆马车飞快地冲过来",这"吓"是因为"冲",可以想象小女孩心里恐惧的程度。(板书:"恐惧")

师:就在这样寒冷环境里,小女孩心中充满恐惧,没有办法(出示第二自然段)——

生:"小女孩只好赤着脚走路,一双小脚冻得红一块青一块的。她的旧围裙里兜着许多火柴,手里还拿着一把。这一整天,谁也没有买过她一根火柴,谁也没有给过她一个钱。"

师:(引读)这一整天,谁也——(学生接读:没有买过她一根火柴),谁也——(学生接读:没有给过她一个钱)。

师:想象这里的谁,都会是哪些人?(沉静一会儿,不让学生答)作为高年级同学,我们一定浮想联翩。那么,我把你们想象的这些"谁"去掉,看看句子表达效果有什么不同。(课件出示去掉"谁"的句子)

生:我认为用上两个"谁",我眼前就浮现了那些形形色色的、衣冠楚楚的人,他们根本没有注意这个小女孩,可见,课文的句子体现的是大人们的冷漠。

生:"谁"指每一个人,"没有人"指一批人,范围很广泛,没有第一句的程度严重。"谁"字特别强调没有一个人买过她一根火柴,没有一个人给过她一个钱。更能看出社会的冷漠,人们的无情。

师:还是这句话,这句话的言外之意——(课件出示变换了角度的句子,引导学生完成:这一整天,小女孩_____,小女孩_____。)

生:这一整天,小女孩没有卖出过一根火柴,没有挣到一个钱。

师:不是写卖火柴的小女孩吗?既然如此,安徒生为什么偏偏不从女孩的角度来写?

生:"谁"是站在别人的角度说没有人买她一根火柴,没有人给过她一个钱。而第二句话是站在小女孩的角度来说的。我觉得站在别人的角度比站在小女孩的角度更有强调的力量。

生:也就是说,第二句话只交代了结果,你不知道小女孩做了怎样的努力,就好像小女孩很笨,努力了一天也没有卖出一根火柴。可是,课文的这句中是说,小女孩辛辛苦苦卖了一整天,也没有一个人同情她,这样更加强调了这个人世间的冷漠无情!

师:好一个冷漠无情!回过头来再联系第一自然段的寒冷,这仅仅是自然环境的寒冷吗?

生:我觉得这不仅是自然环境的寒冷了,还有社会环境的冷漠。可以说小女孩从头冷到脚,从外冷到内,从身体冷到内心!(掌声)

师:此刻,自然环境的寒冷,加上社会环境的冷漠恐惧,用一个成语来概括,这对小女孩来说那可真是——

生:(齐说)雪上加霜!

师:(屏幕出示教师的批注)你看,刚才我们在阅读的时候,可以抓住一个重点的句子,反复推敲、比较,还可以联系上下文感受,不也一样像你们这样获得了丰富的阅读体验吗?

(四) 讲演

讲演是指教师用自己的语言对教学内容做较长时间的系统分析、论证,并做结论的一种讲授方式。主要适用于中学高年级及高等学校。

讲演是讲授的最高形式。它要求教师不仅要系统而全面地描述事实、解释道理,而且还要通过深入的分析比较、综合概括、推理判断、归纳演绎等抽象思维手段,做出科学的结论,让学生理解和掌握理论知识,形成正确的立场、观点和方法。

【示例】 一个人一生中最早受到的教育来自家庭,来自母亲对孩子的早期教育。美国一位著名心理学家为了研究母亲对人一生的影响,在全美选出50位成功人士,他们都在各自的行业中获得了卓越的成就,同时又选出50位有犯罪记录的人,分别去信给他们,请他们谈谈母亲对他们的影响。有两封回信谈的是同一件事:小时候母亲给他们分苹果。

那位犯人这样写道:妈妈问我和弟弟:你们想要哪个?弟弟抢先说想要最

大最红的那个。妈妈听了，瞪了他一眼，责备他说："好孩子要学会把好东西让给别人，不能总想着自己。"我灵机一动，改口说："妈妈，我要那个最小的，最大的留给弟弟吧。"妈妈听了，非常高兴，在我脸上亲了一下，并把那个又大又红的苹果奖励给我。我得到了我想要的东西，从此，我学会了说谎。以后，我又学会了打架、偷、抢，为了得到想得到的东西，我不择手段。直到现在，我被送进了监狱。

那位著名人士这样写道：我和弟弟都争着要大的。妈妈说："我把门前的草坪分成三块，你们三人一人一块，负责修剪好，谁干得最快最好，谁就有权得到它！"我们三人比赛除草，结果，我赢得了那个最大的苹果。我非常感谢母亲，她让我明白一个最简单也是最重要的道理：要想得到最好的，就必须努力争第一。

推动摇篮的手，就是推动世界的手。母亲是孩子的第一任老师，你可以教他说第一句谎言，也可以教他做一个诚实的永远努力争第一的人。

总之，讲授法包括多种形式，不可能在一堂课中只单纯使用某一种形式。各种形式的应用都要针对教学内容，根据自身的特点，发挥其优势，从而达到理想的教学效果。

三、训练讲授技能时应注意的问题

（一）讲授技能的应用原则

1. 科学性原则

科学性原则主要体现在内容、态度、语言三个方面：第一，科学的内容。教师讲授的内容应该是准确的、经得起实践检验的知识，做到讲授概念准确，论证原理充分，逻辑推理严密，列举事实真实，技能训练严格。第二，科学的态度。教师要以科学的认识论和方法论为指导，实事求是，从实际出发，树立尊重科学、严谨治学、去伪存真、求实创新的教风和学风。第三，科学的语言。教师上课要用严密的语言、精确的词汇表达概念，阐述定理公式，进行分析综合、推理判断。如果教师用语含混或模棱两可，其结果只能使学生思维混乱，甚至导致错误认识。

2. 启发性原则

讲授的主要特点是教师运用口语作为传递知识信息的媒体。它为教师提供了主动权和控制权，但也容易使学生处于被动接受的学习状态，产生疲劳感，影响学习效果。因此，教师应根据学生的年龄和心理特点、认知水平和已有的认知结构来组织讲授的内容，明确讲授的目标，对不同的对象采用不同的讲授方法和顺序，讲究语言艺术，善于设疑，引导学生生"疑"，使学生产生认知冲动，激发学生的求知欲望，调动学生积极的思维活动，使学生在教师的讲授过程中，积极地向教师学习，主动地同教师的讲授活动相配合，跟着教师讲授过程中的思维路线，积极主动地思考问题。

3. 阶段性原则

这一原则有两层含义：一是当讲授内容较多时，每次讲授的时间不能太长，可将其内容适当分段；应将板书、提问、演示、变化、强化、讨论等技能穿插在讲授之中，合理组合，适当调配，提高讲授的教学效果。二是在讲授内容间形成连接。讲授结构中的系列化关键问题和相应的阶段性目标之间不是彼此孤立的，它们不仅有时间顺序，而且还有逻辑意义的联系。"形成连接"就是要注重讲授各部分之间的转折和过渡，将讲授中的各部分之间的逻辑意义的联系交代清楚。

4. 精通性原则

教师必须对课堂教学从内到外地精通，包括能科学地组织教学内容，熟悉和把握教学目的和要求，了解学生的知识与经验基础；对似是而非、容易混淆的概念能讲授得精细、到位，对难懂抽象的复杂问题能精辟分析，深入浅出，对那些核心内容、基本要素，能迅速抓住其精髓，反复提炼掌握要领，并能通晓专业知识，有广博的知识覆盖面。教师要针对每节课题，广泛搜集有关信息，深入领会要点内容，吃透其精髓，让这些积累和储备作为讲授的根基，支撑起丰富的课堂。同时，在课堂讲授中，要注意根据学生的反应灵活变通地处理教学，当学生一时不明白教材或教师的表述时，教师要从不同的角度去处理，做灵活的变通。

5. 感染性原则

苏联著名教育家斯卡特金指出："未经过人的积极情感强化和加温的知识，将使人变得冷漠。由于它不能拨动人们的心弦，很快就会被遗忘。"教学不能是冷冰冰的知识传授，也不能是传授冷冰冰的知识。教师在课堂上富于激情和感染力的讲授，从不同角度向学生散发着有实际价值的信息，通过自己对所教学科的娴熟把握，游刃有余地抒发对知识深邃精辟的论道和对科学、文化的热情关注。进入这样一种境界，学生可以在潜移默化中被真诚打动，产生的效果远远强于那些直接的说教。并且富有感染性的讲授更容易促进学生对内容的记忆和理解，进而培养起学习的主动性和热情。

（二）课堂讲授的要求

1. 科学地组织教学内容

教师的讲授内容本身必须具有逻辑意义。学生的知识结构是从教材的知识结构转化来的，要让学生建立良好的知识结构，教师讲授的内容必须是精心组织的最佳的知识结构。因此，教师在教学前要认真钻研教材，根据学生认识新事物的逻辑顺序巧妙地组织教学内容。讲授时要遵循由整体到部分，由一般到特殊"不断分化"的原则，加速知识的同化；要遵循综合贯通的原则，建立知识群之间的内在横向联系。

2. 注意讲授的通俗性、生动性和形象性

学生听得懂、听得明白，才有可能接受和掌握教师所讲授的教学内容。因此，讲授过程中传递的信息必须符合学生的知识背景，贴近学生的生活实际，并借助比喻、描绘、表演等手法或教学媒体手段使学生通过感知，领会抽象的概念、定理和规律，使学生"如临其境"、"如见其形"、"如闻其声"，将抽象的概念具体化，深奥的哲理形象化，枯燥的知识趣味化。但讲授所追求的通俗性、生动性和形象性还要讲求一个"度",切不可为了追求活泼有趣而流于庸俗、低级,玷污教学环境和学生心灵。

3. 注意与其他教学法的融合

在众多教学方法中,讲授法是最古老、最基本的方法,有其自身的优势。但在教学过程当中,学生可能会感到压抑,同时过多的讲授会让不同层次的学生出现不同程度的掉队情况。针对这样的现象,就要求在课堂教学中,应该是多种方法的结合。在与其他教学方法综合运用时,特别应该扬长避短。我们可以先把整节课的知识点罗列出来,然后选择不同的教学方法去进行教学。比如将讲授法跟演示法、操练法、游戏法等相结合,也可组织一些探究活动或合作讨论。此外,讲授与板书相互配合,可以更好地发挥讲授的作用。

4. 突出学生的主体地位,体现教师的主导作用

一方面,学生的主动性、学生的自我体验是使思维产生激烈的碰撞、使课堂教学焕发生命活力的最具积极意义的因素。在讲授式教学中,教师要注意启发和引导学生思考,使学生随着教师的讲授开动脑筋、思考问题,讲中有导,讲中有练。学生主体地位表现得突出,表现为愿学、愿想,才能使讲授法进行得生动活泼,而不至沦为"注入式"。另一方面,教师的主导作用始终不能放弃,并且更需要引起重视。课堂需要预设,更需要生产。理想的课堂教学过程是富有变化的、动态生成的过程。这就要求教师在教学中不能过度预设,更不能拘泥于教学设计,尤其是在面对课堂上突如其来的事件、与众不同的声音、始料不及的意外时,一定要去捕捉课堂上师生、生生互动中产生的不可预测的精华,用来引导学生。

5. 注意语音要素的和谐运用

在讲课过程中,教师应注意语调、语速、停顿、响度等声音要素的科学运用,并根据学生的反应及时做出相应的调整。语音的高低、强弱、快慢和停顿应根据教学内容有一些变化、起伏,以吸引学生。讲授的速度要适当,速度太快,学生没有思考的时间,不易理解消化,速度过慢,则容易倦怠,分散注意力。重要问题要稍作停顿,给学生思考或记笔记的时间。一般而言,教师在讲授时应该声音洪亮、吐字清晰、发音规范、节奏适宜、语调平直自然,但也要根据教学内容的要求、情感表达的需要适当改变,做到抑扬起伏、错落有致。

另外,可参考宫晓明《课堂教学的讲授策略》一文(请扫描本章二维码)。

(三)课堂讲授的艺术

1. 课堂讲授中的"空白"艺术

空白,是一切艺术的表现手法,如书法艺术的"飞白",绘画中的"计白当黑",电影中的"空镜头",文学创作中的"文外之重旨"、"象外之象",等等。而在教学艺术中,同样需要"空白"。

教学空白艺术手段的运用,教师首先应做到"导之有余",即对教学内容和方法的处理要为学生提供思考的机会,为自己留有发挥的余地,这可从空白艺术的内涵中略见一

斑。教学空白艺术有两层含义：一是指教学结构虚实相间，巧置空白，不把学生的思路拘禁在教师设置的教案框框内，给学生以思考的余地；二是把问题讲到关键处有意卡住，让学生积极主动地去构建自己的认知结构，发展创造思维能力。如板书中有意留出一片空白；提问时某些问题不必做答，只需思考；结论语中有意留下一个"悬念"等，都是教学中的空白艺术。这种教学手段的运用，目的在于引导学生思考、联想，以收到开发智力、发展能力的效果。

运用好教学空白艺术手段，教师还应做到"导之有方"。学之得法源于导之有方，教师为教之初就要着眼于学生对教师的"摆脱"，这就是"导"的战略。实施这一战略和原则，应采取"三步走"的方法，即从教师的"扶、带、看"到学生能"自求得之"。其中，"扶"是基础，是指教师扶着学生走；"带"是关键，是指教师领着学生走；"看"是教师让学生自己走，教师在后面观察，让学生自己去开启知识的宝库，以达到不需要教师的教，学生就能进入"自求得之"的"忘师"境界，也就是会学、乐学的理想境界，逐步形成独立的求知能力。

2. 课堂讲授中的"随意"艺术

课堂教学不是简单重复自己思路的过程，而是重新创造的过程。教师要做到"破茧而出"，进入发挥自如的自由王国境界，就需要有充足的教育机智做后盾。

随意性并非是任意挥洒，而是围绕着一定的教学内容，做到形散而神不散，万变不离其宗，形式生动多样。它包含两层含义：一是指教师讲课时重临场发挥的灵感教学，不能照搬教案，亦步亦趋；二是指教师具有很高的从教能力，教育机智充足，能随机解答学生提出的意外问题，或利用突发事件把教学引向深入。教育机智运用得好，往往成为课堂教学中的精彩之处和点睛之笔，使学生在感到心情愉快的同时也感受到教师的智慧之美。有一位全国特级教师在讲《木兰辞》时，学生突然问："同行十二年，怎么会不知道木兰是女郎呢？难道她不是小脚吗？"教师回答说："南北朝时妇女不裹小脚，木兰是大脚。"学生停了一会儿，又问道："那么中国古代妇女是从什么时候开始裹小脚的呢？"这位教师并没有被这个问题难倒，她想了想说："南北朝时期之后是隋唐，唐代后期由于藩镇割据形成了五代十国的分裂局面。十国中有一个南唐，其主李煜被后人称为李后主，他令宫嫔以帛绕脚，使之纤小呈新月状，从此开始后人皆效仿之。中国古代妇女便开始缠足了。"这时，课堂气氛达到了一个高潮。

由此可见，充足的教育机智源于渊博的学识，要给学生一杯水，教师必须储备一桶水，这就是对教师知识的"博"与"约"的要求。只有具备了丰富的专业知识和各种文化科学知识，教师才能发挥随意性，运用好教育机智，把学生领进乐学的上乘境界。

3. 课堂讲授中的"悬念"艺术

"悬念"是小说、戏曲、影视等作品的一种表现技法，是吸引广大群众兴趣的重要艺术手段。教学中，根据这一心理特点，适时地创设"悬念"，将会使教学过程成为学生不断追求、探索知识的心理需求。

课堂教学过程中的悬念，是教师根据教材内容所设置的能够引起学生思维产生碰撞、建立遐想空间的问题，由它引发的教学即所谓悬念教学。新课改提出了"自主、合作、探究"的教育理念。自主的原动力是什么？合作的契合点在哪里？探究的欲望源自何方？其实都是悬念。学生们在学习中产生自己去主动探究的愿望，实际是源于教师巧妙的悬念铺陈和问题引领。他们在一起合作研讨问题，说到底就是凭借学习进程中教师巧设给他们的、凭一己之力难以解决的问题悬念。这是合作的契合点，也是合作的本质所在。这一过程就把学生由被动的只是接受知识的容器的地位，转变到师生共同参与知识形成的过程中，成为学习的主体。他们既是学习新知的参与者，也是新知的发现者。但"悬念"并非"玄念"。"悬念"是教学过程中激发兴趣的重要诱因，是教学艺术的科学手段与方法之一，而不是故弄玄虚。只有遵循知识的科学性和小学生心理发展需要的特点，把悬念恰好设置在初看起来不易觉察而又容易在那里出现疑问的地方，即设在新旧知识的"交接点"处，才能激起学生强烈的释疑、探索要求，这样一种品质的"悬念"，才是科学的、有用的。它的主要特质是要能发展和增进每个学习者的思考力，通过设疑、释疑，解开"悬念"，使他们体验到一种无以比拟的自豪感。他们由此感到知识是一种使人变得崇高起来的力量，——这是一种比任何东西都更强有力的激发求知兴趣的刺激物。

课堂讲授技能实训

1. 将下面几段文字转换成讲述材料，讲给低年级小学生听。要注意书面语言与口语讲述的不同，并适合低年级小学生的思维特点。

中国，位于亚洲大陆东部，太平洋西岸。中国陆地面积约960多万平方公里，略小于欧洲总面积；海洋面积300多万平方公里。中国的地势呈阶梯排列，以青藏高原为最高点，自西向东，级级下降，向海洋延伸。中国的海岸线总长度3.2万公里，在辽阔的中国海域上分布着5 400个岛屿，其中最大的是台湾岛，其次是海南岛，这两个岛各为中国的一个省。

中国幅员辽阔，地形复杂，气候类型多样，从南到北分为热带、亚热带、温带和寒带。西南的青藏高原是中国特殊的高寒地区，全年气温较低。中国野生动物和植物资源极其丰富。中国有陆栖脊椎动物2 000多种，其中特有的珍贵动物有大熊猫、金丝猴、白唇鹿、扭角羚、扬子鳄等。中国有木本植物7 000多种，其中独有的植物有水杉、银杉、金钱松等。

中国现有耕地10 800万公顷，主要集中在东北平原、华北平原、长江中下游平原、珠江三角洲和四川盆地。主要农作物有小麦、水稻、玉米、高粱、花生、大豆等。目前，世界上已知的矿产在中国都已找到，中国已经探明储量的矿产有151种。中国探明储量的能源资源有煤炭、石油、天然气、油页岩及放射性矿产铀、钍等。中国的有色金属矿产如钨、锡、锑、锌、钼、铅、汞的储量居世界前列。

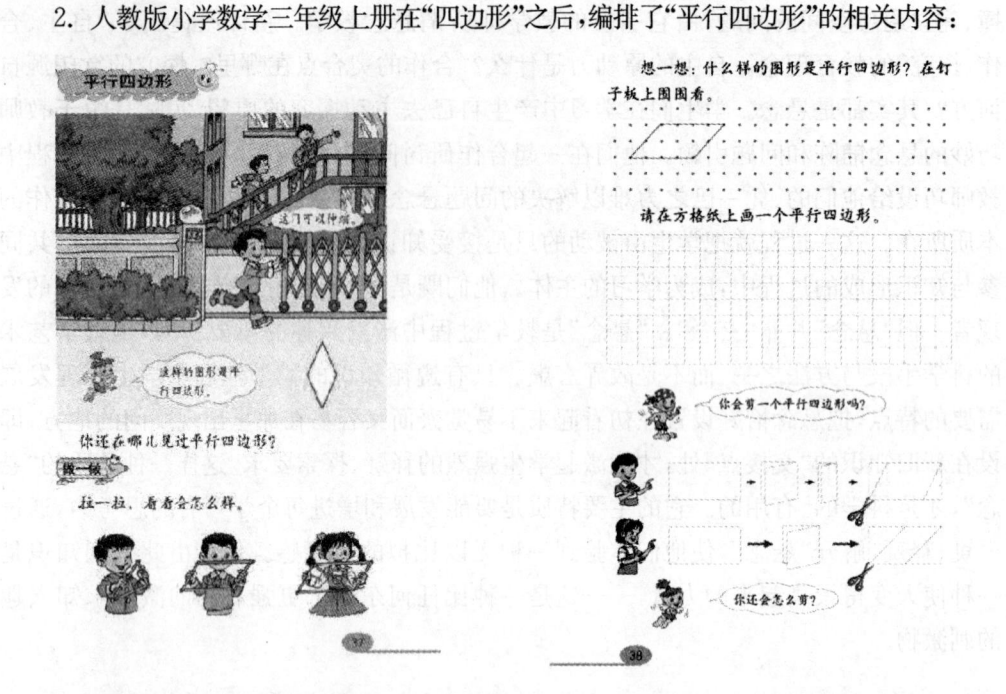

2. 人教版小学数学三年级上册在"四边形"之后,编排了"平行四边形"的相关内容:

假如将教学目标之一设定为"探索平行四边形的特征,初步认识平行四边形;知道平行四边形易变形的特性",请围绕该目标,主要运用"讲解"的方式,进行教学设计,并尝试着进行模拟授课。

3. 人教版小学语文三年级下册第三课《白杨》全文如下:

　　① 车窗外是茫茫的大戈壁,没有山,没有水,也没有人烟。天和地的界限并不那么清晰,都是浑黄一体。

　　② 从哪儿看得出列车在前进呢?

　　③ 那就是沿着铁路线的一行白杨树。每隔几秒钟,窗外就飞快地闪过一个高大挺秀的身影。

　　④ 一位旅客正望着这些戈壁滩上的卫士出神。

　　⑤ "爸爸,"大孩子摇着他的腿,"你看那树多高!"

　　⑥ 爸爸并没有从沉思中回过头来,倒是旁边的妹妹插嘴了:"不,那不是树,那是大伞。"

　　⑦ "哪有这么大的伞!"

　　⑧ "你看它多直!"妹妹分辩着。

　　⑨ "它是树,不是伞!"哥哥肯定地说。

　　⑩ 小小的争论打断了爸爸的思路,他微笑着,慢慢地抚摸着孩子们的头,说:"这不是伞,是白杨树。"

　　⑪ 哥哥还不满足:"为什么它这么直,长得这么大?"

　　⑫ 爸爸的微笑消失了,脸色变得严肃起来。他想了一会儿,对儿子和小

女儿说:"白杨树从来就这么直。哪儿需要它,它就在哪儿很快地生根发芽,长出粗壮的枝干。不管遇到风沙还是雨雪,不管遇到干旱还是洪水,它总是那么直,那么坚强,不软弱,也不动摇。"

⑬爸爸只是向孩子们介绍白杨树吗?不是的,他也在表白着自己的心。而这,孩子们现在还不能理解。

⑭他们只知道爸爸在新疆工作,妈妈也在新疆工作。他们只知道爸爸这回到奶奶家来,接他们到新疆去念小学,将来再念中学。他们只知道新疆是个很远很远的地方,要坐几天火车,还要坐几天汽车。

⑮现在呢,孩子们多了一点知识。在通向新疆的路上,有许许多多白杨树。这儿需要它们,它们就在这儿生根了。

⑯爸爸搂着孩子,望着窗外闪过去的白杨树,又陷入了沉思。突然,他的嘴角又浮起一丝微笑,那是因为他看见火车前进方向的右面,在一棵高大的白杨树身边,几棵小树正迎着风沙成长起来。

请以本文第12、13自然段及第16自然段作为教学内容,进行模拟课堂"讲读"教学。

第四节 课堂教学板书技能

板书是课堂教学的书面语言,是教师上课时在黑板上书写的文字、符号、图表等以传递教学信息、教书育人的一种言语活动方式。板书虽是一种教学辅助手段,但它却是课堂教学的有机组成部分,也是教师必须掌握的一项基本教学技能。它和课堂教学的口头语言、体态语言或先或后或同步出现,相辅相成,丰富着课堂教学的表达力。

一、板书的内涵、功能与意义

板书是课堂教学的重要环节,它渗透着教师的学识、智慧和技艺,体现了教师的教育教学理论水平和审美素养,反映了教师综合的教学水平。

(一)板书的内涵与板书技能的构成要素

1. 板书的内涵

板书是指在课堂教学中,为了强化教学效果,教师利用黑板或投影仪上的文字、符号、线条或图像的方式,向学生呈现教学内容、认知过程,使知识概括化、系统化,帮助学生正确理解,增强记忆,提高教学效率的一种教学技巧。

教学板书一般表现为三种形式:板书、板演和板画。这三种形式在本质上是相同的,都是让学生通过视觉获取信息。

板书：教师写在黑板上的文字，这是各科教学普遍采用的一种形式。

板演：教师在黑板上推导公式、演算例题或书写方程式等，是自然科学教学常用的一种形式。例如，小学数学教师向学生讲解加法分配率的推导公式：$(a+b) \times c = a \times c + b \times c$，通常所采用的板书方法就是板演法。

板画：教师在黑板上绘画各种图形、符号和表格等。

2. 板书技能的构成要素

板书技能主要有四个构成要素，即直观形象、书写绘画、结构布局和时间掌握。

直观形象：它包含两层意思，一是弥补教学语言描述抽象事物的困难，使其具体化、形象化，帮助学生形成鲜明、清晰的感知；二是弥补讲解过程中信息传递稍纵即逝的缺憾，用板书显示现象发展流程和逻辑分析过程，便于学生根据已知去探索未知，对问题形成一个完整的思考。

书写绘画：指教师板书的书写绘画要规范。文字要正确，字体要工整，笔画要清晰，笔顺要规范，一行字要写平直，对学生养成良好的书写习惯能起到示范作用。

结构布局：即指板书各组成部分的搭配排列。其中包括标题的设计，板书形式的选择，板书内容出现的先后次序，以及各部分之间的呼应和联系，文字的详略大小，特殊符号的运用，等等。

时间掌握：板书作为书面语言，是对教学口头语言的强调与补充。因此，它必须与讲授配合，与其他教学活动相协调，才能较好地传递教学信息。板书时机有先写后讲、先讲后写、边讲边写几种选择。

（二）板书的功能

板书是课堂教学的重要组成部分，又是课堂教学内容、步骤、方法的体现，是教与学思路的反映，是师生信息双向交流的桥梁。由板书的设计和运用构成的板书技能具有以下重要功能：

1. 概括功能

板书设计的概括功能表现为三个方面：一是板书设计紧扣教材；二是关键词的概括精当到位；三是做到化繁为简、简明扼要，就是随着教学过程的进展，用最精确的文字或者符号，用最清晰的板书格式，把教学过程中最重要的内容，内容之间的相互关系及作者的思路等，逐渐在黑板上再现出来。好的板书就如一篇微型教案，就如一篇文章的提纲，它对帮助学生理解教学内容，启发学生思维，发展智力，指引思路，都能起到重要的点化作用。

2. 美育功能

板书艺术是教学艺术的有机组成部分，无论是内容，还是形式，都包含着丰富的美的因素。板书不仅仅是教材的反映，更是设计者对教材审美的判断，是教师审美意识、审美情趣的集中体现，是施教者用来对受教者施加审美影响的"艺术品"。它能引起学生的美感，给学生美的启迪，进而激发和提高学生的学习兴趣和欲望，使学生主动地理解和掌握教师所讲授的知识。一般来说，板书艺术的形式美主要包括三个方面：板书的规范美、板书的结构美和板书的色彩美。

3. 互动功能

在课堂教学中,师生的双边互动始终是教学的根本要求。板书的互动功能在这里包括两个方面:一是板书是师生双方合作完成的;二是板书虽然是由教师独立设计的,但在呈现时,却是师生双方共同实现的。无论哪一种互动,其本质都是鼓励学生参与到教学活动中来,这有助于打破课堂教学、板书由老师一手包办的局面,发展学生的各项能力,使学生体会到创造的乐趣和成功的享受,并形成积极自主、生动活泼的课堂教学氛围。

4. 示范功能

课堂教学不仅要求学生掌握一定的基本知识和技能,同时要求学生养成积极主动、严谨求实的学习习惯。教师在教学板书中,准确的用语,规范化的解题举例,形象、正确、线条分明、比例恰当的实验装置图,都是对学生很好的指示和规范。好的板书被学生抄作笔记后,能够帮助学生快速记起课堂内容。

(三)板书的意义

据心理学研究表明,大脑能记住的信息,85%来自视觉,10%来自听觉,5%来自嗅觉和触觉。黑板则是课堂教学中提供视觉信息的最简单、最重要的发射源,因而体现出板书在教学过程中具有重要的意义。朱绍禹先生曾指出:"板书能点睛指要,给人以联想;形式多样,给人以丰富感;结构新颖,给人以美的享受。"

1. 体现教学意图,突出教学重点

教师备课必须有明确的意图,突出教学重点。在教学中,板书如能紧紧围绕教学中心,抓住重点,画龙点睛,则将有助于再现事物的本质特征,突出教学重点,深化课文的思想内容。

例如,人教版小学语文第八册《桂林山水》一课的板书设计:

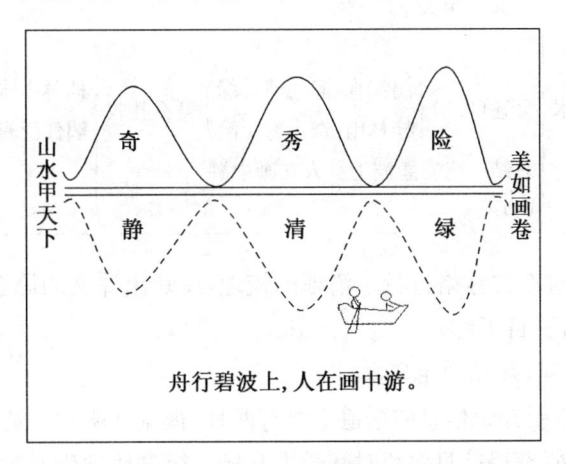

该板书以"山水甲天下"五字总起,以"美如画卷"四字总收,以文字与图形相配合的形式,突出了桂林山的"奇"、"秀"、"险",桂林水的"静"、"清"、"绿",并用"舟行碧波上,人在画中游"一句,点出了风景之美,以及人与景的和谐、融洽。这就把握住了课文的要

点,突出了教学的重点,同时也使课堂教学趣味盎然。

2. 引导学生思路,提高教学效率

课堂教学中,教师往往是随着自己的讲解,将一些重点的内容板书出来,或展开对事物的描述,或对问题进行讲解,或进行演绎推理。学生看着黑板上的板书,听着教师的讲解和讲述,就会边听边思考着教师在黑板上所提示的课题,板书的内容就可以引导和调控学生的思路,使学生定向注意和定向思考。同时,板书运用简要的文字、符号或图表,在很大程度上代替了繁冗的言语说明,简化了教学过程。学生凭借板书,就能复述课文、理解文意、找出中心或重点,极大地提高了教学效率。

例如,孙双金老师在执教《拉萨的天空》板书课题时,故意将"拉萨"两个字写得大,"的"字写得小,"天空"两个字用蓝色的粉笔写。学生由此领悟到:"拉萨"两个字写得大,是在强调本文表现的是"拉萨"而不是其他地方的天空,且说明拉萨的景物非常雄伟壮观;"的"字写得小,是提醒大家要读轻声;"天空"两个字用蓝色的粉笔写,正是想揭示出课文所表现的拉萨天空的"湛蓝"。一个新颖别致的课题板书就将学生的视线牢牢吸引,看似简简单单,实则大有学问:启发学生思考,引发学生讨论,更培养了学生关注教师板书的良好习惯。

3. 理清教材脉络,增强学习效果

每门学科的知识都不是杂乱无章的,知识与知识之间都有一定的内在联系,形成一定的知识结构,表现出一定的知识体系。这种知识体系如用口头语言表达往往不太容易全面把握。好的板书通过对教学内容的准确归纳,既帮助学生理解知识,从而一目了然地看清框架,理清脉络,又能揭示教材的内涵,深化教学内容,从而增强学习效果。

例如,《桂林山水》一课也可用这样的板书设计加以呈现:

```
            总起  甲天下
           (1)
桂林山水   分述(2.3){漓江水:静  清  绿}美不胜收   桂林山水甲天下
                    {桂林山:奇  秀  险}            漓江泛舟画中游
            总结  舟行碧波上  人在画中游
           (4)
```

这种板书形式对教材脉络进行了清晰的梳理,反映出课文的原貌,概括出课文各部分的结构要点,令人一目了然。

4. 表达形象直观,加深学生印象

学生在课堂上接受知识信息的渠道主要有两种:视觉和听觉。通过视觉获得信息的保留时间,要比从听觉获得信息保留时间长上几倍。板书使学生通过视觉而获得知识信息,这也是最简便、最有效的渠道。同时,教师边讲边板书,学生在听了讲解之后,又看到板书,再抄到笔记本上,这样一个过程调动了眼睛、耳朵及手部器官,容易在大脑中留下深刻的印象。听一遍、看一遍、写一遍的记忆效果要比只听一遍的效果增强很多。

例如，人教版小学英语（三年级起点）三年级上册 Unit 3 Look at me 的板书设计：

```
        Unit 3   Look at me
  Look at me!
  It's my ...     nose        eye
                ear    →    face
                       mouth
```

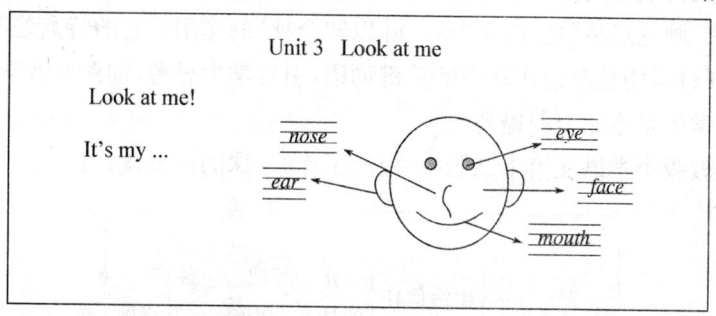

图画配合单词、句式，将新的知识点转化为图像信息，这对于初学英语的孩子们来说，无疑能够起到辅助其记忆的作用。

5. 形式简明扼要，促进思维发展

板书是一种直观教学的手段，好的板书简明扼要、提纲挈领，概括出了教学内容的要点和难点，体现出教学内容的前后逻辑联系，有助于学生在听课中完成分析综合的思维过程，通过比较、分类、抽象、概括板书内容，有助于将感性知识上升为理性知识，从而提高学生分析问题、解决问题的能力，促进其思维能力的发展。

二、教学板书的类型

板书的类型多种多样：从语言的运用来分，有提纲式、词语式；从表现形式来分，有文字式、表格式、图示式；从内容来分，有综合式、简化式；从结构来分，有总分式、对比式、分列式、提示要点式等。

（一）提纲式板书

提纲式板书是最经常使用的形式。它是以讲授内容的内在联系为线索，以大小不同的标号，按教学内容本身的层次含义标出相应的语句，以此体现教学信息的结构体系。这种板书的特点是层次分明、内容系统，便于学生提纲挈领地掌握知识。它以文字表述为主，归纳概念、理论要点，概括本节课的主要内容，体现教学的重点和关键。它简单明了，条理清晰，便于记录与复习。提纲式板书设计可以将烦琐、杂乱的内容简单化、条理化、明了化，起到事半功倍的效果。

例如，人教版小学语文第七册《观潮》一课的板书设计：

```
         ┌ 潮来之前  风平浪静
         │           声音：闷雷滚动  越来越大  山崩地裂
    观潮 ┤ 潮来之时 ┤
         │           样子：一条白线拉长、变粗  白色城墙  千万匹战马
         └ 潮来之后  余波汹涌  恢复平静  上涨两丈
```

（二）词语式板书

词语式板书是指整个板书构成主要是词语，这些词语都是一堂课教学内容的关键

词或重点词,用词语排列的顺序体现板书结构或教学内容的基本逻辑联系。这类板书对教学内容有"画龙点睛"之妙,有"辨一叶以知全秋"的作用。它的特点是简明扼要,富有启发性。通过运用具有内在联系的关键词语,引发学生思考,加深对教学内容的理解和记忆,促进学生思维能力的提高。

例如,人教版小学语文第十二册《一夜的工作》一课的板书设计:

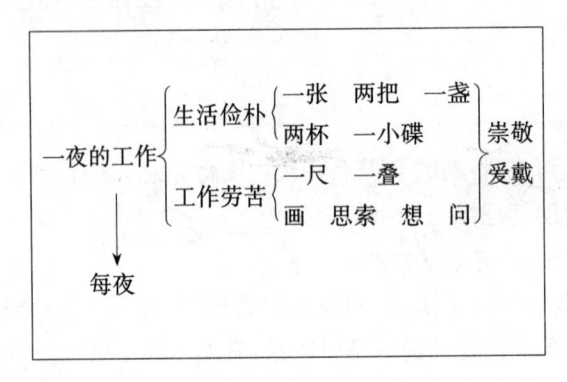

```
            ┌ 生活俭朴 ┌ 一张  两把  一盏
            │          └ 两杯  一小碟        崇敬
一夜的工作 ┤                                爱戴
            │          ┌ 一尺  一叠
            └ 工作劳苦 └ 画  思索  想  问
    ↓
   每夜
```

(三) 表格式板书

这种形式的板书是根据教学内容可以明显分类的特点而设计的。教师根据教学内容设计表格,提出相应的问题,让学生思考后提炼出简要的词语填入表格。教师也可以边讲解边把关键词语填入表格,或有目的地把内容分类并按照一定位置书写,归纳、总结时再形成表格。

例如,小学数学复习课《长方形与正方形面积与周长的计算》板书设计:

	概念	公式		计量单位
		长方形	正方形	
面积	物体的表面或围成的平面图形的大小	长×宽	边长×边长	平方米、平方分米、平方厘米
周长	围成一个图形的所有边长的总和	(长+宽)×2	边长×4	米、分米、厘米、毫米

(四) 图示式板书

图示式板书,就是教师用具有一定意义的线条、箭头、符号等组成的图形来组织教学内容的板书方式,其特点是形象直观地展示教学内容。通过图示,许多难以用语言解释清楚的事物能一目了然地呈现在学生面前,具有保持学生注意力、激发其学习兴趣的作用。

例如,人教版小学语文二年级上册《坐井观天》一课的板书设计:

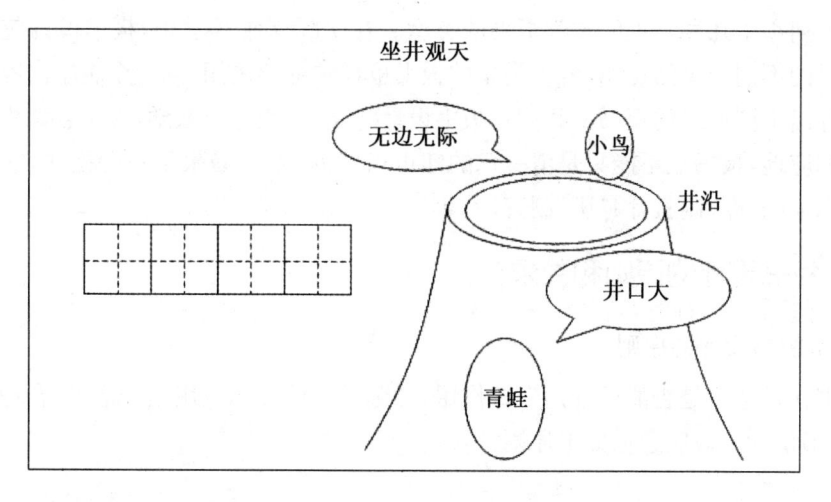

(五) 线索式板书

线索式板书以教材提供的时间、地点为线索，反映教学内容的主干。它把教材内容的内在结构和逻辑关系简明地呈现在学生面前，有助于学生对其全貌的了解。这种板书指导性强，对于复杂的过程起到了化繁为简的作用，便于记忆和回忆。

例如，人教版小学语文五年级下册《草船借箭》一课的板书设计：

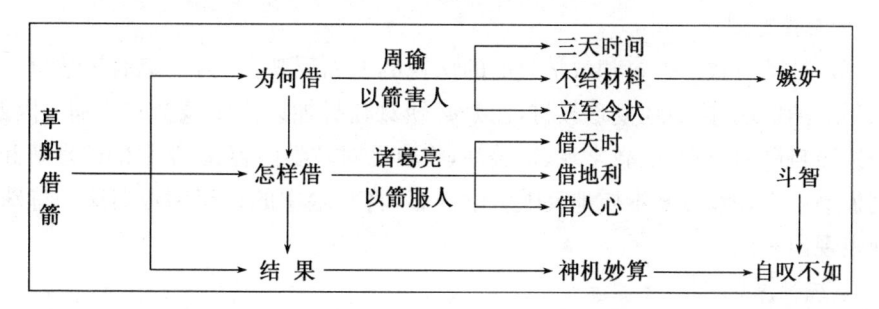

(六) 对比式板书

对比式板书常用于两篇文章或某一篇文章的两个方面进行的对比，在对比中突出人物的思想，或在对比中说明一个道理，揭示一种社会现象。其好处是：形成鲜明的对比效果，产生强烈的感知性，发展学生的求异思维与求同思维，使学生一目了然，同时还能提高学生的思想认识水平。

例如，人教版小学语文一年级下册《司马光》一课的板书设计：

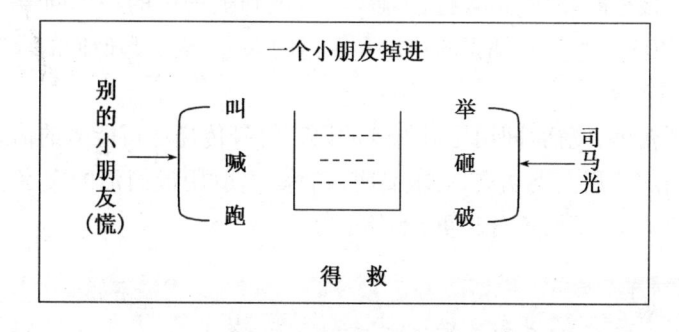

以上列举了几种常见的教学板书的类型。在实际课堂教学中，板书设计应就教学具体情况的不同而灵活运用，各种类型的板书也经常综合运用，同一个教学内容又往往可以设计出不同形式的板书。我们在板书设计时，必须服务于教学，并符合课程标准的要求。相应地，板书也不能只是清一色的知识点罗列，不应局限于一种模式，它应当是千姿百态地因"课"制宜，因"班"制宜。

三、板书设计的原则和要求

（一）板书设计的原则

板书在教学中是否能很好地发挥作用，关键在于设计和应用是否恰当、合理。具体地说，板书设计一般应遵循如下原则：

1. 规范性原则

规范性就是要注意书写规范和内容规范。所谓书写规范，就是要写规范汉字，不写错别字、繁体字和不规范的简化字；字体要匀称、工整、美观，切忌龙飞凤舞、信手涂抹；不倒插笔；一字一句，甚至标点符号都要有所推敲。所谓内容规范，就是要浓缩整节课的内容为一体。板书的词、句要简明精练，具有代表性和概括性；内容表达要明确、清晰、简明。

2. 目的性原则

板书是教师对教学内容和教学目的的认识的书面反映，是为一定的教学目标服务的。它不是消极地、简单地复现教材，而是必须对教材加以高度概括和浓缩。因此，教师应当按照自己的教育观、教学观、审美观，将自己对教学内容、教学目的的理解和处理渗透到板书中去，能动地、本质地反映教学内容，将头脑中的认识用板书这一特殊形式恰当地表现出来。

3. 系统性原则

板书要特别注重知识的系统性和条理性。要抓住知识的纵向和横向联系，展现出知识的层次，要条理清晰、详略得当。教师应根据教学要求进行周密计划和精心设计，确定好板书的内容格式，在教学时才能有条不紊地按计划进行。

4. 启发性原则

所谓启发性原则，就是通过板书，促进学生思考，调动思维的积极性。这是基于使学生获得知识、增长能力、发展智力的基本教学目的，重视和加强启发、诱导的要求。它要求教师在设计板书时，要吃透教材、了解学生，做到板书中的一个问号、一个箭头、一个括号等，都可以激起学生对知识的追求和探讨的兴趣，激发起他们的求知欲。

5. 简练性原则

板书设计要精练、概括，即用尽可能少的语言符号传递尽可能多的信息。这就要求教师在板书语句的选用上下功夫，力求简明、精炼，争取用最简洁的文字表达出复杂的内容，抓要点，抓关键，不要不分轻重、不分主次。

6. 即时性原则

所谓即时性,就是要掌握板书的最佳时机,根据教材特点和学生实际,把板书有机地、和谐地融入教学过程,与其他教学手段构成一个协调的系统,促进教学效益的最优化。可以说,板书是教学的艺术,也是时间的艺术。当师生都觉得不吐不快时,以板书代言;正值学生感到朦胧、困惑之际,教师的板书如雪中送炭,使之恍然大悟,受到启迪。讲课之前板书,重在指引思路;讲课之中板书,重在展示中心;讲完课之后板书,重在强化整体。

7. 可观性原则

板书设计要追求艺术的美感,要精心设计,刻意书写,使整个板书的布局格式与内容安排成为一种艺术创造。可以用精炼、确切、优美的语言再现内容美;可以用不同颜色的粉笔,显露色彩美;可以用优美的布局、精心的设计、规范的书写,体现造型美。

(二) 板书的书写要求

好的板书应该是板面整齐简洁,文字正确,笔画清晰,纵横排列平直,书写速度适中,从容不迫。为此,要做到以下几点:

1. 符合粉笔字的书写规范

教师板书主要是用粉笔在黑板上书写文字、图表、图像、符号、线条等,与使用钢笔书写除了工具不同外,姿态上通常也不一样。粉笔字是立式书写,书写的版面与人是平行的,所以最初操作起来不如钢笔字伏式书写那么习惯。粉笔字的书写工具粉笔没有笔锋(笔尖),运行起来不方便,这也给粉笔字的书写带来了特殊困难。

同时,汉字是方块字,讲究间架结构、气势神韵,教师写粉笔字要注意每个字的重心、平衡、统一、对称、协调和呼应等因素。

此外,小学课堂上的板书,一般要用正楷书写,不能信手挥笔,忌字迹潦草、龙飞凤舞。

2. 板书的版面整洁、美观

教师的板书不能东划一笔西划一笔,应该有所设计。要求板书版面整洁,纵横排列平直,而不是"天天向上",或者"天天向下",或者"横看成岭侧成峰",行间疏密要匀称和谐,始终保持版面的整齐干净。

3. 书写速度适中

教师应以尽量适中的速度和流畅的笔头进行板书,既保证板书信息量,又保证板书质量。写得过快、过多,一堂课下来满满一黑板的内容,容易产生字迹潦草的问题,学生看不清楚,把握不住重点。写得过慢,又容易出现教学节奏缓慢,学生注意力不易集中等问题。同时,教师板书时背对学生时间过长,既减少了师生之间的交流,也容易出现课堂纪律涣散的现象。

4. 书写时机适宜

教师板书应是边讲边写,随着教学的进行,有计划、有步骤地把板书内容写在黑板上,这样容易控制、引导学生的思路,集中学生的注意力。如:有位教师在讲《董存瑞舍身炸碉堡》这篇课文时,先板书"董存瑞",说明这篇课文是讲董存瑞的故事;当讲到"狡猾的敌人在桥的两侧筑了墙,顶上加了盖,构成了一座碉堡"时,板书"碉堡";当讲到董存瑞向连长请求任务时,板书"炸";当讲到"他抬头眺望远方,用尽力气高喊着:'同志们,为了新中国,冲啊!'"时,板书"舍身"。至此,黑板上出现"董存瑞舍身炸碉堡"这个完整的题目。如果上课前,教师就把整个板书内容呈现给学生,则容易使学生在注意力、兴趣本该集中的时候,反而已经转移了。

5. 书写姿态得体

教师书写的姿态应得体,从容不迫。教师握笔手势中空,下笔得力、优雅,轻重得当。写完一组字后,用黑板擦沉着自然地擦去,要避免慌乱、动作过粗过躁,或身不由己地摇晃。有的教师在板书过程中写错一个字就赶紧慌乱地用手擦去,这极大地影响了教师的形象美。

(三) 板书设计的要求

1. 文字:正确、清楚、美观

文字是板书的主要工具、媒介。板书文字一要做到正确规范,即不写错字,不写繁体字、异体字、被废的简化字;二要做到端正清楚,不潦草难辨,影响学生学习;三要做到漂亮优美,给人以艺术享受。

2. 内容:科学、完整、系统

板书要发挥其"服务于教学"的作用,首先取决于内容的科学性、完整性、系统性。所谓科学,是指板书表达的知识要正确,再现的信息要准确,反映的资料要无误,揭示的内容要客观,并且又能准确深刻地体现施教者的思想情感。所谓完整,是指板书内容完备全面,体现教材的整体性。当然在整体性的前提下,要突出重点,做到整体性与重点性的统一。所谓系统,是指板书内容联系紧密、系统有序、条理分明、逻辑性强。这对学生把握教材的整体结构,了解编者的编辑思路,培养学生系统、整体的思维能力有着重要的意义。

3. 造型:直观、新颖、优美

板书的造型是指板书形式的安排,是体现板书形式美、外在美的主要手段。它要求板书图示的排列和组合在准确体现内容的前提下,力求生动活泼,给人形式上的美感。教学板书造型依据学科特点、教材特色、教学情景、学生实际、教师个性,要求做到直观、新颖、优美。所谓直观,是指板书造型具体可感、形式可视,富有趣味性。所谓新颖,是指板书造型新鲜别致、独特新奇,富有创造性。所谓优美,是指板书造型符合美学规律、审美原理,富有强烈的艺术感。

4. 结构:严谨、有序、巧妙

板书之所以能给人以美感,除了内容的科学美、形式的外在美外,还在于板书内部组合安排的严谨、有序、巧妙。所谓严谨,是指板书布局合理、构思严密,内在联系缜密而富有逻辑性。所谓有序,是指板书内部联系有条有理、秩序井然,富有顺序性。所谓巧妙,是指板书构思、构图自然巧合、妙趣横生,给人一种"意料之外,又在情理之中"的美感。

5. 色彩：恰当、蕴藉、和谐

板书设计追求色彩合理搭配，要尽量做到恰当、蕴藉、和谐。恰当是指板书色彩搭配合理，白色外施加其他颜色可以突出重点、难点、疑点、要点、特点；蕴藉，是指板书色彩含义深刻，富有象征意味，起表情达意作用；和谐，是指板书色彩搭配谐调，有审美价值。色彩使用要以白色为主，和谐配以其他颜色，做到浓淡相间、色彩相宜、主次分明。

6. 功能：认识、教育、审美

根据学科特点和教学要求，板书要发挥三种功用：① 认识功能。板书是教材的"缩微"，是课文信息的"集成块"。教材有认识世界、认识社会、认识自然、认识生活、认识自我的作用，板书当然也有这些作用，并且这些作用会因为板书的高度集中而变得更加明显。② 教育功能。教师要用精确、精练、精彩、精美的板书教育学生、启迪学生，使学生形成鲜明的个性、健全的人格。③ 审美功能。板书不仅仅是教材的反映，更是设计者对教材审美的判断，是教师审美意识、审美情趣的集中体现，是施教者用来对受教者施加审美影响的"艺术品"。

7. 风格：多样、创造、个性

每位教师板书内容与形式诸因素的具体表现是不同的，因此每位教师的板书都具有各自的特点。一名教师要形成自己独特的板书风格，首先，要继承、学习，要兼收并蓄，要容纳各种风格流派，走多样化的道路。其次，要批判性地接受，要创造，要从实际出发，扬长避短，根据自己的兴趣爱好、个性特长，以及对教材的不同理解，设计出渗透自己审美情趣的独特、新颖的板书。再次，要有个性。板书是每位教师根据自己对教材的理解进行的创造，是个人教学个性魅力的独特折射，因人而异，应当在继承、模仿、创新的基础上，最终形成自己的个性。

此外，还可参考秀梅等《小学语文课堂教学板书的合理运用》一文（请扫描本章二维码）。

教学板书设计实训

1. 请将杜甫《绝句》一诗抄录在黑板上，先横向排版，再纵向排版。要求：使用正楷字书写，字迹清晰，字体端正，版面整洁，纵横排列平直，行间疏密匀称、和谐。

　　两个黄鹂鸣翠柳，一行白鹭上青天。
　　窗含西岭千秋雪，门泊东吴万里船。

2. 苏教版小学语文第三册第十课《狼和小羊》全文如下：

　　狼来到小溪边，看见小羊在那儿喝水。
　　狼很想吃小羊，就故意找碴儿，说："你把我喝的水弄脏了！你安的什么心？"

小羊吃了一惊,温和地说:"亲爱的狼先生,我怎么会把您喝的水弄脏呢?您在上游,我在下游,水是不会倒流的呀!"

狼气冲冲地说:"就算这样吧,你总是个坏家伙!我听说,去年你经常在背地里骂我,是不是?"

可怜的小羊喊道:"啊,这是不可能的,去年我还没出生呢!"

狼不想再争辩了,大声喊道:"你这个小坏蛋!骂我的不是你就是你爸爸,反正都一样!"说着,就往小羊身上扑去……

某位教师针对这篇课文设计板书如下:

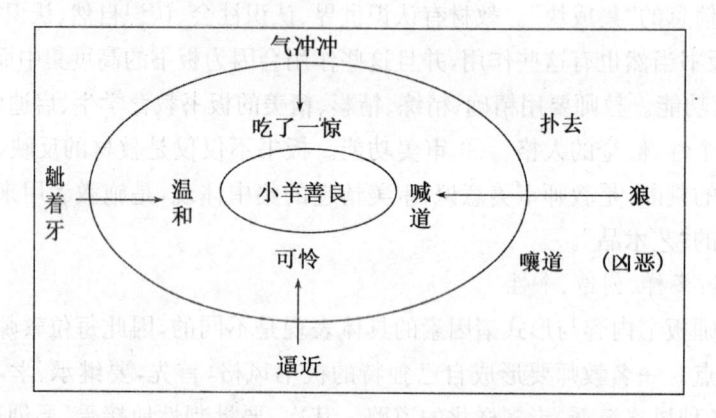

请分析该板书设计存在的主要问题,并结合教学内容、教学目标,对本堂课的教学板书进行重新设计。

3. 分析下图中的板书设计,写出评价意见。

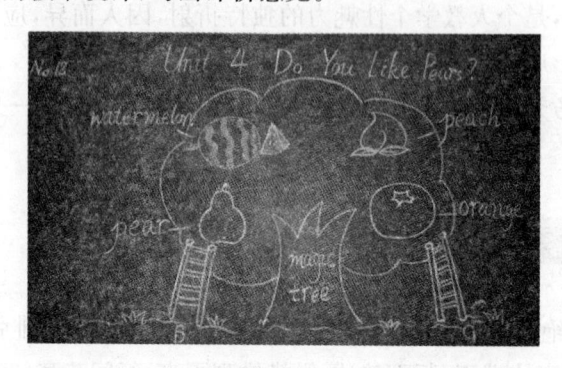

4. 小组选择同一教材内容,分别进行板书设计。可参照下表加以评定,选出最佳设计方案并说明理由。

板书技能的评价标准及权重

评价标准	评分(100)	权重	得分	等级			
				A	B	C	D
目标明确，重点突出		0.25					
层次分明，布局合理		0.25					
文图准确，有示范性		0.25					
形式新颖，有利记忆		0.25					
得分（百分制）							

思考问题

1. 运用课堂教学导入和结课技能分别能发挥怎样的作用？结合具体的教学内容，谈谈课堂导入和结课有哪些常用的方式。

2. 课堂提问有哪些类型？如何在课堂教学中提升提问的有效性？

3. 课堂讲授法通常有讲述、讲解、讲读和讲演四种基本形式，它们各自的特点何在？请选择某门学科的某一教学内容，分别以上述四种形式进行模拟讲授练习。

4. 教学板书的意义何在？它具有哪些常见的类型？请选择某门学科的某一教学内容进行板书设计，并对照板书设计的原则和要求对自己设计的板书予以评价。

第八章
课堂教学基本功训练(二)

本章重点

1. 了解课堂教学反馈与强化技能的含义、作用,把握这两种教学技能的类型,掌握反馈与强化技能的应用策略,能够较好地运用这两种教学技能组织课堂教学。

2. 了解课堂教学组织管理技能的概念与作用,掌握课堂教学环节中有效组织管理的策略与原则,掌握自主、合作、探究性学习的组织和引导,能够较好地运用组织管理技能进行课堂教学。

3. 了解课堂教学变化技能的概念与功能,把握变化技能的类型及操作要领,掌握变化技能的应用原则,能够在课堂教学中熟练运用变化技能。

第一节 课堂教学反馈与强化技能

一、课堂教学反馈技能

反馈是控制论的一个基本概念,指将系统的输出返回到输入端并以某种方式改变输入,进而影响系统功能的过程。通过反馈,可以不断地矫正偏向或失误,逐步达到预期目的。

(一) 教学反馈的概念和作用

1. 教学反馈的概念

教学反馈是指教师在课堂教学中准确、及时地获取学生对教学内容的反应情况,并使学生准确、及时地把握和了解自己的学习效果的教学行为方式。

教学过程是一个有目的的动态过程,教师要在一定的时间内达到教学目的,就需要随时收集教学的反馈信息,以了解教学现状,判断并预测教学发展的趋势,找出现状与达成目标之间的差距,为修正并策划新的教学方案(调整教学内容、变化教学方法、改变教学进度)提供依据,保证教学过程处于最佳状态,朝着教学目标推进。因此,教学过程其实质就是以信息反馈为基础的控制过程。

2. 教学反馈的作用

教学信息反馈的作用主要表现为:

(1) 动力作用。一方面,教师利用教学信息反馈,能够及时检测和评估学生对知识掌握的程度,根据反馈信息及时调整教学进度和难度,总结经验教训,从而增强工作动力;另一方面,学生可以通过反馈信息,了解自己知识和能力的发展状况,发现差距和问题,进而改变学习策略,提高学习的积极性。

(2) 检测作用。一方面,教师可以根据学生反映出的反馈信息(作业、试卷、表情、语言、行为等),检查课堂教学的效果,如教学进度是否适当、教学目标是否达到、教学设计是否合理等;另一方面,学生根据教师做出的反馈信息(反问、点拨、批评、表扬等),分析自己的学习效果,判断自己的行为与教学目标或教师的要求之间的距离。

(3) 调控作用。一方面,教师根据学生的反馈信息,既能够及时调整教学环节,如教学进度、教学难度、教学语言、教学方法等,又可以对下一步教学进行策略上的调整;另一方面,学生可以根据教师的反馈,及时对自身知识点进行查缺补漏,调整自己学习的方式方法,并为下一步的学习打下基础。

(二) 课堂教学反馈的途径

教学活动过程中的反馈信息其实很多,教师只要用心留意就能获得大量的反馈信息。当然,教师还要在课堂教学过程中创造条件,通过更多、更佳的途径来获取更丰富、更有效的反馈信息。

1. 通过课堂观察获取教学反馈

教育家苏霍姆林斯基说过:"对一个有观察力的教师来说,学生的欢乐、惊奇、疑惑、受窘和其他内心活动的最细微的表现,都逃不过他的眼睛。"在教学活动过程中,教师要善于观察课堂的整个教学气氛、教学情景,观察学生的表情、体态、动作的细节。特别要注意学生眼神的变化,要从学生眼神的变化中看到他们无声的语言:紧皱眉头、目光黯淡,说明正在苦思冥想却百思不得其解;眉开眼笑、神采奕奕,可能代表着豁然开朗、找到了解决问题的途径;目光游离、默不作声,则有可能思绪早已飘到九霄云外了。

教师要善于准确把握学生的动态,防止学生在互动过程中(尤其是小组探究、实践活动等开放性的教学环节)弄虚作假、借机闲聊,干扰教师的有效教学反馈。

2. 通过课堂提问获取教学反馈

提问是课堂上常见和有效的反馈方式之一。通过提问所接收到的语言反馈信息,比其他形式的反馈更具有准确性、具体性、即时性和简洁性的特点。适当的课堂提问可以使教师当堂了解学生听课的专注程度和对知识的理解、掌握程度,从而及时调整教学。对此,可参考蒋丽《课堂提问的反馈艺术》一文(请扫描本章二维码)。

要想充分发挥课堂提问的反馈功能,教师在提问时必须注意以下几点:

(1) 个别提问与整体提问相结合。课堂提问应有较大的辐射面。既要照顾"点",

又要照顾"面",要考虑大多数,反馈整体情况,以点带面,培养优生,关心学习困难学生,达到共同提高。

(2) 问题的难易程度要适当。一方面,提问应当符合学生的认知水平和接受能力,对于较难的问题应力求深入浅出、化难为易,切忌过难过深;另一方面,提问要有深度,不能浮于表面,不能只问"知不知道"、"对不对"等,应当有明确的指向性。

(3) 问题数量要适中。课堂提问不在于"多",而在于"巧"。提问过多过滥,学生应接不暇,没有思考的余地,必然会影响他们对知识的理解和学习兴趣。提问过少,难以发挥学生参与教学的主动性,难以获得足够的反馈信息,则会影响教学效果。

(4) 对学生的反应要给予反馈。提问不只是教师获得反馈信息的一种途径,而且也是学生了解自己有关学习程度信息的一种方式。因此,教师在提问时,对于学生的回答,要认真倾听。对回答中正确的、有独到见解的部分,要给予肯定、表扬和鼓励;对于回答中的错误,要及时加以纠正;一个学生回答不完善,其他学生补充后,教师必须小结,从而使学生获得完整而系统的知识,获得对自己发展有益的信息。

3. 通过课堂考查获取教学反馈

进行课堂考查不仅能检查学生的学习质量,进而对学生的疑难点、模糊点及时加以解释、强调、纠正或补充;同时也能检查教师的教学效果,使教师清晰地看到自己教学的不足,从而不断改进教学方法,提高教学水平。

课堂考查的方法多种多样,如随堂练习、板演、听写、默写、小测验、写学习小结等。

(1) 随堂练习。随堂练习是教师捕捉学生课堂理解信息的一个很好时机,它可以发现学生解题过程中的思维途径、计算的正确性等对课堂知识理解程度的信息,可以从学生解题的速度和正确率中捕捉学生掌握的程度,从群体的量化统计中也可以捕捉整体对知识内容掌握的程度与存在的问题,并发现个体之间的差异。

(2) 板演。板演就是让几个学生在黑板上回答问题或演算。它便于教师及时了解学生的学习情况,分析产生问题的原因,并能及时指导学生、纠正问题。同时,也让全班同学及时了解到自己对新知识的掌握情况,对全班学生起到反复练习、加深理解、巩固记忆的作用。

运用板演方法时要注意:第一,要精心选择板演题目。所出题目应具有针对性、典型性,并且是学生容易出现错误的问题。第二,要精心组织。让学生进行板演时,不可随意指名板演,而应根据题目的深浅,有层次地选择学生,这样不但可以避免学生因不会做而产生尴尬,同时也可以增强学生的学习信心,提高学生的学习兴趣;第三,认真评改。对学生做的每一道题目,教师都要认真对待。对于板演中出现的问题,应指出错误的性质,分析错误的原因,提出防止的方法。即使板演中没有问题,教师也须强调应注意的问题,对板演的学生进行表扬、鼓励。

(3) 当堂小测验。当堂小测验是在新课结束时,用较短的时间,以书面的形式了解全班学生对知识掌握程度的一种有效方法。通过检测,教师可以发现学生对知识掌握得怎样,能力提高到何种程度,哪些同学已达到了目标,哪些同学还有待于进一步提高,从而及时回收反馈信息,及时进行补偿教学,确保当堂完成教学任务。同时,它可以帮助学生及时了解学习的效果,很快地获得矫正性信息,进一步调整自己的学习。

(三)课堂教学反馈的特点和优化策略[①]

研究课堂教学反馈的固有特点,积极发挥课堂教学反馈的功能,把握影响这个功能发挥的关键,采取相应的教学策略,才能真正体现以学生发展为本的教育理念,提高教学质量,推进素质教育。

1. 多样性的教学反馈和选择性的教学策略

课堂教学反馈不是杂乱无章的,也不是如同镜面反射。由于参与学习的学生认知水平不同、思维品质不同、学习动力不同,他们在摄取信息方面具有选择性,因此,课堂教学反馈亦呈多样性。

作为教师,不仅要事先设计恰当的教学环节,激发与调动学生主动学习的积极性,而且要及时调节教学计划,以适应学生探究学习的需要,哪怕是多花费一些时间,也要广泛地全方位地让学生充分表达他们的感知,这正是教师指导学生学习的良好契机,也是选择性教学策略的出发点。

【示例】 一学生读《林海》中重点句:"大兴安岭这个'岭'字,可跟秦岭的'岭'字不大一样。"

师:他刚才哪里读错了?

生:他把"大不一样"读成"不大一样"。

师:这两个词意思相同吗?

生:意思不同。"大不一样"是说差别很大,"不大一样"是说差别并不大。

师:读读课文,想想秦岭与大兴安岭差别大不大?

生:他们差别很大。秦岭"云横",而大兴安岭则是"那么温柔"。

师:谁到黑板上来画画,看看各是什么样子的?(生作画)

师:(指图)一个险峻,一个温柔,看来,二者确是——

生:大不一样。

【点评】 学生在学习过程中出现的种种错误,教师是难以一一预测的。而错误又是极具意义的课堂动态资源,真正的课堂会因错误、发现、探究、进步的良性循环而充满活力。当一些关键性的、有普遍意义的错误,被教师及时捕捉并经提炼成为全班学生新的学习材料时,学生的探究兴趣将被大大激发。因此,教师不能为执行教案而按部就班,必须针对学生在反馈中暴露出的某些错误,及时调整教学计划,现场做出价值判断并决定如何进行纠错。当学生出现错误时,教师既不能奉送"真理",也不能听之任之,而应利用学生错误中的

---

① 本部分内容参考史久甫《课例分析:优化课堂教学反馈是指导学法的杠杆》一文而有改动。http://www.jydoc.com/article/882670.html。

可利用因素,或追问暗示,引导学生发现错误,及时纠正;或反诘归谬,即以学生错误答案为前提,推衍出荒谬的结论,让学生在前因后果的矛盾中顿悟。

2. 思辨性的教学反馈和导向性的教学策略

反馈的多样性并不等于正确性,而正确的和思辨性的反馈信息从某种意义上说是衡量学生学习质量的尺度。为了提高反馈的正确程度,使反馈起正效应作用,因势利导抑制负效应,采用导向性的教学策略是十分重要和必要的。面对各式各样的语言信息反馈和各种神态的呈现,教师应艺术性地有意识、有序列地选择某一、两个反馈信息,为顺利解决"症结"开出良方,或提供思考方向,提供新旧知识节点等,再次把学生"引下海",让他们扬帆启航,直至达到知识的彼岸,感受搏击"惊涛骇浪"的亲身体验。

【示例】 探究圆柱体侧面积课上,"侧面是什么图形","可以用什么方法计算",学生的思考相当积极。他们有的无从下手;有的参照长方体的展开图,但不知从哪里剪开(因为在圆柱上画出一条高,对刚认识高的学生来说是有困难的);有的用力把圆柱压扁了,成为重叠的两个长方形;有的找准了高,沿着高剪开;有的在侧面上随意地剪,虽然也展开了侧面,但引起了学生们一阵阵笑声,学习的氛围十分活跃。

【点评】面对这么具有思辨性的反馈信息,教师心里感到有些出乎意料。于是他立即调节了自己的教学计划,不是画蛇添足地再补充提示,而是先让压扁圆柱的学生讲思考的过程,并上台演示,让学生看到重叠的两个长方形的各边与圆柱体的哪些部分是有紧密关系的,学生直观感知了侧面图形是个长方形,是由圆柱的高和圆柱的底面圆的周长围成的,使学生初步感知侧面图形的形状,以及它的面积计算所需的相关尺寸如何寻找。随后,当让随意剪开侧面的学生讲述他的思考过程时,学生支支吾吾的无奈,期望解惑的神态,正是需要教师引导的时候。教师在这时十分清醒,不在于很快地让学生表述结论如何,而在于让学生理清思路,从中找出规律性的东西,以此来改变学生只重知识的结果,而忽视在解决问题的过程中逐步积累学习的经验和形成自己个性化的学习方式。只说:"你剪开的图形与刚才同学剪的十分相似,上下都是圆柱底面圆的周长,左右两边是随意剪开的,在计算时是无法唯一确定的。有没有可能转化成我们以前学过的简单图形呢?"话音刚落,学生们刷得一下举起了手,忍不住地嚷嚷喊叫。教师追问:"你原先想的,有哪些是可以肯定的,有哪些是不足的,现在怎么弥补和矫正?""总结一下图形转化的基本方法是什么?"等等。导向性的教学策略达到了事半功倍的效果。

3. 评议性的教学反馈和及时性的教学策略

40分钟的教学时间是有限的,是一个不变的常量,而练习的数量和质量等是变量,教学信息反馈的强弱等也是变量。增强信息反馈的正效应,是提高课堂教学质量的有效途径,其中不可忽视的是信息反馈必须及时。

信息反馈必须及时,对于小学生的生理、心理来说是十分必要的。小学生独立的自我评价能力比较低,自觉调节学习方法的能力比较差,对刚学到的知识做出评价更是困难。只有当自己的学习行为得到肯定或否定的评价后,他们才能在心理上获得满足,进而树立学习和进步的信心。

及时回授有效反馈信息,就是对有益于学生改变思考角度深入思考的、有益于学生调节学习方法的、有益于引起学生广泛争议的比较关键的反馈信息,教师及时将其反馈给学生。在教学策略上,可以采取信息"放大"等技术手段,将有些"含有谬误"的、"含有创新意识"的反馈信息,通过实例或反例呈现在学生面前,从而把一个学生或一个小组的想法,推向全班学生共同讨论;也可以对于学生表述不是很清晰的想法或仅仅是一个看法的萌芽,教师根据学生原意重组语言,归纳成可引起讨论的问题;也可以把学生提出的问题用一个简单的图示,或者随机的题目等显性的方法转化为值得讨论的问题;等等。

【示例】 在执教《燕子专列》一课时,教师指名学生朗读:"居民们纷纷走出家门,冒着料峭的春寒,顶着满天飞舞的大雪,踏着冻得坚硬的山路,四处寻找冻僵的燕子。"该生读完后,教师并不急于评价,而是问他:"你感觉自己读得怎样?"他有些不好意思地说:"我觉得读得很流畅。""嗯,很有自信。谁再来读读这句话?"教师特意找了一名朗读水平较高的学生读,之后问前一名学生:"你感觉你的朗读和他有点区别吗?"学生回答:"有,我读得没有他有感情,尤其是'纷纷'、'四处'没有读好。"教师继续鼓励他说:"你再试试?"学生重读了一遍,显然比刚才好得多。教师评价道:"你的进步真大! 老师想和你比赛比赛,好吗?"学生高兴地点点头。教师范读一遍后,学生再读了一遍。教师问:"这次朗读你感觉怎样?"学生回答:"我读到'纷纷'时,语气重且慢,我体会到参加救助的人特别多;读到冒着严寒时,就开始用力、提劲,读到'四处',我仿佛看到人们正在漫山遍野地寻找燕子的情景。"顿时,整个教室爆发出热烈的掌声。教师真诚地朝他竖起大拇指:"体会得真好! 你都可以当大家的老师了!"

【点评】 针对学生反馈中出现的不尽如人意的地方,教师并没有单刀直入地挑明,而是让学生在对比、模仿的过程中自己发现差距并做出调整。这样做一方面保护了个别学生的自尊,另一方面也让有效反馈信息得到及时而高效的回授,增强信息反馈的正效应。在课堂教学活动中,只有教师细心回授学生的各种各样的反馈信息,处理得适度、合理、及时,教学策略对头,才能增大或诱发内因,靠学生内部状态的优化,达到掌握知识、提高思维品质、形成良好的学习方法的目的。

4. 差异性的教学反馈和层次性的教学策略

学生的思维品质、理解能力有差异性,所以在反馈信息的处理上更要因人而异,要分层递进,这是由因材施教原则所决定的。

例如对随堂练习的设计,针对模仿、巩固这一层次的递进性练习,重点巡视指导接受能力相对较差一些的学生,提高反馈信息的频率,强化反馈信息正效应的作用,降低他们学习的困难程度,增强他们学习的勇气。对于要求较高层次的练习,主要是为"吃不饱"的学生而设计。不同层次的练习可以同时进行,也可以额外补充。教师在不同层次学习中获得的反馈信息要经过筛选,尽量做到反馈信息有机融合,相辅相成。有的可以作为个别辅导,把信息反馈给相关的学生;对于虽较复杂但有典型意义、有益于学习方法的指导的问题,可以在全班学生面前展示正确敏捷的思维方式和解题方法。这并不是冷落和羞辱学习暂时有困难的学生,而是让全体学生包括学习暂时有困难的学生开阔眼界、耳濡目染,提高学习的兴趣和能力。

【示例】 求平均数应用题:桌上放着六叠小木块,分别是8、10、8、8、10、10块,问平均每叠多少块?学生的一般思路和解题方法是,计算出小木块的总数去除以6。当然计算小木块总数的方法还有好几种。但有个别学生在黑板直观图示的启发和影响下,在自己列式计算的具体实践过程中,总结了经验,直接列成$(8+10)\div 2=9$(块)。

【点评】 这道题目的本意是在学习了较复杂求平均数应用题之后,让学生体会一下复杂的含义。复杂是对具体问题而言的,既有典型问题的一般解题规律,又有特殊问题的特殊解法,现在基本上达到了预期的效果。一些学习层次较高的学生看到了解题的多种方法,而另一部分学习层次稍低的学生则能从形象的图示中领悟到一般与特殊之间内在的紧密联系。

此外,可参考王凯《反馈何以有效:对当前课堂教学评价的新思考》一文(请扫描本章二维码)。

二、课堂教学强化技能

强化是一个心理学概念,是指通过某一事物增强某种行为的过程。美国心理学家和行为科学家斯金纳提出了一种"操作条件反射"理论,认为人或动物为了达到某种目的,会采取一定的行为作用于环境。当这种行为的后果对他有利时,这种行为就会在以后重复出现;不利时,这种行为就减弱或消失。人们可以用这种强化的办法来影响行为的后果,从而修正其行为。这就是强化理论,也叫作行为修正理论。

(一)强化技能的概念和功能

1. 强化技能的概念

强化技能是在课堂教学过程中,教师依据"操作性条件反射"的心理学原理,对学生的反应采用各种肯定或奖励的方式,使学习材料的刺激与希望的学生反应之间,建立稳固的联系,帮助学生形成正确的行为,促进学生思维发展的一类教学行为。

《学习的革命》一书中提到:如果一个孩子生活在讽刺之中,他就学会了自卑;如果一个孩子生活在批评之中,他就学会了谴责;如果一个孩子生活在鼓励之中,他就学会了自信；如果一个孩子生活在表扬之中，他就学会了感激。鼓励和表扬，其实就是对学生学习行为及学习结果的一种最佳认可。这种认可，对于教师来说，只是一种意识问题；但对于接受鼓励和表扬的学生来说，则意义大不一样，他们会把教师的表扬作为自己的一种价值取向。

强化分正强化和负强化。正强化，又称积极强化，即当人们采取某种行为时，能从他人那里得到某种令其感到愉快的结果，这种结果反过来又成为推进人们趋向或重复此种行为的力量；负强化，又称消极强化，是指通过某种不符合要求的行为所引起的不愉快的后果，对该行为予以否定。正强化是用于加强所期望的个人行为；负强化的目的是为了减少和消除不期望发生的行为。

2. 强化技能的功能

（1）激发学习兴趣。学生的学习需要外部的鼓励或表扬，特别是年龄较小的学生更需要通过鼓励促进他们的进步。当这些外部刺激不断地促使他们走向成功时，便会变成主动的追求，激发起学习的内部动力。在学生的尝试性认识过程中，教师运用强化技能，不断指引学生寻找依据和提供线索，促使学生的内部强化，激发学生进一步努力学习的愿望和对学习的浓厚兴趣。

（2）引起注意，保持注意。在课堂教学中，有时学生的神经系统处于高度兴奋状态，这种状态只有在学生感受到对学习具有极大的兴趣、专心致志时才能得到。教师对认真听讲的学生给予肯定和表扬，对学生的正确反馈给予鼓励和奖赏，都能对学生的兴奋状态实现正强化，促使学生把注意力集中到教学活动上，也可以防止或减少非教学因素刺激所产生的干扰。

在课堂教学过程中，引起学生注意比较容易，而保持学生注意是很困难的。特别是在小学，学生有意注意正处在发展阶段，持续时间较短，教师应使用语言、声调、手势、眼神、暗示等多种强化技能来调动学生的注意力。

（3）巩固正确行为。任何人顺利地完成了任务，都有一种成就感，小学生更不例外。当学生做出正确的反应，如遵守纪律、独立思考、思维敏捷、见解独特等，符合甚至超过了教师的期望时，教师采取恰当的强化方式给予肯定和赞许，会使学生因自己的努力得到教师的承认而在心理上获得满足感，进而促使学生的内部强化。

（4）鼓励学生参与。学生是教学过程的主体，教学过程只有学生的积极参与才能取得真正意义上的实效。而教师的主导作用不仅体现在是知识的传授者，还体现在是学生参与教学、发挥主体作用的调动者和组织者。在课堂上，教师对做出正确反应的学生给予肯定和赞赏，学生受到强化手段的刺激后，不仅能进一步强化他们积极学习的主体意识，按照教师设计的教学活动，积极参与，如期完成教学任务，而且还会使学生逐渐明确，要想体验学习的快乐，要想得到肯定和鼓励，就必须积极主动地参与教学活动，用心观察和思考。这就进一步调动了他们参与教学活动的积极性。

（5）统一学生认识，控制教学过程的有序进行。强化技能的功能体现了教师对教学过程的控制，是师生相互作用的一个关键环节。学生在课堂上做出反应后，若教师不进行任何反馈强化,学生得不到来自教师的反馈信息,他们的认识活动就失去了方向,教学在这一环节就失去了控制。所以,强化不仅有促进学生个人认识活动的作用,而且还有统一全班认识、控制教学过程按教学计划进行的作用,使班集体中大多数学生的认识活动,都能步调一致地沿着教学计划的路线进行。

(二)强化技能的类型

强化有不同的分类,根据教师实际应用强化技能的具体形式可分为以下几种类型:

1. 语言强化

语言强化是指教师运用语言评论的方式,对学生的反应或行为表示某种判断和态度,或提供线索引导学生将他们的理解从客观实际中得到证实。语言强化可以简明准确地表明学生反应中正确的成分或错误的成分,使学生对自己的反应认识清楚,以便将正确行为巩固下来,将错误的行为加以改正。

2. 动作强化

动作强化是指教师运用非语言的身体动作,对学生在课堂上的行为表现,表示自己的态度和情感。在课堂教学中,教师的动作强化伴随语言强化同时出现,往往能获得更好的强化效果。教师的点头示意、微笑、期待的目光、专注的神情等非语言行为,运用恰当,就能起到"此时无声胜有声"的评价效果。

3. 标志强化

标志强化是指教师运用各种象征性的标志、奖赏物,对学生的成绩或行为,给予肯定和鼓励。这种强化能使学生获得成就感,从而更有效地激励学生的学习热情。对年龄小的学生,这种看得见、摸得着的鼓励,印象更深刻,激励的时效也更长久。

4. 活动强化

活动强化是指教师安排一定的活动,对学生在活动中的参与和贡献给予奖励,使学生在活动中不断巩固正确的行为,得到自我强化。活动强化的途径主要有:有针对性地让学生参与课堂练习等活动;分组让学生一起做实验;让学习优秀的学生介绍学习经验和体会;课前安排学习有特长的学生,让他们代替老师完成一节课的教学;适当开展学科竞赛性活动。通过有针对性的活动,给学生以足够的空间来展示自己、表达自己、肯定自己,从而发挥他们的最大潜能,培养他们的综合能力,增强自信心。

(三)课堂教学强化技能的应用策略

在课堂教学中,教师艺术地运用强化技能,能够起到优化课堂教学结构,调动学生学习积极性的作用,从而更好地落实教学内容,完成教学目标。

1. 准确判断

准确判断是强化的先决条件,是对学生反应进行迅速准确的判断,发现一切对教学有价值的因素,通过强化加以利用。因此,运用强化技能,首先就要准确判断出强化学生的最佳时机。一般来说,下列几种情况,可称为强化的最佳时机。

(1)学生进入新的情境时。学生所处的环境对学生的效能有着极大的影响。当学生由一种旧情境转入一个新情境时,如转入一所新学校,调入一个新班级,进入新学期等,便有一种强烈的新感受,加之内心潜伏的自尊心的催化作用,这时总是暗暗警告或提醒自己要干出个新样子来。这种朴素的、出自内心的动机,能使学生产生一种按新情境的要求调整自己的态度和行为的趋向。

(2) 学生获得成功时。人的行为都是在某种动机的策动下,为达到一定目标的有目的的活动,活动的结果又能反过来作用于行为的动机。如果一种良好的行为长期得不到积极的强化,动机的强度就会减弱,甚至消失。美国著名教育家布鲁姆就曾说过:"要让大多数学生在每门学科中都有少量的高峰体验,都受到成功的欢乐。"

(3) 学生处于困境时。学生在遇到失败、受到挫折、遭到打击时,稚嫩的心灵要承受巨大的压力,有时就好像是掉进了深渊一样。处于这种情形的学生希望他人理解,求得同学、老师支持帮助的愿望特别强烈。教师若能及时表示关怀与理解,伸出热情之手,在力所能及的范围内为他们排忧解难,必然会产生平时难以获得的良好效应。事实证明,同样一次坦诚的交谈,一次假日的家访或一个亲昵的动作,对于在正常情况下和陷入困境的学生在心理上的作用存在着巨大差异。

(4) 学生对过错有悔悟之意时。"人非圣贤,孰能无过",身心尚未成熟的小学生,更容易出现这样或那样的不是,但只要不是自甘堕落,一意孤行,学生一旦有了过错之后,在各种因素的影响下,经过思想斗争,往往又会出现某种悔悟之意,这种"悔悟"是学生知错改过的开端,也是教师进行强化、激励的大好时机。

(5) 学生的某种强烈愿望未能实现时。愿望体现了人的需要,需要是影响行为动机的决定因素。学生在各种活动中常常会不自觉地流露出自己的某种强烈的愿望。倘若缺乏正确的方法和充分的条件,这种愿望又很难在短时间内得以实现。这时,学生易产生焦虑、懊恼的情绪,影响活动效率。教师尤其是班主任,应清楚地了解班上各个学生各个时期最强烈的愿望,尽可能地给他们指出解决理想状态与现实状态之间矛盾的途径,鼓励他们积极创造条件实现那些具有现实可能性的愿望,帮助他们分析形势和认清自身条件,摆脱不合实际的幻想,支持他们确立新的奋斗目标。

2. 意图明确

一方面,教师在对学生的反应或活动进行强化时,一定要使学生知道强化的是他的哪些特殊行为,使学生明确为什么会受到赞赏和鼓励,保证教师的强化意图被学生正确理解。简单笼统的肯定或否定使学生不能区分自己的反应和活动中哪些是正确的、哪些是多余的、哪些是错误的。当学生的反应中包含多种成分时,教师首先要说明反应中各成分的性质,然后分别给予不同的强化。

另一方面,还须注意,在运用强化技能时,应根据教学任务,有目的、有选择地对学生的反应进行强化。在课堂教学中,教师不必对学生的所有正确的反应都给予强化,要选择与达到教学目标有密切关系的正确反应给予强化。

3. 面向全体学生

在课堂教学中,教师的强化意图绝不应该仅仅是对学生个人的,而应是面向全体学生的。在教学中,学生的认识发展是不一致的,有的快些,有的慢些。但课堂教学过程要求大多数学生的认识要同步发展,不能仅针对少数几个学生。所以教学中师生交流不能仅仅是一对一的形式,而应该将个别学生的正确认识结果及时地扩展到全班,使全体学生形成对当前问题的正确理解。

4. 及时有效

所谓及时,是指对学生的反应要进行迅速准确的判断,当所期望的行为一旦出现,教师就应抓住时机给予奖赏,发现学生的每一个闪光点,进行正面强化;当学生的回答或操作不完全正确时,则对合理部分要进行正面强化(部分强化)。对学生的课堂练习和家庭作业也应及时反馈强化,这样才能达到巩固和深化新知识的目的。

所谓有效,是指强化行为应恰当、可靠。在采用动作强化时,要注意走动和接触学生的频率,不能过分频繁,否则会分散学生的注意力,引起学生反感;采用标志强化时,标记的种类不宜太多,色彩不要过于斑斓,否则搞得学生眼花缭乱,重点不突出,也就很难达到强化的目的。

5. 应以正强化方式为主,慎用负强化

在课堂教学中,对批评和惩罚,教师应采取非常慎重的态度。对于认识性的反应错误,教师应多从自己身上找原因,不能埋怨学生笨,将自己对教学不成功的不满情绪发泄到学生身上。所以,对于学习中的认识问题不应采取批评和惩罚的方法,更不能对学生的人格进行讽刺和挖苦。

陶行知先生曾这样批判旧教育:你这糊涂的先生!你的教鞭下有瓦特,你的冷眼里有牛顿,你的讥笑中有爱迪生。别忙着把他们赶跑。你可要等到坐火车,学微积,点电灯,才认他们是你当年的小学生!作为今天的教师,要相信今天"小小的孩子,就是将来小小的科学家",要恰当地运用正强化技能,培养学生积极的、正确的情感和人生观,少用、慎用负强化。

课堂教学反馈与强化技能实训

1. 以下是某教师执教"相遇问题"时的教学片段:

学完了"相遇问题求时间",教师出示了一道题:"甲乙两车同时从相距900千米的两地相向而行,甲每小时行驶70千米,乙每小时行驶80千米,(　　　　　　)?"

师:"请同学们先提问题再列式。"

学生开始积极思考,随后热烈发言。

生1:"几小时后两车相遇?"

生2:"行了多少小时后两车相距300千米?"

生3:"行了2小时后两车相距多少千米?"

生4:"行了10小时后两车相距多少千米?"

当第四个学生提出问题时,有学生说此题不能做,大部分学生也开始附和,"对,不能做!"

师:"遇到什么困难了?"

生:"总路程减去两车的行驶路程不够减了,所以不能做了。"

师:"既然不能做,那怎么办?"(教师将计就计)

生(迫不及待):"改一下,把行驶时间10小时改小一点。"

师:"那行驶时间应该在什么范围之内呢?小组讨论吧!"

生:"知道了!知道了!在1和5之间。"(先好的小组在嚷嚷)

师:"6小时为什么就不行了呢?"

生:"因为900÷(70+80)=6,6小时就正好相遇了。"

师("恍然大悟"):"哦!原来这道题有这么多学问!"

师:"看来补充问题时我们真该考虑仔细了。但是有一点我还是不明白,难道两车就不能行使7小时,甚至8小时、9小时?"

生(略加思索):"可以是可以,就是这道题目不能做了。"

师:"我们来研究一下,为什么行使7小时就不能做了呢?相向行使7小时两车的位置又是怎样的?"

教师和学生一起分析并画出"相遇时"、"相遇前"、"相遇后"三种情况的线段图。

生(迫不及待):"哦!可以做了!但必须用行使的路程减去原来两车相距的路程。"

接着师生一起分析总结三种情况的解题方法。

师:"行驶多少小时两车相距300千米呢?大家还有新的解法吗?"

……

分析在以上教学片段中,教师是如何获取反馈信息并恰当运用反馈技能的?并结合这一案例,谈谈教学信息反馈的主要作用。

2.《坐井观天》是一篇非常有趣的寓言。文章通过生动有趣的对话,向孩子们讲述了一个寓意深刻的故事。当课堂教学接近尾声的时候,面对教师的提问,学生们思维活跃,但有个学生的回答却出现了小小的"意外"。对此,有两位老师,他们分别是这样处理的:

【案例1】

师:同学们,小青蛙听到大家把井外的世界说得这么精彩,它真想跳出井口来看一看。(出示课件:青蛙跳出了井口)说说青蛙跳出井口后,将会怎么样呢?

(生思维活跃,争相发言)

生1:它看到绿绿的小草,还有五颜六色的花儿。

生2:它看到校园里开满了桂花,闻到了阵阵花香。

生3:它看到了果园里挂满了黄澄澄的梨子,红彤彤的苹果,一派丰收的景象!

生4：它会到处逛逛，看看美丽的风景，看看拔地而起的高楼大厦。

（正当教师认真倾听学生对生活的赞美之辞时，一位学生忍不住叫着他也想说说）

生5：老师，我觉得青蛙有可能没有看到这么美的景色。

师（一愣，然后充满好奇与疑惑）：说说你是怎么想的？

生5：它看到路边垃圾成堆，蝇蚊成群，闻到一阵阵很刺鼻的臭味。

（学生们立刻炸开了锅，开始在下面议论纷纷）

师：好的，请同学们安静下来！我想小青蛙跳出了井口，更有可能看到的是一片美丽的景象。请大家展开想象，设想一下，小青蛙都看到了哪些美丽的风景？它的心里又是怎样想的呢？同学们下课后都来续写这个小故事，把青蛙看到的、想到的写在作文本上。

【案例2】

……（同前）

生5：它看到路边垃圾成堆，蝇蚊成群，闻到一阵阵很刺鼻的臭味。

（学生们立刻炸开了锅，开始在下面议论纷纷）

师：我看同学们突然间又有了新的想法，不妨站起来说给大家听听。

生6：它看到人们往小河里倒垃圾，河面上还漂浮着鱼的尸体，心里很害怕。

生7：它看到有人大量砍伐树木，鸟儿没有了家。

生8：它看到捕蛙人在大量捕捉它的同伴，残忍地将它的同胞卖给酒店酒楼做下酒菜。

生9：它看到汽车在路上疯狂地飞跑，根本就不注意行人，汽车排出的污气让它窒息。

生10：它感觉外面的世界并不像我们说得那么美，它想回到安全的井中去。

师：那我们能不能用什么好办法来挽留小青蛙呢？让它安心快乐地和我们生活在一起。

（学生思考片刻，跃跃欲试，兴趣盎然）

生11：我们做个广告牌，上面写上"保护动物，人人有责"，来告诉人们应该与动物成为好朋友。

生12：发现那些乱砍树、捕杀动物的人要报警，让警察来抓这些坏人。

生13：我们要保护好环境，不能把动物的家弄脏。

生14：我们不仅自己要知道环保知识，还要向同学、家人、朋友宣传爱护动物、保护环境的知识。

……

师：同学们说得棒极了！只要大家共同来保护环境，爱护家园，小青蛙就会被我们挽留下来,动物们才会快快乐乐地生活在我们身边!请同学们下课后续写这个小故事,把青蛙跳出井口后看到的、想到的或想说的话,以及你想对青蛙或其他人说的话都写在作文本上。

分析和比较以上两个教学片段中教师教学策略(尤其是反馈和强化策略)运用的差异,讨论案例一教学存在的问题,并探析案例二中教师这样做的出发点,以及可能带来的好处。

3. 小组内推举一名同学进行十分钟模拟授课,重点关注反馈和强化技能的运用。其他同学参考"反馈和强化技能的评价标准",为该同学打出分数,并提出相关意见或建议。

反馈和强化技能的评价标准

评价标准	评分(100)	权重	得分	等级			
				A	B	C	D
有随时获取教学反馈信息的意识		0.1					
能以多种形式获得反馈信息		0.1					
能利用反馈信息及时调整教学策略		0.2					
对学生的反应能及时给予恰当的矫正或强化		0.2					
给学生的强化反馈明确、具体		0.1					
对不同类型学生采取的反馈或强化方式不同		0.1					
正面强化为主,不用惩罚方法		0.1					
强化手段符合学生的年龄特征		0.1					
得分(百分制)							

第二节 课堂教学组织管理技能

新课程改革要求教师不仅能够控制课堂纪律,顺利完成教学目标,更要求教师发挥自身才智,把课堂建设成一个宽松、有趣、积极互助的教学场所。对课堂教学的组织管理就是服务于这种教学环境的有效实现途径。这是一项融科学性与艺术性于一体的富有创造性的工作。要做好这项工作,教师不仅要懂得课堂教学规律,掌握一定的教育学、心理学知识,还必须关注每一名学生,运用一定的组织技巧,努力调动学生的有意注意,激发学生的情感,达到高效的课堂教学效果。

一、教学组织管理技能的概念与作用

(一) 教学组织管理技能的概念

教学组织管理技能是在课堂教学过程中,教师不断地组织学生注意、管理纪律、引导学习,以建立和谐良好的教学环境,帮助学生达到预定教学目标的行为方式。

教师在课堂上承担着教学和组织管理的双重任务,那么,怎样才能使课堂组织管理与教学整合起来,让组织管理更好地服务于教学?这就需要教师掌握基本的课堂组织管理技能。教学组织管理技能的实施,是使课堂教学得以有效的动态调控,保证教学顺利进行,并促使学生思想、情感、智力和谐发展的重要保障。一个组织方法得当、井然有序的课堂,学生的注意力集中,教师循循善诱,必然会使课堂教学取得良好的效果。

(二) 教学组织管理技能的作用[①]

1. 组织和维持学生的注意

小学生注意发展的一般特点是,由无意注意占优势逐步发展到有意注意占主导,情绪易兴奋,注意力不稳定。为了有效地组织学生的学习,教师必须重视随时唤起学生的注意。正确地组织教学,严格地要求学生,对唤起有意注意起着重要作用。它既有利于学生有意注意习惯的养成,也有利于意志薄弱的学生借助外因的影响集中有意注意。因此,教师向学生提出正当合理的要求,建立正常的课堂常规,都有唤起和维持学生注意的作用。

2. 激发学习兴趣和动机

采用多种教学组织管理形式是激发学生兴趣,形成学习动机的必要条件。学生的学习兴趣和学习愿望,总是在一定情境中发生的。离开了一定的情境,他们的兴趣和愿望就会成为无源之水,无本之木。在教学中,教师根据学科特点、知识特点和学生的年龄特点,采用不同的教学组织管理形式,能够调动学生学习的积极性,使他们兴趣盎然地参与到教学中来。

3. 增强学生的自信心和进取心

在课堂秩序管理方面,采用不同的组织和管理方法,对学生的思想、情感等方面会产生不同的影响。当学生出现课堂纪律问题时,是给予叱责、罚站、加大作业量等惩罚手段?还是分析原因,启发诱导,实事求是合情合理地进行解决?如能激发学生的积极性,促使其奋发努力,可以产生积极的效果;如果惩罚不当,就会增加他们的失败感、自卑感,挫伤他们的积极性,他们还会对教师、家长产生反感。

4. 帮助学生建立良好的行为标准

良好的课堂秩序,要靠师生的共同努力才能建立。有时小学生的行为并不一定符

[①] 本部分参考郭友主编《新课程下的教师教学技能与培训》(首都师范大学出版社2010年版)第五章第五节相关内容而有所改动。

合学校或社会对他们的要求,这时就需要教师在讲清道理的同时,用规章制度所确立的标准来指导他们,使他们逐渐懂得什么是好的行为,为什么要有好的行为,进而形成自觉的行为,养成良好的习惯。帮助学生履行规则,实现自我管理,树立良好的行为标准,是教师在课堂上对学生进行思想教育的一个重要方面,是课堂组织的任务之一。

5. 创造良好的课堂气氛

课堂气氛是整个班级在课堂上情绪和情感状态的表现,只有积极的课堂气氛才符合学生的心理特点,才能更好地激发他们的求知欲。从教育的角度来看,良好的课堂气氛,是一种具有感染力的催人向上的教育情境,会使学生受到感化和熏陶,产生感情上的共鸣。从教学的角度来看,生动活泼的课堂气氛,会使学生的大脑皮层处于兴奋状态,易于全身心地投入学习,更好地建构知识,并能使所学知识掌握牢固,记忆长久。

此外,可参考高洁《课堂教学组织管理行为中蕴含的价值教育及实践》一文(请扫描本章二维码)。

二、课堂教学环节中的有效组织管理

学生在课堂上发生的问题行为是课堂组织管理的重要对象,正确认识和处理这些问题行为,对于有效的课堂组织具有重要的意义。

(一) 课堂问题行为的类型、成因与应对策略[①]

课堂问题行为,是指学生在课堂教学中发出的违反课堂教学规则、妨碍及干扰课堂教学活动正常进行的一切现象和行为。这样的行为不仅影响学生的身心健康,而且常常引起课堂纪律问题,影响教学质量。

1. 课堂问题行为的类型

课堂问题行为的表现多种多样。如坎吉罗西(Cangelosi. J. S)将中小学最常见的问题行为总结为两种:不合时宜的讲话(包括过多的讲话、不按顺序的讲话、不必要的讲话)和不合时宜的活动(包括搞笑、离开座位);奎伊(Quay. H. C)等人把课堂问题行为分为人格型(表现为退缩行为,如忧心忡忡、缺乏信心和兴趣、心神不安等)、行为型(具有对抗性、攻击性和破坏性等特征,如怪叫、起哄、动手动脚等)、情绪型(学生过度焦虑、紧张和情绪多变而导致的问题行为,如过分依赖他人、心事重重等)。

目前较普遍的一种分类是根据学生行为表现的倾向,将课堂问题行为分为两类:一类是外向性问题行为,一类是内向性问题行为。外向性问题行为主要包括相互争吵、挑衅推撞等攻击性行为;交头接耳、高声喧哗等扰乱秩序的行为;做滑稽表演、口出怪调等故意惹人注意的行为;故意顶撞班干部或教师、破坏课堂规则的盲目反抗权威的行为,等等。外向性问题行为容易被觉察,它会直接干扰课堂纪律,影响正常教学活动的进行,教师对这类行为应果断、迅速地加以制止,以防在课堂中蔓延。内向性问题行为主

---

① 本部分内容参考苏丹兰《课堂纪律管理刍议》(《当代教育科学》1997年第1期)一文并有所改动。

要表现为在课堂上心不在焉、胡思乱想、做白日梦、发呆等注意涣散行为；害怕提问、抑郁孤僻、不与同学交往等退缩行为；胡涂乱写、抄袭作业等不负责任的行为；迟到、早退、逃学等抗拒行为。内向性问题行为大多不会对课堂秩序构成直接威胁，因而不易被教师察觉。但这类问题行为对教学效果有很大影响，对学生个人的成长危害也很大。因此，教师在课堂管理中不能只根据行为的外部表现判断问题行为，不能只控制外向性问题行为，对内向性问题行为也要认真防范，及时矫正。

2. 课堂问题行为的成因

学生课堂问题行为的产生主要有学生自身、教师和外界环境因素三个方面的原因。

（1）学生方面。大量的课堂问题行为是由学生自身的因素引起的。这些因素主要是：

一是挫折。在日常学习生活中，学业成绩不良、人际关系不协调、对教师教学要求的不适应等，都会使学生产生挫折感，并引发紧张、焦虑、惧怕甚至愤怒等情绪反应，在一定条件下，这种情绪反应就可能演变为课堂问题行为。

二是寻求注意。研究发现，一些自尊感较强但因为成绩较差或其他原因得不到集体和教师承认的学生，往往故意在课堂上制造一些麻烦以引起教师和同学的注意。

三是性别特征。在小学阶段，男孩活动量大，精力旺盛，喜欢探究，但他们的心理成熟程度和自控能力比同年龄的女孩普遍要低些，因而出现课堂问题行为的可能性要高于女孩。

四是人格因素。学生的课堂问题行为在一定程度上与其个性心理特征如能力、性格、气质、情绪等也有联系。例如，内倾化的人格，常表现出抑制退缩行为，不愿与人交往，自我意识强，易受暗示；而外倾化的人格，则喜欢交际，迎合热闹，胆子较大，善于获取新事物，自制能力较弱，因而违反纪律的情况也相对较多。

五是生理因素。生理上的不健康、发育期的紧张、疲劳和营养不良等都会影响学生的行为，而这方面因素在日常学习生活中往往容易被忽略。此外，还有些学生的过度活动是由于脑功能轻微失调（简称MBD）造成的，教师对这些学生要更关心，帮助他们掌握控制冲动的方法。

此外，可参考武丽丽等《小学生课堂问题行为与心理素质的关系：一项观察研究》一文（请扫描本章二维码）。

（2）教师方面。课堂上发生的问题行为不仅仅是学生的问题，事实上，教师也要承担一部分的责任。一般来说，对课堂问题行为产生影响的教师方面的因素主要有：

一是教学不当。这是教师由于备课不充分、缺乏教学组织能力，或表达能力差而造成教学失误，进而引起课堂问题行为。常见的教学不当有：教学要求不当，例如对学生要求过高或过低；教学组织不当，例如教学从一个活动跳跃到下一个活动时缺乏顺利"过渡"的环节，使学生无法参与教学过程；讲解不当，如果教师在讲课时显得无能、迟钝、笨拙，而且在一段时间里只困死在一个问题上，那么学生就有可能置功课于脑后而捣乱起来。

二是管理不当。这可能是教师引起课堂问题行为的最主要因素。最突出的问题是教师对学生的问题行为反应过激,滥用惩罚手段。例如,有些教师对学生的个别不良行为经常做出过激反应,动辄中断教学大加训斥,有时甚至不惜花费整堂课时间进行冗长的训斥。这种失当的管理方法往往会激化矛盾,使个别学生的问题行为扩散开来,产生"病原体传染"效应。还有些教师过于相信惩罚在解决问题行为方面的效力,常常不分青红皂白地运用各种手段对学生进行惩罚。研究发现,滥用惩罚手段特别是体罚或变相体罚学生,不仅不能很好地维持课堂秩序,还会大大降低教师的威信,甚至引起学生对教师的怨恨情绪,诱发学生攻击性的课堂问题行为。

三是丧失威信。在学生心目中失去威信的教师是很难管好课堂的。丧失威信是由多方面因素造成的,如前面提到的教学不当、管理不当就会造成教师威信下降。一般说来,以下行为的教师容易在学生心目中丧失威信:业务水平低,教学方法不好;对教学不认真负责,上课懒懒散散;对学生的要求不一致,说了以后不检查;向学生承诺,但总是不兑现;不关心学生,待人冷漠;缺乏自我批评精神,明知错了,也要强词夺理;带有偏见,处事不公。

(3) 环境方面。包括校外环境和校内环境中的许多因素,都会对学生的行为产生一定影响。例如,大众传播媒介、家庭环境、班级人数与课堂座位编排方式、教学环境的温度和色彩等环境因素对小学生的课堂行为都会产生十分明显的影响。有研究表明,单亲家庭的孩子、父母不和家庭的孩子,以及专制型、放纵型家庭的孩子往往更容易产生各种各样的课堂问题行为。大众传媒传播的信息也并非都是积极、正向的,一些暴力、色情、凶杀、追求感官刺激等内容充斥学生周围,部分学生受这些内容影响,盲目模仿、尝试,并把这类行为延伸到课堂。另有研究发现,教室墙壁和家具的色彩过于强烈和鲜艳,容易使儿童在课堂上兴奋好动,注意力分散,不专心听讲。教室内温度过高,则容易使学生烦躁不安,课堂上的不友善行为和冲突性行为随之增加,课堂秩序不易维持。在日常教学中也可发现,人数较少的班级课堂纪律往往较好,教师用于课堂管理的时间也较少。而人数较多的大班中,由于学生密度过大,学生的个人活动空间相对受到他人挤占,这往往成为诱发学生好动争吵和产生破坏课堂纪律行为的一个重要因素。

3. 课堂问题行为的管理策略

(1) 将一般要求变为课堂程序和常规。有效的课堂管理,实际上是在建立有序的课堂规则的过程中实现的。教师每天面对的是几十个性格各异、活泼好动的孩子,如果没有一套行之有效的课堂程序和常规,就不可能将这些孩子有序地组织在教学活动中。实践表明,教师适时地将一些一般性要求固定下来,形成学生的课堂行为规范并严格监督执行,不仅可以提高课堂管理效率,避免秩序混乱,而且一旦学生适应这些规则后就会形成心理上的稳定感,增强对课堂教学的认同感。例如,音乐课上要求学生上课时随着教师的琴声一行行列队轻轻走入教室,在音乐声中向教师问好、坐下,下课后仍按小组队形踩着音乐节奏轻轻退出教室。这种要求一旦成为学生的行为习惯,就可以长久地发挥作用,产生积极的管理效益和教学效益。相反,如果一个教师不注意课堂规则的建立，只凭着不断提出的各种要求、指令维持课堂秩序，不仅管理效率低，浪费时间，而且容易因要求不当引起新的课堂问题行为。

（2）及时巩固课堂管理制度。一旦形成了课堂管理规则，就要及时并反复地巩固它，必要时还要加以修正。巩固管理制度的教师行为主要有：

首先，认真监控。教师应仔细认真地观察课堂活动，讲课时应始终密切注意学生的动态，当学生做作业时要经常巡视全班。善于指导学生行为的教师，应能在学生的不恰当行为造成混乱之前就有所察觉。

其次，及时恰当地处理问题行为。仅发现问题是不够的，教师还必须采取一定措施处理问题行为。教师采取什么措施取决于问题的性质和场合。例如，有些学生静坐在座位上但不听课，看连环画或伏在桌子上睡觉但无鼾声，这类问题行为属于内向性的，它不明显干扰课堂教学，因此教师不宜在课堂上停止教学而公开指责他们，可以采取给予信号、邻近控制、向其发问和课后谈话等措施加以处理。有些学生大声喧哗、戏弄同学、扮小丑或顶撞教师，这类行为是外向性的，它们对课堂有较大干扰，教师必须通过警告、批评等措施迅速制止，必要时可以适当惩罚。

最后，灵活运用奖惩手段。运用奖励手段鼓励正当行为，通过惩罚制止不良行为，这是巩固管理制度，提高管理效率的有效途径之一。奖惩的具体办法很多，例如教师表情上的赞同与不赞同，表扬与批评，给予学生某种荣誉或取消荣誉，发奖品，课后留校，暂停听课，送校长室等。在实施奖惩时须注意以下几点：一是根据实际情况灵活运用，以奖励为主；二是维护课堂规则的权威性，严格按规则实施奖惩；三是惩罚手段不能滥用，更不能体罚学生。

（3）降低课堂焦虑水平。焦虑是一种情绪状态，是一个人自尊心受到威胁时的情绪反应。适度的焦虑可以有效激励学生的学习，因而是十分必要的。但焦虑过度则可能影响学生的学习成绩并导致问题行为。有效的课堂管理应该帮助学生在焦虑过度而尚未形成问题行为前降低焦虑的强度。调控学生焦虑的办法主要有两种：一是通过谈话了解、诊断焦虑的原因，然后引导学生把造成焦虑的烦恼宣泄出来。二是针对焦虑的原因适当调整教学情境，例如调整教学要求、进度，调整教学评价的方法或要求等。

（4）实行行为矫正，开展心理辅导。行为矫正是用条件反射的原理来强化学生良好的行为以取代或消除其不良行为的一种方法。行为矫正的方法比较适合于较为简单的问题行为，例如上课爱讲话、好动等行为。心理辅导的方法有助于提高课堂纪律水平，形成良好的行为习惯。心理辅导的主要目标是通过调整学生的自我意识，排除自我潜能发挥的障碍，以及帮助学生通过正确认识自己和评价自己来改变学生的外部行为。从这一点看，心理辅导是从内而外地做工作，它不像行为矫正那样完全以改变外部行为表现为目标，因而比较适合于调整较为复杂的问题行为。但心理辅导工作能否奏效，还取决于师生之间是否真正建立起了信任、融洽、合作的人际关系，能否展开真诚的思想、情感交流。因此，这项工作对教师的要求是比较高的，教师应注意提高自身素养，加强与学生的联系与交往，以不断提高课堂管理效率。对此，可参考方双虎《论课堂问题行为及其矫正》一文(请扫描本章二维码)。

需要说明的是,课堂规范和制度的建立与执行不能"一言堂",不能只是老师自己说了算。要充分引导学生认识课堂规范和制度的意义,鼓励他们发表自己的意见,组织他们参与规范和制度的制定,并通过学生参与来执行相应规范和制度。要促使学生从规范和制度的被动接受者转变为主动的参与者,使他们成为制度和规范建设的主人,把课堂规范和制度管理过程作为规范和制度教育的过程。

(二) 吸引学生注意力,保证学习精力的有效投入

吸引学生注意力,就要防止和排除分散学生注意的不利因素,保证学习精力的有效投入。为此,可从以下几个方面着手:

1. 创设情境,激发兴趣

上课伊始,教师要千方百计地创设学生喜闻乐见的教学情境,激发学生的学习兴趣,调动学生的学习积极性。教师只有采取多种多样、行之有效的形式来诱发学生的学习兴趣,变"要我学"为"我要学",让学生学得主动、学得积极,才能使学生的素质得到全面、有效的发展,才能使学生觉得学习是一种快乐的事。例如:在开讲时,根据教材,尽量使用小学生喜闻乐见、富于情趣的语言进入新课,或设计一些儿歌、故事、谜语,以及能引起学生争议和思考的问题等,使学生自然进入教学状态。

2. 灵活运用各种教学方法调控教学节奏

一堂课可以运用多种教学方法,如讲读法、讲练法、讨论法、质疑法、悬念法、发现法等,使课堂新颖多变,吸引学生,增强效果。比如,在进行语文阅读教学时,多形式的朗读(个别读、小组读、分角色读、同桌赛读、开展朗读竞赛等)能充分调动学生积极性,保持其注意力的集中。

3. 通过语言、动作的变化来调控教学节奏

在课堂教学中,语言是信息传输的主要渠道,教师语言运用能力的高低,将直接影响学生学习的主动性和有效性。如果教师的语言平淡,节奏没有变化,课堂必将是一潭死水,缺少生气,没有活力。教师应学会运用多种音量的技巧捕捉和保持学生的注意力,讲到关键句子和短语时提高音量或降低音量,通常能达到更佳的效果,有时还可运用感叹句把学生的注意力引向重点。此外,教师还要用饱满的热情感染学生的情绪,利用体态语言和表情变化,运用多种形式调动学生的学习积极性。

4. 适时调节学生的精神

当发现全班同学精神不振作、学习疲劳时,可暂停讲课,引导学生表演一段诗歌朗诵或是做一些律动:"拍拍你的手,摇摇你的头,大家伸伸手,注意听讲精神好。"对于诗歌或散文教学,还可及时调整教学方法,让学生拍着手,和着节奏来朗诵,或是配上自己喜欢的动作来朗诵,都可以起到振作学生精神的作用。当学生表现出"走神"现象的时候,利用生动的课件可以及时调动起学生学习的积极性,调集起学生的各种感官。

（三）提高教师自身的素养

1. 认真备课，备好各个环节，养成良好的课堂常规

教学的过程应组织得严密、紧凑，在知识学习上要满足学生的要求，一环紧扣一环，只有这样，才能使学生注意力集中，思维始终处于积极的状态下。反之，一堂准备不充分、教学环节不清楚、松弛零乱的课堂教学，常使学生课堂上无所适从或是无所事事，这将严重影响教学效果。要精心设计好提问环节，提问时要留意全体同学的反应，及时调整问题设计和让学生回答的方式。此外，还要教会学生倾听他人的发言，养成良好的听课习惯。

2. 具备教育机智，随机应变

教师在课堂上要不断调整自己的教学，提高学生的注意力。在学生回答问题有偏颇引起骚动时，教师应及时引导学生，安定课堂纪律。对于课堂上的突发事件，教师要随机应变，做适当的处理。如上课时，突然从窗外飞进来一只蝴蝶，学生顿时被其吸引，眼睛都盯着这只蝴蝶，并开始议论纷纷，课堂秩序混乱。这时，教师必须安定学生的情绪，可以说："你们看，这只美丽的蝴蝶都来看我们大家上课了，它准备看看谁是上课最专心听讲的好孩子。"这种富于情趣的语言使学生更容易接受，及时地调整了学生的听课情绪，较之强硬的命令"请认真听讲"等，效果要好得多。

3. 爱学生与严要求相结合，树立教师威信

苏联著名教育家、心理学家赞科夫说："如果没有威信，那就是说，师生之间没有正确的相互关系，就缺少了有成效地进行教学和教育工作的必要条件。"有威信的教师，可以用轻轻一句话或一个眼神使乱哄哄的课堂刹那间安静下来；威信不高的教师，即使大声训斥，也不能使学生信服和听从。加强修养、为人师表、言传身教等，都是一个教师树立威信所必需的。不同年龄的学生对教师的威信有不同的体验，小学生更多地偏重于兴趣和情感方面。因此，教师活泼爽朗的性格，关心爱护、严格要求学生就容易与之产生情感上的共鸣，易于建立教师的威信。

三、教学组织管理的原则[①]

根据小学生心理发展的特点及课堂教学任务的要求，教师要使课堂形成融洽的气氛，培养学生良好的品质和习惯，应注意以下几项基本原则：

（一）明确目的，教书育人

育人是课堂教学的重要任务。在各科教学中，都渗透着大量的德育因素，在传授科学知识时对学生进行学习目的等思想教育，最有吸引力和说服力。同时，在教学中，教师严谨的治学态度、精湛的教学艺术、高度的责任感，对学生都有言传身教、潜移默化的

---

① 本部分参考郭友主编《新课程下的教师教学技能与培训》（首都师范大学出版社 2010 年版）第五章第五节相关内容而有所改动。

作用。这些不仅会影响到学生的学习态度,而且会影响到他们的纪律行为。

(二)了解学生,尊重学生

在课堂上,教师只有了解学生才能根据每个学生的不同特点,提出不同的要求,用不同的方法进行教育和管理。如对于不善于控制自己的学生,要多督促与指导,帮助他们从小事做起,逐步学会管理自己;对于身体欠佳或有思想情绪的学生,要采取关怀、鼓励的方法。在对学生进行管理的时候,要尊重他们的人格,坚持正面教育,以表扬为主,激发积极因素,克服消极因素。要想了解学生,就要以平等的姿态和学生多接触,把学生当成朋友一样多交心,遇到问题多从学生的角度思考,才能看到他们的真实情况,听到他们的真实心声。

(三)重视集体,形成风气

集体的精神世界和个体的精神世界是相互影响的。良好的课堂风气一旦形成,可使学生在集体中得到熏染和教育。先进班主任刘纯朴认为,他的班里有一种特别的空气,这种空气就像雨后田野上的春风,清新、温暖、令人振奋。那些不守规矩的孩子一走进那个教室,就情不自禁地有所顾忌和收敛,受熏陶的时间久了,就逐渐被教育和转化过来。

(四)灵活应变,因势利导

灵活应变、因势利导一般被称为教育的机智。其主要体现在机敏的应变能力,因势利导地处理问题,把不利于课堂的学生行为引导到有益学生或集体活动方面来,恰到好处地处理个别问题。或根据实际情况,灵活地运用多种教育形式和方法,有针对性地对学生进行教育。

(五)不焦不躁,沉着冷静

遇事不焦不躁是教师的一种心理品质。它是以对学生的热爱、尊重与理解及高度的责任感为基础的。只有这样,教师才能公正地对待每一个学生,尊重和维护学生的自尊心,耐心地引导他们进行学习。也只有这样,才能在遇到意外情况时沉着冷静,不为一时的感情所冲动;才能在处理问题时,随时意识到自己对社会、对学生所承担的责任,考虑自己的行为后果,从教育的根本利益和目标出发,处理好所面临的各种复杂的、棘手的问题。

(六)要求合理,发扬民主

教师应当提出合理的教学要求,建立必要的制度。所谓合理就是对学生既不过分严厉,使学生疲于应付,也不过分宽松而达不到管理的目的。提出合理要求、建立必要制度与如何达到要求的措施制定都需要学生配合。这时候就要发扬民主精神,让学生参与进来,以便逐渐实现自我管理。在教师正确的引导和民主的领导方式下,大家一起来讨论、想办法,提出达到要求的步骤,制定和完善规章制度,并让学生自己分配工作、负责管理,保证制度的执行。学生一旦养成了良好的课堂行为习惯,教师进行教学的组织和管理就会轻松得多。

四、自主、合作、探究性学习的组织和引导[①]

《新课标》指出:学生是课堂学习的主人,教师是课堂学习的组织者、引导者和合作者。学生的学习应从已有的生活经验出发,亲身经历知识的形成和发展过程。动手实践、自主探究与合作交流应成为学习的重要方式。

新课改的最大亮点之一是提倡学生学习方式的转变,提倡自主、合作、探究性的学习,培养他们的创新意识与创新能力。

(一)自主学习的组织与引导

1. 自主学习的基本内涵

自主学习是与传统的接受学习相对应的一种现代化学习方式。顾名思义,自主学习是以学生作为学习的主体,通过学生独立地分析、探索、实践、质疑、创造等方法来实现学习目标。

自主学习强调培育学生强烈的学习动机和浓厚的学习兴趣,从而进行能动的学习,即主动地自觉自愿地学习,而不是被动地或不情愿地学习。因此,"自主学习"这一范畴本身就昭示着学习主体自己的事情,体现着"主体"所具有的"能动"品质;学习是"自主"的学习,"自主"是学习的本质,"自主性"是学习的本质属性。学习的"自主性"具体表现为"自立"、"自为"、"自律"三个特性,这三个特性构成了"自主学习"的三大支柱及所显示出的基本特征。

2. 教师在学生自主学习中的作用

(1)鼓舞和激励。在自主学习中,学生主要靠自身的力量和才智去获取知识、探索发现,比起单纯接受学习更具有挑战性。因此,自主学习状态下的学生更需要对学习有高度的责任感、强烈的自信心、浓厚的兴趣、饱满的热情和积极的学习状态。这些都需要教师运用灵活的教学方法和丰富的教学技巧对学生进行情绪上的鼓舞、精神上的激励,以真诚和热切的期待让学生鼓足勇气,坚定信念,充分发挥自身的潜能去迎接挑战。

(2)指引方向。在学习的初始阶段,教师要帮助学生理清思路、认准方向,向他们提供研究的方法,指示学习的目标和途径。在学习进行之中,当发现学生偏离方向,陷入歧途时,要及时地予以指引和纠正。

(3)提供反馈。学习结束时,教师要通过审查提供结果正确与否的依据,使学生获得反馈意见,反思自己的学习过程及方法,以便向更高的层次迈进。

(4)释疑解疑。当学生在学习中遇到障碍时,教师要与学生共同商议,帮助他们解决疑难,成为学生战胜困难的可信赖的伙伴。

[①] 本部分参考彭小明、郑东辉主编《课堂教学技能训练》(高等教育出版社2012年版)第九章第三节相关内容而有所删改。

3. 自主学习指导的具体步骤和要求

(1) 确定学习目标。确定学习目标就是让学生知道自己需要学什么,学习应该达到什么样的标准,以及如何达到这些标准。学校教育情境下的自主学习目标一般是在师生共同的商议中定下来的,除了必须反映课程标准的要求、考虑学生的实际特点之外,还要尽可能具体、明确,以便于学生对照学习。为了培养学生的自主学习能力,教师要注意将目标设置的方法教给学生。比如,如何把长远的目标分解成具体的、近期的、可视性的目标,如何围绕目标分配学习时间等。

(2) 激发学习动机。激发学习动机并不是一个独立的教学环节,其应该贯穿于教学过程的始终。教师对学生的每一点进步,都应该及时进行表扬和鼓励,激发他们进一步学习的兴趣和热情。在学习目标呈现之后,对学生学习动机的激发可以分为两种形式,一是激发学生的好奇心,鼓励学生尝试自学;二是对学生的进步进行积极的评价,对他们的成功做能力和努力方面的归因反馈。

(3) 学生自学学习材料。这一环节不是简单地看书,而是系统地了解学习内容,独立地获得知识,主动地训练技能,是自主学习的核心环节。

首先,要保证学生的自主学习时间。只有保证充分的学习,才能做到记忆牢固、掌握准确和理解透彻。自学不能流于形式、蜻蜓点水,千万不可在学生还没有深入领会学习内容的时候就匆忙刹车、草草结束。对此,可参考郝志军《中小学生课堂自主学习时间状况调查》一文(请扫描本章二维码)。

其次,在自主学习实施的不同阶段,教学的方式要有所区别。一般应遵循教学—导学—自学的顺序。在学生自学的习惯还没有养成之时,教师要带领学生一起学习,教给学生钻研学习材料的方法。当学生具备了一定的自学能力之后,就可以指导他们自主演习。在自学之前,教师要告诉学生阅读的重点是什么,解决什么问题,用符号把重点内容和疑难问题标示出来,以便带着问题听老师讲解,也便于将来复习时参考。等学生掌握了一定的自学方法、初步形成自学习惯后,有些内容就可以放手让学生自己解决。

再次,在学生自主学习的过程中,要给予及时指导。要对学生的积极表现给予表扬和鼓励,对消极应付的学生要批评、督促。

最后,要利用自学辅导提纲来指导学生自学。由于受知识水平和阅读水平的限制,学生有时很难完整地把握学习材料的内容,有些学生甚至不知道如何下手。精心设计的自学辅导提纲,既反映教学目标,又遵循思维的规律,能够给学生的学习以正确的导向。

(4) 自学检查。自学检查的目的是了解和检验学生通过自学对学习内容掌握的整体情况,为下一步教师的重点讲解做准备。检查要涉及以下内容:① 自学任务的完成情况;② 学习目标的达成情况;③ 没有达到学习目标的原因;④ 学生还需要教师提供什么样的帮助和指导。

(5) 教师重点讲解。教师的重点讲解是结合自学检查时发现的问题有针对性地进行的,与灌输式教学的讲解有本质的区别。教师的讲解要注意:

其一，学生先学，教师后讲。学生经过自学之后，对新知识已经有了初步了解，讲授就不必面面俱到，只要根据前几步的反馈信息，针对重点和难点讲解就可以了。

其二，对于理科性质的学习来说，由于它更多属于智慧技能的范畴，讲解应以基本原理或规则为核心，最好结合练习题来讲，重点分析做对的道理和做错的原因，探讨导致理解困难或操作失当的症结所在；对于文科性质的内容来讲，由于多属于事实性的知识，讲解应侧重于知识的结构和逻辑关系。

其三，如果经过教师的精心讲解，大多数学生仍不能理解，说明教学目标的设置可能有问题，很可能是学习的安排没有落在学生的最近发展区之内。对于超出学生最近发展区上限的内容可以暂时放下，留待以后解决。

其四，有时候所学内容之间是一种极为严格的逻辑关系，前面的学习内容是后面学习内容的先决条件，前面的没有掌握，后继学习就没办法进行，这时候教师的讲解就必须与自学检查相结合交叉进行。在每一项学习内容经过学生的自学之后，如果发现学生没有理解和掌握，教师就需要讲解，为后面的学习扫清障碍，而不能等所有的内容都经自学检查之后再做讲解。

（6）练习巩固。如果教学目标设置得当，通过学生的自学和老师的讲解，大多数学生是可以初步理解和掌握规定的学习内容的。但在这个阶段，学生还不可能牢固掌握和熟练运用所学的知识技能，知识结构还没有完全建立起来，需要通过系统联系来巩固所学知识。在这一过程中，教师要注意设计好变式练习，引导学生学会概括和迁移。在练习过程中，教师还要视情况给学生以个别指导，尤其是给那些学习有困难的学生以重点的指导。

（7）学习小结。小结的目的是对当前所学的内容进行概括、归纳，使之条理化、系统化，作为一个有机的知识体系纳入学生的认知结构中。为了发展学生的自主学习能力，培养其独立总结和评价的意识和习惯，小结应让学生自己来做，教师适当给予补充。但是在自主学习的初期，由于学生还没有掌握小结的方法，没有形成自我总结的习惯，此时教师的示范、演示是完全必要的。随着教学的不断深入和学生自我总结能力的不断增长，教师的提示、干预就可以逐渐退出。

（二）合作学习的组织与引导

1. 合作学习的含义

合作学习是相对于学生的个体学习而言的，指为了完成共同的任务，学生在小组或团队中有明确的责任分工的互助性学习。合作学习鼓励学生为集体的利益和个人的利益一起工作，在完成共同任务的过程中实现自己的理想。可参考王鉴《合作学习的形式、实质与问题反思》一文（请扫描本章二维码）。

2. 合作学习组织与引导的注意点

（1）教师要不断监控小组活动，做观察记录，及时对小组活动进行反馈，当学生争持不下或思维受阻不能深入时，教师必须介入，及时点拨，排除思维障碍。

（2）小组活动中，教师要告诉学生注意倾听他人的发言，有礼貌地阐述自己的观点,既要敢于坚持自己的主张,又要善于接纳别人的意见。

（3）合作学习是学生之间的互动,师生之间的互动,教师就是这种互动进行的保证者和组织者,因此教师要科学合理地设计合作学习的目标和任务,明确提出合作要求,培养学生的合作技能。

（4）在合作学习的过程中,教师要在各小组之间来回巡视,及时了解合作情况,发现学生不能认真参与交流,做与合作学习无关的事情,要及时地加以引导,提出明确要求,确保合作学习顺利进行。

（5）充分考虑学生的异质情况,科学分组（男女生、学习较好和学习有困难的、性格内外向互相搭配）,避免小组不能很好地合作,以及只有少数人发表意见或因为各组学生差异较大而讨论时间进度相差甚远的现象发生。

（6）强调学习环境的布置和安排,如桌椅的摆放、噪音的控制、设备的利用等,尽可能为合作学习的顺利进行创造适宜的氛围,提供便利的条件。

（7）强调围绕有价值的问题展开讨论、互动和合作,合作学习要实实在在,不能流于形式。合作学习的前提是"合作",而不是"围坐"。必须充分考虑面对的问题是否有必要,是否适宜通过合作学习来解决,问题有价值,合作才有价值,才能使学生在学习中求得发展,实现追求的目标。

3. 合作学习指导的一般步骤

（1）选定课题。即确定要学习的内容或任务。

（2）小组设计。即确定学习小组的规模,划分学习小组。应充分考虑小组的异质特点,突出成员之间的互补性。

（3）安排学习环境。使小组成员能方便地聚拢在一起,参阅学习材料,展开讨论和交流。

（4）呈现学习材料。把学习材料分割开来,使小组的每位成员都有自己的学习内容,并承担相关的学习责任。

（5）开展学习活动。小组成员根据分工首先完成自己的学习任务,然后与其他成员交流各自的学习结果,最后把各自的学习结果整合在一起。教师在这一过程中给予学生监督和指导,掌握每组的学习情况。

（6）提交小组的学习结果。学习小组把本组的学习、研讨结果呈现给全班,由教师总结,必要时对学习内容进行补充讲解。

（三）探究性学习的组织与引导

1. 探究性学习的含义

探究性学习是相对于接受性学习而言的一种学习方式,指学生在学科领域内或现实生活情境中选取某个问题作为突破点,通过质疑、发现问题、调查研究、分析研讨、表达与交流等探究活动,获得知识,掌握解决问题的程序与方法的学习方式。其中,激发学生的问题意识,使其在学习中带着问题去思考和发现是探究性学习的核心。可参考上海市愚园路第一小学课题组《引导学生开展探究性学习的课堂教学策略》一文（请扫描本章二维码)。

2. 探究性学习的优势

(1) 可以增强学生与他人一起解决现实生活中问题的意愿。

(2) 可以使学生更为深入地理解所获得的知识和技能,增强思维能力、操作能力。因为在这样的学习中,学生不仅要获得而且还要应用信息、概念、原理,并且需要制定计划,监控学习研究的进展,评估问题解决的结果。

(3) 可以学以致用。这种学习可以使学生置身于现实世界的真实情境中,伴随着问题的发现、思考、探究和解决,搭建起联系学习内容和现实生活经验的桥梁。

(4) 这种学习需要综合运用多个学科的知识,打破学科之间的壁垒和界限,能够拓展学生的学科视野,便于学生掌握完全的知识。

(5) 适应面广。在不同年级和不同的教学情境中都可以采用。

3. 探究性学习指导的一般步骤

(1) 选择课题。在学科领域或现实生活中选择一个能激起学生探究兴趣的带有一定困惑的问题,鼓励和引导学生去寻找答案。问题既可以由教师给出,也可以由学生自己挑选。

(2) 解释探究的程序。说明开展探究过程应遵循的规则,使学生明确如何去寻找可能的答案。

(3) 搜集有关资料。学生根据问题搜集资料,并提出感到迷惑的问题,但是教师只帮助学生澄清问题,并不给出直接的答案。要鼓励学生通过阅读、思考和相互间的讨论尝试自己解决问题。

(4) 提出解决问题的假设方案,并描述因果关系,鼓励学生通过试验或参考其他资料来检验其合理性。

(5) 说明规则。当可行的假设性意见成为大家的共识时,教师要指导学生对其原理和规则做出解释,对其应用效果和预测性价值展开讨论。

(6) 分析探究过程。教师指导学生回顾和反思所经历的探究过程,考查如何形成理论来解释问题,并讨论如何改进这一过程,从而提高探究的技能。

(7) 交流研究成果,评价研究所得。

课堂教学组织管理技能实训

1. 有效的课堂管理,通常是在建立有序的课堂规则的过程中实现的。在课堂教学中,往往有一些制定课堂规则的关键点,例如:其一,刚开始上课时。上课铃响后,小学生从喧闹的操场回到课堂,其情绪一般很难迅速平静下来。其二,活动转换时。活动与活动之间的转换容易分散学生的注意力。其三,竞赛、游戏或活动时。小组竞赛、游戏或活动是教师常用的教学方式,制定合理的规则是教学活动获得成功的保证。

请谈谈在这些"关键点"上,可以制定哪些课堂规则,以保证课堂教学的有序进行?

2. 请根据以下案例进行分析:

  课堂上你正带领学生进行教学活动,突然有一个学生在课堂上大声喧哗,打扰到其他同学,以致其他同学的注意力被其吸引,课堂教学无法正常进行下去。作为教师,你此刻必须去了解和处理这件突然发生而违反课堂规则的事件。

  问题:① 基于什么样的情况和原因,你不会处罚这位学生?同时,你如何向全班学生说明情况?② 什么样的情况和原因,你会严厉地处罚这位学生呢?③ 如果这位学生是一贯表现良好的"优等生",你会减轻对他的处罚吗?

3. 比较下面两个虚拟的课堂情境,分析教师在处理课堂问题行为时方法或策略的不同,并预测教师这么做可能带来的结果。对于教师处置不当的案例,请你设计出一套更为恰当的处置措施。

  【情境1】 上午第一堂课,教师正在组织正常的教学活动。突然,张小刚同学满头大汗地站在了教室门口。

  教师:张小刚,今天你怎么迟到了,发生什么事了吗?

  小刚:是的,老师。走到半路我的自行车坏了,我是推车跑到学校的。

  教师:你为了遵守校规,维护班集体的荣誉,即使车子坏了,也要推车跑到学校,这样做很好。但以后要注意早一点从家里出来,防止意外情况的发生。

  小刚:是,老师,我记住了。

  教师:请坐下安心学习,课间我帮你修车。

  小刚:谢谢老师。

  【情境2】 语文课上,大部分同学都在聚精会神地听课。教师此时却发现,王强同学正在座位上看课外书。

  教师:王强,你不知道在课堂上看课外书是违反学校纪律的吗?快点收起来。

  王强:对不起,老师。我不知道,下次不会了。

  教师:还说"不知道"!昨天赵明看课外书时,我已经说得十分清楚了,难道你没听见吗?

  王强:但你并没惩罚他呀。

  教师:以后不要在课堂上看课外书,谁再这样做,就是自找麻烦。

4. 小组内推举一名同学进行十分钟模拟授课,其他同学坐在座位上充当"小学生",并模拟几种在小学课堂上经常出现的问题行为。在此过程中,重点关注授课同学组织管理技能的运用,参考"课堂教学组织管理技能的评价标准",为该同学打出分数,并提出相关意见或建议。

课堂教学组织管理技能的评价标准

评价标准	评分(100)	权重	得分	等级 A	B	C	D
能及时对学生进行组织和引导		0.15					
组织引导方法恰当		0.2					
在教学组织中把育人放在第一位		0.1					
在处理问题行为时,保证教学的正常进行		0.15					
热爱学生,尊重学生		0.1					
应变能力强,能因势利导		0.1					
注意观察并引导全体学生		0.1					
处理学生问题时客观冷静、公正合理		0.1					
得分(百分制)							

第三节 课堂教学变化技能

小学课堂教学不能平平淡淡,否则会让学生感觉索然无味。单调的刺激会使学生感觉疲劳,分散注意力。苏霍姆林斯基说过:"教育的巧妙并不在于能预见到课的所有细节,而在于根据当时的具体情况,巧妙地、在学生不知不觉中做出相应的变化。"变化技能是教师课堂教学技巧与艺术的外在表现,也是教师必须具备的一项重要的教学基本功。

一、变化技能的概念与功能

(一)变化技能的概念

所谓变化技能,是指在课堂教学过程中,以一定的教学思想和教育理论做指导,根据学生学习的现实情况和教学内容的特点而改变或转换的组织形式、教学手段、教学方法、训练方式等教学行为。

心理学研究表明,任何一种过于长久或单调的活动,都容易引起学生大脑皮层的疲劳,使其神经活动受到抑制,从而难以维持注意,影响课堂教学效果。如果教师以学生为主体,掌握并自觉地运用变化技能,就能调动学生的学习积极性,使之主动参与学习,从而提高课堂教学效率。

(二) 变化技能的功能

人类各个感觉器官接受信息的效率是不同的。在教学过程中,教师要充分调动学生的各种感官,以期达到最佳教学效果。课堂教学中的变化技能的运用是符合学生心理规律的,其意义在于:

1. 引起注意

课堂教学中引起学生注意是保证教学效率的基本条件。心理学研究证明,单一的刺激容易引起疲劳。教师运用变化技能,通过教态、语言、媒体等方式的交替变化,能使教学信息和教学活动刺激学生而引起其大脑兴奋中心的转移,继而引发无意注意,并使之向有意注意转化。

2. 强化信息

从理论上讲,任何单一的感官很难完成一节课信息的全部接受。教师运用变化技能,就会刺激学生动用多种感觉器官参与教学活动,在教师的启发、引导和点拨下,口、手、脑并用,不仅可以减少学生疲劳的程度,更能有效地强化信息的接受。

3. 激发兴趣

运用单一方法或教学媒体,容易使学生产生疲劳,令其精力分散,降低学习效果。教师在课堂上适当运用变化技能,在感官上对学生形成刺激,消除学生大脑的疲劳,克服不良的情绪,学生的学习兴趣才能被激发。

二、变化技能的类型和操作要领

课堂教学中的变化技能大体可以分为教态的变化、信息通道和教学媒体的变化、师生互动作用的变化三种类型。

(一) 教态的变化

教态的变化是指教师讲课的声音、态势语和身体移动等的变化。这些变化是教师的教学热情和感染力的具体体现。苏联教育家马卡连科认为:只有当教师学会了用15～20种不同的口气说"到这里来"时,只有当教师学会了做出20种有细微差别的表情和姿势时,他才能成为真正的行家。教态的变化不需要借助其他工具就能实现,是最基本、最常用的变化技能。

1. 声音的变化

声音的变化是指教师讲话的语调的高低、音量的大小、节奏的舒缓、语速的快慢等的变化。这些变化对于引起学生注意有显著效果,可使教师的讲解、叙述更加生动、形象、富有感染力,或使重点突出,从而引起学生的重视,加深其印象。

教师在教学中声音的高低强弱不是一成不变的,平时使用中等强度,对于需要强调和突出的内容,如教学中的重点内容、重点词语可以加大音量或声音力度。再如,一个有经验的教师在讲了一段有趣的故事之后,引起学生的笑声和议论声,当他开始把声音变弱,形成安静低沉的声调时,学生就会更加专注地去听。而经验不足、缺乏训练的教师为了使学生安静下来,他可能会加大音量说:"别讲话了,请安静。"这种做法一般不易奏效,而且会影响学生的学习热情和教师的威信。

讲话速度的变化也是引起注意的一个因素。教师讲话速度对学生理解消化信息的效率有重要影响。正常的语速应以学生听清和理解为标准。当教师从一种讲话速度变到另一种速度时,会把学生分散的注意力重新集中起来。此外,教师在讲解或叙述中适当地放慢语速、加大音量,也可起到突出重点的作用。

2. 适宜的停顿

停顿也是一种语言,是引起注意的一种有效方法。停顿的作用主要有以下三点:一是可以稳定情绪。如课前教室不能马上静下来,教师不必讲话,用严肃的目光注视着全体或部分学生,学生会很快安静下来。二是突然停顿下来,可以暗示某些与课堂无关的行为终止。如在讲课中,个别学生难免会出现精神不集中、小声说话或玩东西等现象,教师的讲话突然停止下来,并以目光示意,即能达到目的。三是在关键处的停顿,可以提示学生注意。例如,在教学中,教师讲到关键处,可有意识地停顿,这种关键处的停顿往往能收到"此处无声胜有声"的效果。总之,停顿是在特定的条件和环境下传递着一定的信息,也是引起学生注意的一种有效方式。

新教师往往害怕停顿和沉默,每当出现这种情形时,他们会赶紧用附加的问题或陈述填补进去。而一个有经验的教师在提出一个问题后,往往会停顿一会儿让学生思考,做好回答的准备。当学生回答完问题之后再次停顿,给学生进一步思考的时间,促使其把问题回答得更全面。另外,在对一个概念分析、综合之后,或对一个问题演绎、推理之后,也要有一个适当的停顿,以使学生咀嚼、消化、回味。

3. 神情的变化

教师的喜、怒、哀、乐等表情对正确表达教学信息和激发学生的情感具有重要的作用。有经验的教师一进入课堂就会把神态表情融入教学情境之中,使学生受到感染。在整个教学过程中,应使学生感受到教师的亲切、平等、热情和耐心。这样,学生就会"亲其师,信其道",从而形成和谐的课堂气氛。

许多教师都懂得微笑的意义。微笑是润滑剂,它可以调节课堂教学气氛,消除烦躁情绪,显示信心。当然,微笑也有许多种,也是充满变化的:在上课顺利时,教师讲得好,学生学得好,要有欣慰的笑;师生在学习进程中遇到挫折,要有充满信心的笑;对学生好的表现,要有赞扬的笑;对学习困难的学生,要有关切的笑、鼓励的笑。总之,一本正经、面无悦色的教师,会令学生望而生畏、生厌。

4. 目光交流

"眼睛是心灵的窗口"。有经验的教师总是善于运用眼神与语言及其他体态语配合,用以表达各种思想感情。眼神可以促使学生发生兴趣,象征对对方的注意,使学生感到教师在同他说话,增加对教师的信任、亲切感。通过教师与学生目光的接触,表达出教师对学生的探询、要求、喜爱、信任、期待和鼓励;也可以表达对学生的暗示、制止、提醒和忠告。教师还可以通过与学生目光的交流,获得反馈信息,调整自己的教学内容和节奏。

课堂教学中,教师目光的变化主要有三种:专注、环顾、虚视。专注,是用目光注视学生与之交流情感,如赞许的、启发鼓励的、尊重的、信任的、怀疑的、否定的、兴奋的、生气的,等等。专注不等于眼睛直勾勾地盯,专注还要和其他的体态语如手势、停顿、语调等相配合,才能取得更好的效果。环顾,是教师的目光扫视全班,象征着教师对学生的普遍关心,可以照顾所有的听课对象。当然,环顾不是眼睛乱动,而是视线有节奏地移动。虚视,是指在课堂教学中,教师视觉虽有中心区,但还要用余光照顾到全体。虚视可以使教师尽量多地吸收反馈信息,调整教学。

5. 头部动作和手势变化

教师的头部动作和手势的变化,是可以传递丰富的信息的,它是与学生交流情感的一种重要方式。头部动作多种多样,使用较多的是点头、摇头,用作师生相互之间传递信息和反馈信息。教师可根据学生的反应做教学上的调整,学生也可以根据教师给予的点头肯定或摇头否定等信息反馈调整自己的学习行为。如在学生回答问题时教师点一下头,学生可能会认为是教师表示肯定,同时也包含着鼓励的因素;如果教师不断地点头,那就会被学生理解为很好,可以继续往下说;摇头可能被学生理解为思路错了,需要快速做出调整。教师有时也用侧头作送耳姿态,表示自己在倾听,或者表示声音太小听不清……教师头部动作的运用能在不打断学生的思维和口头表达的情况下,起到暗示、鼓励作用,同时又维护了师生间和谐民主的课堂气氛。

手势的变化多是比划动作。它可以帮助学生理解如方位、数量、大小、多少等有关事物的概念、范围和层次等。恰当地利用手势配合语言表达可以加重语气、突出重点,使学生加深印象。在课堂教学过程中,由于教师运用手势来得容易、方便、灵活,并更富于多种巧妙的形象比喻,它的作用是教鞭和其他的教具所不能比拟的。

6. 身体移动

课堂教学中教师身体位置的变化有助于传递信息和沟通师生情感。恰当地运用身体位置的变化,能吸引学生的注意力,调动学生的积极性。教师在课堂上的走动大体有两种:一种是教师在讲课时并不总站在一个位置上,而是适当地在讲台周围走动;另一种是在学生进行实验或课堂练习,或参加讨论时,教师可以在学生中间缓慢走动,变化身体位置,这样可以了解学生的情况,便于检查、辅导、督促,还能缩短师生之间感情上的距离。

教师在课堂上走动时应注意以下问题:

(1) 走动要有控制,不能分散学生的注意力。为了做到这一点,一要控制走动的次数,不能一节课不停地走;二要控制走动的速度,身体突然的运动或停止都会引起学生的注意,因此,在课堂上,教师应该是缓慢地、轻轻地走动,而不是快速地、脚步很重地走动;三是走动时姿势要自然大方,不做分散学生注意的动作。

(2) 走动或停留的位置要方便教学。当进行课堂讲授时,以在讲台周围走动为宜,便于板书及教学媒体的运用。在学生中间边讲边走动时,不要停留在教室的后端,因为这样对学生来说，教师的声音是从后面传来的，对学生学习有一定的心理影响。

（3）教师的走动时间要符合学生的心理。一般来说，学生在做练习或答试卷的时候，不喜欢教师在他们中间频繁走动，更不喜欢教师在自己的身后或身边停下来。因为这时学生的注意力需要高度集中，需要进行紧张的思维活动。而教师的走动会分散他们的注意力，一旦在他们的身边停下来，又往往会造成他们情绪紧张，破坏他们的正常思维过程，影响他们脑力劳动的效率。

（4）教师在学生中间走动进行个别辅导、解答疑难的时候，要注意关心每一个学生，对所有的学生给予同样的热情。如果教师只把精力放在少数学生身上，那么，大多数学生就会认为"老师不喜欢我们"，"老师对我们不寄予希望"，就会伤害多数学生的学习积极性。

（二）信息通道和教学媒体的变化

在课堂教学中，教师应调动学生多种感官来吸收教学信息，这样才能更有效地提高教学效率。实践证明，在小学课堂上，教师通过有效地运用图片、模型等直观手段，并借助于计算机、幻灯、录音、录像等现代教育技术媒体，以及适当地加入参观、表演、展览、实验等形式来进行教学活动，可以取得更好的教学实效。

1. 视觉通道和媒体

采用投影片、幻灯片、照片、图片、录像等视觉教学媒体，通过视觉传输信息，效率最高。视觉媒体能引起学生的学习兴趣，但容易使学生感觉疲劳，使用时要注意变换。

2. 听觉通道和媒体

声响信息能激发学生想象，减轻疲劳。例如，文字叙述中学生感性经验所生疏的大海涛声、鸟叫、虫鸣、兽吼等，通过听录音，学生则有身临其境之感。

教学中录音、录像等视听觉媒体与教师讲解、提问交替使用，是完成教学任务的主要方式。

3. 触觉通道和媒体

通过手摸、体触，可为学生理解事物扩大吸收信息渠道。如讲《琥珀》一文，教师可以拿出琥珀标本让学生看一看、摸一摸，这样不但能引起学生兴趣，还能加深对课文的印象和理解。

4. 嗅觉通道和媒体

嗅觉感官能获得其他感官所不能捕获的信息。例如采摘的春花、收获的鲜果等，在课堂中都能刺激学生的嗅觉，引起学生的兴奋，并扩大信息接收量。

在课堂教学中，媒体运用的变化，关键在于要根据教学需要和媒体特点选择最适宜、最有效的教学媒体，设计和优化教学方案。通常是结合具体的知识点进行的，如采用先讲后播放、边讲边播放或先播放后讲解等方式，将知识的讲解与音像资源的播放结合起来。又如，教师的指导与学生的练习相结合，让学生参与竞赛性操作，使动手、动脑的实践活动与培养能力结合起来，都能起到刺激学生各种感官、提高趣味性的作用。适量适度、恰到好处地运用教学媒体，能使学生获得生动具体、形象鲜明的各类教育教学信息资料,调动人体如眼、耳、鼻、舌、身等各种感官的作用,这是提高课堂教学效益的重要保证。

(三) 师生互动作用的变化

在小学课堂上,教师、学生和教材三者之间的关系极为密切。随着现代教学研究的深入发展,教师对学生的作用方式不断地改进和完善,由教师讲、学生听,到教师边讲边问,学生边听边思考回答,再到师生互相讨论问题、学生主动探求的学习活动,人们为提高教学水平,不断摸索新的教学形式。

1. 师生交流方式的变化

在课堂教学中,师生间的交流是课堂教学进程的主要形式。教师既是信息的传播者,又是组织者,可以采用多种方式与学生交流。如:教师与全体学生,教师与个别学生,学生与教师,学生与学生,教师、学生与媒体。例如学生的作业练习。教师布置练习题,学生在练习本上书写,写完后,教师使用投影仪将部分学生的练习本投影到屏幕上,全班学生都可以参加讲评,既利于示范观察,又利于纠错矫正,这就比以往教师讲、学生听的教学模式方便有效得多。

2. 学生活动安排的变化

学生要思考、消化所学的知识,教师就要安排时间让学生张口说、动手写,启发学生多动脑,才能提高学生听、说、读、写、思的能力。在课堂教学中,教师要根据教学的内容安排不同的教学活动,如小组讨论、个别指导、朗读、默读、观察、实验、比赛、表演等多种活动交替进行,才能激励学生参与教学的兴趣,培养他们主动获取知识的能力。

三、变化技能的应用原则

(一) 及时性原则

在课堂教学中,变化技能的运用必须讲究时效,既不能滞后,也不能超前。只有在教学中适时地变化,才能使教学过程有效地进行。

(二) 适度性原则

在教学过程中,尽管运用变化技能是必需的,但在运用该技能时,一定要注意适度性。教学媒体过度频繁地变化,教师不停地在教室空间来回移动,结果只会是教师在教室里忙得不亦乐乎,学生则感到眼花缭乱。因此,教师要根据教学内容和学生情绪适度运用变化技能,变化不能过多,也不宜夸张成大幅度的戏剧性表演,否则会喧宾夺主,影响教学效果。

(三) 流畅性原则

在一堂课中,教态、媒体、师生相互作用的变化都应该自然流畅地融入教学过程中。各种变化均是为了保持学生的学习兴趣,增加师生间的交流,提高课堂教学效率。因此,运用变化技能要过渡自然,顺理成章。

(四) 有效性原则

课堂教学的时间是有限的,在这一过程中,教师、学生的任何行为都必须指向唯一的目标:完成教学任务。教师在教学过程中教学行为的变化是面向大多数学生的,都是为了帮助学生理解知识。因此,课堂教学的变化要针对学生的能力、兴趣、教学内容和学习任务的特点,做到行之有效。

课堂教学变化技能实训

1. 陆继椿先生在追忆恩师叶百丰的文章中有这样一段文字:

  同学们推我当了班长。第一天上语文,课前,在教室门口,我递给他一份座位表。

  "好。谢谢!"他略微欠了欠身子,微笑着说,仿佛面对着一个朋友。那带点北方味的浑厚的普通话,那温文尔雅的样子,使我感到意外,也感到亲切。

  走上讲台后,他仍旧微笑着,环视了全班,用缓慢而有节奏的语调,很富有韵味地说:"同学们,你们中大概有的早知道我叫叶百丰。"随手拿起粉笔,在黑板边上写了自己的名字,是三个竖写的极漂亮的行书字。

  那时我有些调皮,喜欢研究陌生人的特点。对初次见面就有好感的老师,当然也不会例外了。我发现叶老师高而瘦的身材,低而宽的前额,黄而黑的脸颊,长而圆的下巴,无端地觉得很像我想象中的杜甫或者老舍。"陆继椿同学",忽然,叶老师叫到我,"你说说看。"他还在微笑着,但眼睛透过近视眼镜射出锐利的光。

  幸好身后的同学提醒我:"对语文的看法和要求。"

  我脸热心跳,讷讷地说:"我喜欢语文,喜欢读小说,就是,就是觉得古文难懂。"

  "好,喜欢就是有兴趣;有兴趣就不怕,往后专心听课,古文也不难懂。"他说到"专心听课"时顿了一顿,我听起来好像打了个着重号,而且觉得他的眼光停留在我身上。我难过了,懊悔了,坐下后重重地在笔记本里写了"专心听课"四个字,还在每个字下面打了着重号。

透过这段描写,我们不难发现,陆继椿先生记忆中的恩师叶百丰先生既善于言传,又善于身教,同时又十分恰当地将言语交流与非言语的教态变化有机地结合起来,配合使用。请分析在这段文字描述中,叶百丰先生是如何具体运用教态变化技能的?叶先生运用的这些技能,对当时身为学生的"我"都发挥了怎样的作用?

2. 人教版小学语文二年级下册《雷雨》一课有这样两段:

  忽然一阵大风,吹得树枝乱摆。一只蜘蛛从网上垂下来,逃走了。

  雨停了。太阳出来了。一条彩虹挂在天空。蝉叫了。蜘蛛又坐在网上。

池塘里水满了,青蛙也叫起来了。

本课的课后习题要求学生重点体会这三个带点词的运用之妙。为此,教师设计了这样一段教学内容:

师:同学们,看到你们背书背得这么认真,我也不禁跃跃欲试。现在就请大家认真看书,老师来背课文,看谁的注意力最集中,能听出老师背诵错误的地方。

(教师开始背诵课文,故意将"垂"背成"掉",将"挂"背成"出现",将"坐"背成"趴"。学生指出这三处背诵错误的地方。)

师:大家听得都很认真,找出了老师背错的地方。那么,如果把"一只蜘蛛从网上垂下来"的"垂"字改成"掉"或者其他的字,行不行?

(学生们开始思考这两个字的不同。教师请个别学生发表见解。)

师:"垂"下来是怎么下来?你见过蜘蛛从网上垂下来吗?

生:我见过,就是蜘蛛拽着一根丝吊下来。

生:我没见过,我猜应该是蜘蛛从一根丝上滑下来。

师:我们看看图片,没有落到地面的蜘蛛是什么样子?

生:像是挂在丝上。

生:像是垂挂在丝上。

生:像拉着蜘蛛丝在荡秋千。

师:大风来了,在网上的蜘蛛最快逃跑的方法是什么?

生:拉着一根丝垂到地面,最快。

师:多聪明的小蜘蛛,多快的"垂"啊!我们都来读读这句话,体会一下小蜘蛛的有趣吧。

师:那么,"一条彩虹挂在天空",假如不用"挂",而用"出现",怎么样?"蜘蛛又坐在网上"改成"蜘蛛又趴在网上",这样改好不好?下面就请同学们先默读课文,然后分小组讨论,体会作者为什么用"挂"字、"坐"字而不是其他的字。一会儿我要请几个小组的代表来发言,看看哪个小组的同学最聪明。

首先,请分析在以上教学片段中,教师主要运用了哪些变化技能?运用这样的教学方式其优点何在?然后,以小组为单位,每组由一名同学运用这一教学片段进行模拟授课,注意声音、神情、手势的变化,以及适宜的停顿、身体的移动等变化技能的运用。组内其他同学可参考"课堂教学变化技能的评价标准",为该同学打出分数,并提出相关意见或建议。

课堂教学变化技能的评价标准

评价标准	评分(100)	权重	得分	等级			
				A	B	C	D
声音、节奏富有变化,增加语言情感		0.15					
辅以恰当的手势,没有多余动作		0.1					
注意眼神交流,面向全体同学		0.1					
停顿恰当,能引起学生注意		0.1					
身体移动适时适当		0.1					
多种信息通道恰当转换		0.15					
师生交流方式富于变化		0.15					
学生活动安排多种多样		0.15					
得分(百分制)							

思考问题

1. 教学反馈和强化技能的作用何在？教师怎样才能在课堂教学过程中创造条件，以获取更丰富、更有效的反馈信息？在课堂教学中，教师应如何艺术地运用强化技能，从而更好地落实教学内容，完成教学目标？

2. 教学组织管理技能的作用何在？教师如何在课堂教学中进行有效的组织管理？

3. 课堂教学变化技能具有哪些功能？请结合教学实践,谈谈变化技能的类型和操作要领。

4. 课堂教学基本技能除了导入与结课技能、提问技能、讲授技能、板书技能、反馈与强化技能、组织管理技能、变化技能之外，还有哪些是需要师范生或小学教师具备的基本能力？谈谈它们在教学中的功用，并尝试着设计适合自己的课堂教学技能提升方案。

参考文献

[1] 周晓庆等.教师课堂教学技能与微格训练[M].北京:科学出版社,2013.

[2] 张占亮.师范生教育教学技能训练教程[M].北京:高等教育出版社,2012.

[3] 彭保发.微格教学与教学技能[M].南京:南京大学出版社,2011.

[4] 郑金洲.说课的变革[M].北京:教育科学出版社,2007.

[5] 李冲锋.教学技能应用指导[M].上海:华东师范大学出版社,2007.

[6] 彭小明,郑东辉.课堂教学技能训练[M].北京:高等教育出版社,2012.

[7] 魏饴,程水源.教师职业技能训练[M].北京:高等教育出版社,2015.

[8] 孙玉洁.教师专业技能的理论与实务[M].北京:中国人民大学出版社,2011.

[9] 张建琼.微格教学实训教程[M].北京:科学出版社,2014.

[10] 郭友.新课程下的教师教学技能与培训[M].北京:首都师范大学出版社,2010.

[11] 刘显国.说课艺术[M].北京:中国林业出版社,2000.

[12] 董玉芝.学科微格教学理论与实训[M].北京:高等教育出版社,2015.

[13] 杨霞等.教师职业技能素养[M].南京:南京师范大学出版社,2009.

[14] 王雪梅.课堂提问的有效性及其策略研究[D].兰州:西北师范大学,2006.

[15] 方双虎.论课堂问题行为及其矫正[J].当代教育科学,2004(4).

[16] 蒋丽.课堂提问的反馈艺术[J].教学与管理,2008(1).

[17] 高洁.课堂教学组织管理行为中蕴含的价值教育及实践[J].教育研究,2015(8).

[18] 王鉴.合作学习的形式、实质与问题反思[J].课程·教材·教法,2004(8).

[19] 王凯.反馈何以有效:对当前课堂教学评价的新思考[J].教育科学,2011(3).

[20] 刘丽平.多媒体网络环境下的教师角色定位[J].电化教育研究,2012(4).

[21] 王晔.论现代教学中的多媒体使用[J].教育科学,2013(4).

[22] 李吉林.学习科学与儿童情境学习[J].教育研究,2013(11).

[23] 张景焕,金盛华,陈秀珍.小学教师课堂教学设计能力发展特点及影响因素[J].心理发展与教育,2004(1).

[24] 卢正芝,洪松舟.教师有效课堂提问:价值取向与标准建构[J].教育研究,2010(4).

[25] 姜志刚.教学导入:师范生应具备的课堂教学技能[J].黑龙江高教研究,2008(7).

[26] 宫晓明.课堂教学的讲授策略[J].中小学教师培训,2007(3).

[27] 张春莉,宁丽曼.不同水平问题的小学课堂提问实证研究[J].课程·教材·教法,2011(10).

[28] 秀梅,薛剑莉,万素花.小学语文课堂教学板书的合理运用[J].教学与管理,2016(8).

[29] 沈小碚,袁玉芹.影响小学教师课堂提问效能的因素分析及其策略研究[J].课程·教材·教法,2013(8).

[30] 郝志军.中小学生课堂自主学习时间状况调查[J].教育科学研究,2014(4).

[31] 上海市愚园路第一小学课题组.引导学生开展探究性学习的课堂教学策略[J].上海教育科研,2004(9).

[32] 武丽丽,张大均,程刚,胡天强.小学生课堂问题行为与心理素质的关系:一项观察研究[J].心理与行为研究,2017(1).